金融機関における
一問一答 債権回収の実務

弁護士法人
中央総合法律事務所 編

経済法令研究会

はしがき

　金融機関にとって融資業務は主要な業務の一つであり、融資実行から回収に至るまでには、さまざまな局面に出会います。その局面にあわせてどのような回収手段を講ずるかということは、担当者としては重要な課題です。関係する法律は、民法、民事執行法、会社法、破産法、民事再生法など広範囲にわたり、多くの判例の集積によって実務が形成され、法令の改正、新たな判例の出現、金融商品・取引形態の変化、金融機関を取り巻く情勢等によって回収方法も変わっていくものであり、その変化に即応した法務知識を身につけていくことは、従来からのベーシックな法務知識とともに非常に重要なことです。

　本書は、金融機関における債権回収の基本的かつ重要なテーマ取り上げるとともに、コベナンツや流動化取引などの新しいテーマ、さらに債権回収と密接な関係のある時効についても項目を設けるなど、債権回収全体にわたる重要な論点を幅広く取り上げています。

　また、本書は、金融機関の方々が実務で直面するさまざまな問題に的確に対応し解決することを目的としていることから、学説の紹介等は極力避け、問題点の把握とその解説・判例をベースとした実務対応を中心に、できるだけわかりやすい記述を心がけました。

　執筆については、長く債権回収にかかわってきた当事務所の弁護士を中心に、従来から蓄積してきたさまざまなノウハウと経験を生かし、適切な解決・対応策を提示しています。

　本書が、債権回収という困難な業務に従事しておられる金融機関の皆さまの座右の書として多少なりとも実務の向上に資することができれば望外の喜びです。

　2013年5月

　　　　　　　　　　　　　　弁護士法人 中央総合法律事務所
　　　　　　　　　　　　　　　代表社員弁護士会長　中務嗣治郎

目　次

I　弁　済

1　充当指定

- Q1　充当指定の概要 …………………………………………………2
- Q2　債権者の充当指定と債務者の充当指定との関係 …………5
- Q3　債務者相続人と連帯保証人を兼ねる者からの弁済の取扱い …7
- Q4　競売手続による回収と充当指定 ……………………………9

2　代理受領・振込指定

- Q5　代理受領・振込指定と債権譲渡との差異 …………………11
- Q6　代理受領・振込指定による回収と相殺禁止 ………………14

II　相　殺

- Q7　相殺通知の相手方 ……………………………………………18
- Q8　自働債権の弁済期 ……………………………………………20
- Q9　手形貸付・手形割引における相殺 …………………………21
- Q10　預金に対する差押えと相殺の優劣 ………………………23
- Q11　預金口座に振り込まれた年金・生命保険金との相殺 ………26
- Q12　誤振込に基づく預金との相殺 ……………………………29

Q13 相殺の対象となる受働債権の選択と相殺権の濫用 ……………32
Q14 相殺を前提にした預金拘束の問題点 ……………………………35

Ⅲ 人的担保等

1 保証

(1) 保証総論
Q15 会社が保証人となる場合の問題点 ……………………………40
Q16 会社取締役の保証と保証債務履行責任の範囲 ………………43
Q17 根保証契約締結時の留意点 ……………………………………46
Q18 根保証人の死亡と相続 …………………………………………49

(2) 保証と代位
Q19 保証人兼物上保証人がいる場合の代位の割合 ………………51
Q20 1個の抵当権が担保する数個の債権のうちの1個の債権のみの保証人による代位弁済 ……………………………………54
Q21 根保証人による一部弁済と代位 ………………………………57

(3) 信用保証制度
Q22 信用保証の保証免責制度 ………………………………………60
Q23 保証免責と要素の錯誤 …………………………………………66

2 債務引受
Q24 免責的債務引受と保証への影響 ………………………………74
Q25 重畳的債務引受が行われた場合の原債務者・引受人間の法律関係 …………………………………………………………76
Q26 会社分割と債務引受 ……………………………………………78

IV 債権譲渡

- Q27 二重譲渡の優劣 …………………………………………… 82
- Q28 対抗される抗弁 …………………………………………… 85
- Q29 債権譲渡に対する否認 …………………………………… 87

V コベナンツ

- Q30 主なコベナンツの条項 …………………………………… 92
- Q31 コベナンツ条項と優越的地位の濫用 ………………… 95

VI 流動化取引

- Q32 証券化取引の基本手法 …………………………………… 98
- Q33 対象資産の問題、真正譲渡性 ………………………… 101
- Q34 倒産隔離性〜信用補完、倒産不申立 ………………… 104
- Q35 ノンリコースローン …………………………………… 107
- Q36 優先劣後構造 …………………………………………… 110
- Q37 不動産証券化取引における担保 ……………………… 112
- Q38 流動化取引と倒産 ……………………………………… 118

VII 債務者のM&A

- Q39 事業譲渡と商号続用者の責任 ………………………… 122
- Q40 詐害的会社分割に対する対応策 ……………………… 124
- Q41 債務超過会社との合併における債権者保護 ………… 127

VIII 担保による回収

1 不動産担保

(1) 設定時の問題

Q42 根抵当権の被担保債権の範囲の限界 …………………………130
Q43 更地念書の法的効力 ……………………………………………132
Q44 商事留置権と抵当権の優劣 ……………………………………133
Q45 仮登記と本登記の差異と倒産手続における処遇 ……………135

(2) 実行時の問題

Q46 債務者・所有者が解散・死亡している場合の競売申立 ……136
Q47 各種登記が競売手続に与える影響 ……………………………138
Q48 一括競売 …………………………………………………………140
Q49 抵当権消滅請求に対する対応 …………………………………141
Q50 法定地上権 ………………………………………………………143
Q51 後順位抵当権設定時までに土地建物の所有者が同一人に
属した場合の法定地上権 ………………………………………145
Q52 登記に関連した執行妨害 ………………………………………147

2 債権担保

(1) 債権担保の設定

Q53 売掛金債権等を譲渡担保にとる場合の留意点 ………………152
Q54 将来債権の特定の程度 …………………………………………154
Q55 電子記録債権に対する債権担保設定上の留意点 ……………156
Q56 潜在的に過払金返還義務が伴う場合の債権担保取得上の

留意点 ………………………………………………………158
　(2) 債権担保と対抗問題
　Q57　債権譲渡担保予約契約および停止条件付債権譲渡担保契約
　　　と否認 ……………………………………………………160
　Q58　債権譲渡登記制度の概要 …………………………………162
　Q59　債権譲渡登記を利用する際の留意点 ……………………165
　Q60　将来債権譲渡と国税による差押えとの優劣 ……………167
　(3) 債権担保の実行
　Q61　債権担保の実行の具体的な手順・問題点 ………………169
　Q62　自行預金担保と相殺の関係 ………………………………171
　Q63　譲渡禁止特約に反する債権譲渡の無効主張権者の範囲 ……173
　Q64　債権者の担保保存義務 ……………………………………175

3　有価証券担保

　Q65　有価証券担保の設定方法 …………………………………177
　Q66　電子化されていない株式に担保設定する場合の留意点 ……179
　Q67　電子化されている株式に担保設定する場合の留意点 ………182
　Q68　社債券が発行されていない場合の担保設定上の留意点 ……185
　Q69　上場株式担保の処分とインサイダー取引規制 ……………187

4　動産担保

　(1) 動産譲渡担保
　Q70　集合動産を譲渡担保にとる際の留意点 …………………188
　Q71　動産譲渡担保と第2次物的納税責任 ……………………191
　Q72　集合動産譲渡担保の目的動産の売却処分と処分の相手方
　　　による承継取得の可否 …………………………………194
　Q73　譲渡担保にとった集合動産のモニタリング手法 …………196

Q74 集合動産譲渡担保の実行手続 …………………………198
Q75 法的倒産手続における集合動産譲渡担保の処遇 ………201
　(2) 所有権留保
Q76 所有権留保における留意点 ………………………………203
Q77 所有権留保の実行手続 ……………………………………205
Q78 所有権留保対象物件が第三者の権利を侵害している場合
　　 における不法行為 …………………………………………209
Q79 法的倒産手続における所有権留保の処遇 ………………213

5　セキュリティ・トラスト

Q80 セキュリティ・トラスト（担保権信託）の利用 ………217

6　その他

Q81 買戻し・再売買予約 ………………………………………221
Q82 知的財産権担保を取得する際の留意点 …………………223

IX　法的回収

1　期限の利益喪失

Q83 期限の利益喪失 ……………………………………………226
Q84 増担保請求に基づく期限の利益喪失 ……………………231

2　保　全

Q85 不動産仮差押えの手続、留意点 …………………………235
Q86 債権仮差押えの手続、留意点 ……………………………239
Q87 投資信託に対する仮差押え ………………………………242

Q88 債務名義取得後の仮差押え ………………………………245
Q89 同一の被保全債権に基づく異なる目的物に対する
　　仮差押え ……………………………………………………248
Q90 処分禁止仮処分の手続、留意点 …………………………250

3 債権者代位権

Q91 債権回収における債権者代位権の利用 …………………252

4 詐害行為取消権

Q92 特定物債権を保全するための詐害行為取消権の行使 ………254

5 強制執行

(1) 不動産競売

Q93 不動産競売手続の流れ ……………………………………257
Q94 無剰余通知が届いた場合の対応 …………………………261
Q95 執行妨害の対応（保全処分）……………………………264
Q96 第三者による占有 …………………………………………270
Q97 点検執行 ……………………………………………………273

(2) 任意売却

Q98 任意売却のメリット・デメリット ………………………275
Q99 任意売却の留意点 …………………………………………278
Q100 任意売却における共同根抵当権の取扱い ………………280
Q101 破産財団に属する不動産について任意売却を行う場合の
　　留意点 ………………………………………………………282

(3) 債権執行

Q102 債権差押手続 ………………………………………………285
Q103 債権差押えにおける当事者の特定 ………………………289

Q104 債権差押えにおいて配当を受ける場合の配当額計算の
　　　基礎とする債権額 ……………………………………293
Q105 差押債権の特定 ……………………………………295
Q106 差押債権の回収 ……………………………………298
Q107 差押禁止債権 ………………………………………301
Q108 振替社債等に対する強制執行 ……………………303
Q109 金融機関の複数の店舗に対する預金債権差押え …307

(4) 財産開示
Q110 財産開示手続の概要と手続遂行上の留意点 ………310

(5) 物上代位
Q111 抵当権に基づく物上代位 …………………………313
Q112 抵当権に基づく賃料差押えにおける当事者の特定 …316
Q113 抵当権に基づく転貸賃料の差押え ………………319
Q114 抵当権に基づく賃料の差押えの及ぶ範囲 ………322
Q115 賃料債権の譲渡 ……………………………………324
Q116 物上代位と転付命令との優劣 ……………………326
Q117 敷金および貸金等と賃料との相殺と物上代位 …328
Q118 物上代位と他の抵当権者との優劣 ………………330
Q119 土地収用補償金に対する物上代位 ………………333
Q120 動産売買先取特権に基づく物上代位 ……………335
Q121 輸入商品に対する譲渡担保権に基づく物上代位 …337

(6) 担保不動産収益執行
Q122 担保不動産収益執行の手続 ………………………340
Q123 現に収益を生じていない物件（ホテル）の執行対象財産性
　　　………………………………………………………344
Q124 担保不動産収益執行と賃借人からの相殺 ………348

(7) 抵当権と賃借権

Q125	賃貸中の建物の競売	351
Q126	建物明渡猶予期間中の法律関係	354
Q127	敷金返還請求権、明渡猶予期間中の費用償還請求権	356
Q128	抵当権者の同意の登記がある場合の賃借権の対抗力	359

(8) 借地上建物に対する抵当権設定

Q129	賃料不払による借地契約の解除と借地上建物の抵当権	361
Q130	借地契約の合意解除と借地上建物の抵当権	364
Q131	借地上建物の抵当権設定時における地主の承諾書	366

X 時効管理

Q132	時効中断方法としての請求	370
Q133	連帯保証人の1人に対する請求が主債務者や他の連帯保証人に対して及ぼす影響	372
Q134	仮差押えの時効中断効の範囲	375
Q135	抵当権の実行による時効中断	378
Q136	配当要求による時効中断	380
Q137	主債務者の破産と時効	382
Q138	振込名義人が債務者以外の者である場合の時効中断	384
Q139	連帯保証人の一部弁済と主債務の時効	386
Q140	時効完成後の内入弁済	388
Q141	主債務の時効完成後の保証人による弁済	390
Q142	主債務者である自然人の破産免責決定が確定した後の保証債務の時効管理	392
Q143	後順位抵当権者による消滅時効の援用	395
Q144	連帯債務者の1人についての時効の完成	398
Q145	主債務者である法人の破産手続終結決定後の保証債務	

(9)

の時効管理 …………………………………………………400

XI　個人情報と債権管理

Q146　債権譲渡と個人情報管理 ……………………………404
Q147　相続と個人情報管理 …………………………………407

I

弁　済

1　充当指定

Q1　充当指定の概要
充当指定とは何ですか。

A　債務者が同一の債権者に対して同種の目的を有する数個の債務を負担する場合（たとえば数個の金銭債務）、または1個の債務の弁済として数個の給付をする場合に、弁済者の提供した給付が債務の全部を消滅させるに足りないとき、どの債務もしくは給付の弁済にどのような順序で充てるべきかを定めることには一定の合理性があり、これを弁済の充当指定といいます。

解　説

1　充当指定の問題が生ずる場合
　債務者が同一の債権者に対して同種の目的を有する数個の債務を負担する場合の弁済の充当はどのようになされるのでしょうか。たとえば、AがBに対して150万円の貸金債務と200万円の代金債務を負っている場合において、AがBに100万円を弁済した場合、この100万円は貸金債務に充当されるのか、それとも代金債務に充当されるのか、このような場合に充当方法が問題となります。

2　充当方法
　民法には充当の方法として、①指定充当の方法（民法488条）および②法定充当の方法（同法489条・491条）が規定されています。この充当に関する規定は任意規定ですので、弁済者と弁済受領者の契約によってこれらを排除することは可能です。したがって、当事者間に契約があればそれに従うことになります。

3　充当の順序
　当事者間に充当契約があるときは、それに従い、契約がない場合には、民法491条が適用されます。つまり、費用、利息、元本の順に充当

されることになります。

　次に、費用どうし、利息どうし、元本どうしの充当の順序が問題となることがあります。たとえば、A債権の利息が15万円、B債権の利息が20万円であり、利息として20万が支払われた場合等です。

　この場合、債務者からの充当指定（A債権の利息に10万円、B債権の利息に10万円充当してくれ等）（民法488条1項・3項）があれば、それに従いますが、債務者からの充当指定がなければ、債権者から充当指定することができ、これもない場合や、債権者からの充当指定に債務者が異議を述べた場合には、法定充当することになります。

4　法定充当の方法

　総債務の中で、①弁済期にあるものとないものがあるときは、弁済期にあるもの、②総債務が弁済期にあるとき（ないとき）は債務者のために弁済の利益が多いものを先に、③弁済の利益が同じときは弁済期の先に至るべきものを先に、④弁済の利益も弁済期も同じときは債務の額に応じて充当することとされています。

　以下、①〜④について少し解説します（中川善之助ほか編集代表『注釈民法⑿債権⑶債権の消滅』217〜222頁参照）。

(1)　①に関して

　確定期限のある債務については、期限が到来したものが弁済期にあるとされますが、弁済期が猶予されている場合は、猶予期限の到来した時が弁済期となります。

(2)　②に関して

　債務者のために弁済の利益が多いものというのをどのように判断するのでしょうか。

　イ　利息付債務と無利息債務では弁済に際し利息が付加された利息付債務の方が、利息付債務どうしでは低利率より高利率の利息付債務の方が債務者のために弁済の利益が多いとされます。

　ロ　保証がついている債務とついていない債務については、弁済の利益に差はないとされていますが（大判大正7・3・4民録24輯326頁）、物的担保がついている債務とついていない債務では、ついている

債務の方が弁済の利益が多いとされています。

　ハ　同種の物を引き渡すべき数個の債務においては、当該物の価値が高価な債務の方が債務者のために弁済の利益が多いとされています。

(3)　③に関して

　弁済期の定めのない債務が２個ある場合には、債務発生の日時の早いものをもって、弁済期に至ったものとすべきとされています（大判大正10・４・13法律新聞1851号21頁）。

　また、総債務がいずれも弁済期にあり、かつ同一の物件をともにその担保の目的とし、そのいずれを先に弁済するかについて債務者は何らの利益を有せず、ただ弁済期の到来について前後があるのみの場合は、弁済期の先に到来した債務の弁済に充当すべきとされています（大判明治37・５・10民録10輯651頁）。

5　充当指定の時期

　指定の時期は給付の時とされており（民法488条１項）、給付以前、給付後にすることができません。

　そして、充当指定を当事者間の契約で定めることが可能であることは前述のとおりですが、債権者が任意の時期に充当指定できる旨の特約がなされている場合であっても、どんな時期にでも充当指定できるとすると、権利関係が安定せず、法的安定性を著しく害することになるため、一定の制限があることを示した最高裁判例があります（最判平成22・３・16金融・商事判例1344号25頁）。

　上記判例においては、債権者が債務者から弁済を受けて１年以上経過した時期にはじめて充当指定権を行使する旨主張するに至ったもので、この行使は法的安定性を著しく害するものとして許されないと判断されています。

（角野　佑子）

Q2 債権者の充当指定と債務者の充当指定との関係

債権者の充当指定権と債務者の充当指定権はどのような関係にありますか。また、債務者から弁済金を元本に充当するよう要求された場合、応じなければいけませんか。

A 充当指定権を有するのは、第1次的には債務者、第2次的には債権者とされています。したがって、契約で充当の規定等がない場合には、債務者からの指定に応じなければならないことになります。

解 説

1 債務者・債権者の充当指定権の関係

(1) 弁済者の充当指定権

弁済を充当すべき債務または給付を指定することができる者は、第1次的に弁済者とされています。これは弁済の結果について利害を最も有する者が弁済者であるからです。その一方、債権者にとって、債務の本旨に従った弁済がなされる限りは、いずれの債務に充当したとしても、不利益となるわけではありませんので、拒否できないということになります。

(2) 弁済受領者の充当指定権

弁済受領者に第2次的充当指定権が認められているのは、弁済において、弁済者が弁済充当の指定をせず、弁済充当指定権を放棄した以上、弁済者の次に利害関係を有する弁済受領者に第2次的指定権を認めるが相当とされるからです。

2 債務者の充当指定の方法

充当指定は、債務者より債権者または債権者より債務者に対する意思表示により行います（民法488条3項）。このように、充当指定は、一方的意思表示ですので、債権者はこの指定を拒否することはできません。

そこで、債権者としては債務者との間で充当指定に関して契約を締結

しておくことが考えられます。

3　契約充当とは

　民法491条は任意規定ですので、契約自由の原則より、充当指定の方法を契約で定めることができます。

　そこで、銀行取引約定書等においては、「銀行に対する弁済が債務全額を消滅させるに足りない場合には、銀行が適当と認める順序方法により充当する」旨定められていることが通常です。これは債務者の充当指定権を排除する意味があります。

　契約充当に反して、債務者が充当指定した場合には、充当契約違反、債務不履行として債権者は弁済の受領を拒否することができ、損害が生じれば損害賠償を請求することができます。

　しかし、契約充当をしていたとしても、充当指定権自体がまったく排除されるわけではなく、債権者がその指定に従って受領する限りにおいては、債務者の指定した債務が消滅すると解されています（田沼柾編『民法判例解説Ⅱ』「弁済の充当」82頁）。

　　　　　　　　　　　　　　　　　　　　　　（角野 佑子）

I 弁　済

> **Q3　債務者相続人と連帯保証人を兼ねる者からの弁済の取扱い**
>
> AはXから1000万円を借り入れましたが、500万円の残債務を残したまま死亡し、その相続人として、B、Cが主債務を相続しました。Bは主債務の連帯保証人にもなっていました。この場合、Bが250万円を返済しましたが、当該返済を主債務に充当する場合と連帯保証債務に充当する場合で違いがありますか。
>
> **A**　主債務に充当する場合と連帯保証債務に充当する場合で結論が異なります。

解説

1　連帯保証債務に充当した場合

　500万円の債務が残存したままAが死亡した場合、相続により金銭債権は当然に分割されるため、B、Cそれぞれが、主債務250万円ずつを相続することになります（大決昭和5・12・4民集9巻1118頁）。

　一方、Bは主債務の連帯保証人でもあり、主債務と保証債務は別個独立の債務ですので、主債務が消滅しない限り、保証債務には影響を与えず、Bは連帯保証人として保証債務を履行する義務があることになり、Bは500万円の限度で連帯保証債務を有していることになります。

　このことを前提として、Bが連帯保証債務の履行として、250万円を弁済した場合を検討すると、その弁済により、XはBに対しては連帯保証債務履行請求権として残額250万円を請求でき、主債務の関係ではB、Cに対してそれぞれ金銭消費貸借契約に基づく貸金返還請求権として125万円を請求することができることになります。

　XのCに対する貸金返還請求債権250万円のうち125万円については、BがXに代わって代位する限度では債権として存続することになります（民法501条）。

　そして、その後、Bは求償債権としてCに対して125万円を請求することができることになります（同法459条）。

2　主債務に充当した場合

　一方、BがAから相続した主債務の履行として、250万円の弁済をした場合には、XのBに対する貸金返還請求債権は消滅し、XはCに対して250万円の貸金返還請求債権を有しますが、XのBに対する主債務250万円が消滅するため、Bに対する連帯保証債務履行請求権も付従性により250万円の限度で消滅することになります。

　したがって、Cに対しては250万円の貸金返還請求債権とBに対する250万円を限度とする連帯保証債務履行請求権を有するのみとなります。

　BがCに対して求償債権として125万円を請求することができるという点は1の場合と同じです。

3　考　察

　このように、主債務に充当するか、連帯保証債務に充当するかで結論が異なるため、相続により、債務者相続人と連帯保証人を兼ねる者からの弁済を受領する場合、どの債務に充当するかは、債権者・債務者両者にとって、重要な問題であり、弁済にあたってどの債務に充当するか明確にしておくことが必要となります。

（角野 佑子）

Ⅰ 弁　済

Q4　競売手続による回収と充当指定

競売等の強制執行手続による債権回収において、充当指定がされていた場合、その充当指定は適用されるのでしょうか。

A　強制執行による回収の場合には、弁済充当に関する指定があったとしても、法定充当の指定に従って充当されます。したがって、弁済充当の方法は法定充当の方法に一義的に定まることになります。

解　説

強制執行における債権回収において、債権者・債務者間で充当指定がされていた事案において、当該充当指定が適用されるかが争われた事案があります（最判昭和62・12・18民集41巻8号1592頁）。

1　事　案

Xは、①Aに対し400万円を貸し付け、Bがその連帯保証人となった。その後、Xは、②Aに対して700万円を貸し付け、さらにXは、③Aの夫であるCに対して480万円を貸し付けた。

上記3つの債権については、「弁済が債務全額を消滅させるに足りない時は、Xの適当と認める順序方法で充当することができる」という弁済充当指定に関する特約が付されていた。

その後、債務者らが期限の利益を喪失したため、Xは①および②の債権を被担保債権として設定されたA所有の土地の共同根抵当権および、③の債権を被担保債権として設定されたA所有地上のC所有建物の根抵当権をもとに不動産競売の申立を行った。

そして、上記配当金は①ないし③の債権すべてを消滅させるに足りない額であったため、Xは上記特約に基づき任意に弁済充当した結果、残額が生じた①債権についてBに対して請求した。

2　判　旨

不動産競売手続において、配当金が同一担保権者の有する数個の被担

保債権のすべてを消滅させるに足りない場合には、弁済充当の指定に関する特約があってもその配当金は民法489条ないし491条の規定に従って数個の債権に充当される。

3 解説

　競売手続は、執行機関がその職責において遂行するものですので、配当による弁済には債務者または債権者の弁済充当の意思表示が予定されていないといえます。

　したがって、同一債権者が数個の債権について配当を受ける場合には、画一的に最も公平・妥当な方法とされる法定充当によることがその制度の趣旨に合致するため、充当指定があったとしても、法定充当によるべきと判示したと考えられます。

　本件は、配当交付後に弁済充当指定の意思表示がされている事案ではありますが、仮に、競売開始決定後、配当期日前に充当指定されたとしてもその効力も否定する趣旨であると考えられています（金融・商事判例788号4頁（判決コメント）参照）。

　学説においても強制執行による弁済の場合には、指定充当は許されず法定充当によるべきであるとする見解が多数説です。

　この問題に関する先例を参考として2つほど以下に紹介します。

4 その他の判例

　① 債権者が2個の債務名義で同時に債務者の有体動産を差し押さえた事案で、配当金をもって債権の全部を消滅させるに足りないときは、充当指定の規定を適用する余地はないと判示（松山地判昭和29・2・27下民集5巻2号281頁）。

　② 不動産競売において、配当期日に先立ち、債権者・債務者および債務引受人から執行裁判所に対して充当明細書が提出され、配当金の充当方法が指定された事案で、配当にあたっては常に法定充当すべきとするものと判示（京都地判昭和57・12・24判例タイムズ496号152頁）。

（角野 佑子）

2　代理受領・振込指定

Q5　代理受領・振込指定と債権譲渡との差異
代理受領、振込指定、債権譲渡はどのようなもので、どのような違いがあるのでしょうか。

A　いずれも、債権者の債権回収の担保的手段として用いられ、債務者が第三債務者に対して有する債権をもって債権回収を図るものです。これらのうち、代理受領と振込指定の場合は、債務者の第三債務者に対する地位はあくまで債権者のままですが、債権譲渡の場合は、債権者が第三債務者に対し、債務者が有していた債権者の地位を得ることになり、直接請求することができます。

解　説

1　代理受領
(1)　代理受領とは
代理受領とは、債権者が債務者に対して有する債権を回収するため、債務者から取立委任を受け、第三債務者から受領した金銭を直接自らの債権に充当する方法です。

(2)　性　質
代理受領に関しては、債権者が代理受領によって取得する権利はあくまでも債権取立権であるとされており（通説）、債権そのものは債務者に属し、債権者は直接第三債務者に対して請求権を有しないと考えられています。したがって、債務者本人に支払われてしまうと、債務は消滅してしまうため、債権者は債務者が第三債務者に有していた債権をもって自己の債権を回収することができなくなります。

また、債務者が破産した場合には、代理受領契約は取立委任と解されていることから（最判昭和61・11・20金融・商事判例773号52頁）、債権

者と債務者間の委任関係（代理受領に関する）が終了し（民法653条2号）、債権者の代理受領権限は消滅してしまうという難点があります。

(3) 違反の効果

　第三債務者が代理受領について、承諾を与えたにもかかわらず債務者に代金を支払ってしまった場合、債権者は第三債務者に不法行為責任を追及できるでしょうか。

　第三債務者が債務者に支払ったことによって、債権者が損害を被ることを第三債務者が認識していなければ、不法行為責任を問うことは難しいですが、第三債務者が、①債務者が債権者に対して、担保の目的で自己の第三債務者に対する債権の代理受領を委任し、②第三債務者が委任契約の内容を了承し、③債権者に支払うことを約束しながら債務者に支払った場合には、不法行為に基づく損害賠償請求が認められるという裁判例があります（最判昭和61・11・20金融・商事判例762号3頁）。

2　振込指定

(1)　振込指定とは

　振込指定とは、第三債務者が債務者へ支払うべき金銭を債務者の預金口座に振り込むことによって支払をし、金融機関が有する貸付金を自働債権として相殺を行うことにより債権を回収するという債権担保手段です。

　しかしながら、あくまで債務者・第三債務者間の支払方法の合意にすぎないため、代理受領と同様、債務者本人に支払われてしまうと、債務は消滅し、債権を回収することができなくなりますし、債務者が破産した場合には、第三債務者からの振込が否認権行使の対象となる可能性があります。

(2)　違反の効果

　振込指定の法的性質については、「準委任契約」という説と、「三面契約」という説が唱えられていますが、三面契約説が多数説で、①債務者が債権者に対して、担保の目的で振込指定をし、②振込指定された振込の方法によらないで直接取引先に支払ってはならないこと、③振込指定の変更には金融機関の承諾を要することが振込指定の合意内容になって

いた場合には、債務不履行に基づく損害賠償請求を追及することができるとした裁判例があります（最判昭和58・4・14金融・商事判例708号26頁）。

また、上記最高裁の差戻し後の福岡高裁においては、第三債務者が合意の際、第三債務者が債務者に対し支払えば、銀行を害すべきことを知り得たのにあえて支払った場合に第三債務者は、過失による不法行為責任を負う判断しています（福岡高判昭和59・6・11金融・商事判例699号30頁）。

3　債権譲渡

債権譲渡とは、債権の同一性を変えずに債権者の意思によって、債権を他人に移転させる制度です。したがって、債権者は、債務者から第三債務者に対する債権の譲渡を受ければ、振込指定や代理受領とは異なり、債権者として直接、第三債務者に請求することができます。ただし、対抗要件として、第三者に対しては確定日付ある通知または承諾が必要とされています（民法467条2項）。

また、一定条件のもとでは、将来債権の譲渡や集合債権の譲渡も認められており、債権回収の担保的手段として活用されています（最判平成11・1・29民集53巻1号151頁、最判平成12・4・21民集54巻4号1562頁参照）。

（角野 佑子）

> **Q6　代理受領・振込指定による回収と相殺禁止**
>
> 当行は、A社に対して融資実行するにあたり、A社がB社に対して有する請負代金債権を当行にあるA名義口座に振り込むことでA社およびB社双方の承諾を得ていました。その後A社に破産手続開始決定がなされた後に、B社から当行にあるA名義口座に約束どおり請負代金が振り込まれました。当行は相殺しても問題ありませんか。
>
> **A**　明確な担保約定による合意内容に基づくものであれば、破産法71条2項2号によって否認権の対象にならない可能性が高いものと考えられます。

解　説

1　問題の所在と観点

　通常、金融機関においていわゆる振込指定という手法が担保目的でなされることがあります。すなわち、金融機関（債権者）とA社（債務者）が連名でB社（第三債務者）にA社口座に振り込むよう依頼し、これをB社が承諾することによって合意が成立し、当該合意に従ってB社が支払をすることになります。代理受領とは、振込を伴わずに直接債権者が第三債務者から債務者に対する弁済を債務者の代理人として受領することをいいます。

　いずれも、特に債務者が危機状態に陥った時に、債権者が第三債務者から支払われた金員相当額（債務者に対して同額の返還債務を負担することになる）を相殺によって自らの弁済に充当できるとすれば優先的に満足が得られることになり、債権者間で不公平が生じるようにも考えられるところです。もちろん、他面で担保としての手法である側面もあり、かかる手法を講じた債権者の期待を保護する必要もあります。

　この点についての規律は破産法71条においてなされており、かかる債権回収が破産手続において問題になることになます。すなわち、同条

1項3号・4号においては、自己の債権価値が低下したことを知って抜け駆け的に債務負担して填補するということは債権者間の公平に反することから、破産債権者が支払の停止または破産申立があったことを知って破産者に対して債務を負担した場合には原則として相殺は許されないとしています。他方で、同条2項2号において、破産債権者の債務負担が、かかる事由を知ったときより「前に生じた原因に基づく」場合には相殺が許されるとされています。かかる場合には上記のような抜け駆け的な回収を図ったものではなく、相殺の担保的機能を期待した債権者を保護すべきとされるからです。

　結局のところ、上記「前に生じた原因に基づく」というのはいかなる場合を指すのか、そして、振込指定等がそれに該当するのかが問題になります。考察の前提となる観点は、上記破産法71条1項3・4号、2項2号の趣旨、つまり、債権者間の平等と相殺の担保的価値への期待のいずれを保護すべきか、振込指定等のように、債権者債務者の間だけの合意ではなく、いわば間接的に債権者が債務負担をするに至った場合にも保護をするべきなのか、というところにあるといえます。以下、判例等を考察します。

2　判例等の考察

　この点について判示した判例は少ないですが、代表例として名古屋高裁昭和58年3月31日判決（金融・商事判例675号43頁等）があります。同裁判例は、「(旧破産法104条2号但書（現破産法71条2項2号）の）債務負担の原因は、債権者がこの原因に基づいてその債務を受働債権として相殺を期待するのが通常といえる程度に具体的、直接的な原因でなければならない」と規範を立てたうえで、結論として振込指定を「前に生じた原因」に該当するとして相殺を有効と判断しています。ただし、この事例は、振込指定をすることが貸付の条件として位置付けられている色合いが強い事例であることに注意が必要です。

　かかる判例やその他の学説等を見ていると、両結論の意見はあるものの（同条項の創設時の立法担当者は代理受領や振込指定は「前に生じた原因」に該当しないとの見解をとっていたようですが（宮脇幸彦＝時岡泰『改正会

社更生法の解説』270頁))、明確に担保を設定する趣旨による合意に基づく振込指定等であれば、「前に生じた原因」に該当して相殺が許される可能性が高いものと思われます。逆に明確に担保を設定するものではないのであれば、相殺は許されず、否認される可能性が高いものと考えられます。

(柿平 宏明)

Ⅱ

相　殺

Q7 相殺通知の相手方

相殺の準備中に、融資先の代理人弁護士から破産申立予定である旨の書面が届きました。このような場合、相殺通知は融資先か代理人弁護士かどちらに対して行えばよいですか。破産手続開始決定が出て破産管財人が選任されたような場合はどうですか。

A 代理人弁護士から通知が届いた場合には、原則として、代理人弁護士に相殺通知を送付することになります。破産管財人が選任された場合には、破産管財人に相殺通知を送付することになります。

解説

1 相殺の方法

相殺は、当事者の一方から相手方に対する意思表示によってすることとされています（民法506条1項）。したがって、相殺通知は原則として、融資先に対する意思表示によって行う必要があります。

しかし、融資先が他者に意思表示の受領権限を付与している場合、または、法律上他者に意思表示の受領権限がある場合には、当該「他者」に宛てて相殺通知を送付しても、相殺の効力は発生します。

2 実務での対応

(1) 融資先の代理人弁護士から破産申立予定である旨の書面が届いた場合

融資先が弁護士に破産申立手続を依頼する場合には、破産手続に関連する一切の事務を委任することが通常ですので、当然に意思表示を受領する権限も代理人弁護士に付与されていると考えられます。

したがって、この場合は、原則として、相殺通知は代理人弁護士に宛てて送付することで足りると考えられます。代理人弁護士ではなく融資先に相殺通知を送付した場合、法律上、相殺の効力は生じますが、破産手続に関連する一切の事務を代理人弁護士が行っていることが通常です

ので、代理人弁護士に送付する方が直截であると考えられます。

　他方、代理人弁護士が融資先より委任を受けていないと疑うに足りる事由が存する場合には、念のため、融資先および代理人弁護士の双方に対して相殺通知を送付するという扱いも考えられます。

(2)　破産管財人が選任された場合

　破産手続開始決定があった場合には、破産財団に属する財産の管理および処分をする権限は、裁判所が選任した破産管財人に専属するとされています（破産法78条1項）。

　この「破産財団に属する財産の管理および処分をする権限」には、相殺通知を受領する権限も含まれていますので、破産管財人が選任された後は、相殺通知は、破産管財人に宛てて送付する必要があります。この場合、上記権限は破産管財人に「専属」するとされており、融資先にはもはや意思表示の受領権限はありませんので、融資先に相殺通知を送付しても、法律上、相殺の効果は生じない点に留意が必要です。

（赤崎 雄作）

Q8　自働債権の弁済期

当行は、融資先に対して当座貸越契約に基づく債権を有していますが、この債権と融資先の預金を相殺するにあたって留意すべき点を教えてください。

A　当座貸越契約に基づく債権の弁済期が到来していない場合には、相殺をすることができません。期限の利益喪失事由が存在する場合には、早急に期限の利益を喪失させ、そのうえで相殺をすることが必要となります。

解　説

1　相殺の要件

相殺の要件として、「双方の債務が互いに弁済期にあるとき」が挙げられます（民法505条1項）。したがって、自働債権が弁済期にあることが、相殺の要件となります。

2　実務での対応

当座貸越契約に基づく融資の弁済期については、当座貸越契約により定められますが、仮に弁済期が未到来の場合には、相殺の要件を満たさず、相殺をすることはできません。

ところで、銀行取引約定書には、期限の利益喪失条項が規定されており、破産手続開始、民事再生手続開始等の申立があったときや、手形交換所の取引停止処分を受けたとき等には、銀行が取引先の期限の利益を喪失させることができると定められています。

したがって、かかる条項に基づき、期限の利益を喪失させた場合には、融資の弁済期が直ちに到来しますので、「双方の債務が互いに弁済期にあるとき」という要件を満たすことになり、相殺が可能となります。

（赤崎　雄作）

Ⅱ 相　殺

> **Q9　手形貸付・手形割引における相殺**
>
> 　当行は手形貸付を行っており、現在、預金との相殺を検討していますが、この場合の自働債権は手形債権か原因債権のいずれと考えればよいですか。また、相殺後、手形はどのようにすればよいですか。手形割引の場合はどうですか。
>
> **A**　手形債権、原因債権のいずれも自働債権とすることも可能ですが、手形債権を自働債権とする場合、相殺通知にはいずれを自働債権とするかを明示する必要があります。相殺後の手形については、原則として債務者に返還しなければなりませんが、手形に相殺債務者以外の債務者が存在する場合には、手形を留置し、取り立てたうえ、債務の弁済に充当することができます。割引手形の場合も同様です。

> 解　説

1　自働債権の選択

　自働債権として、手形債権、原因債権のいずれとすることも可能です。

　なお、原因債権を自働債権とする場合には、原則としては、債務者は、手形の返還を要求する同時履行の抗弁権を有するため、手形の返還を行わないと相殺ができないことになりますが、銀行取引約定書において、同時には手形を返還しなくてよい旨記載されていることが通常であり、手形債権、原因債権のいずれを行使することとしても相違はないことになります。

2　相殺後の手形の扱い

　手形は呈示証券、受戻証券であるため（手形法38条・39条等）、手形債権を行使する場合、相手方に手形を呈示または交付する必要があります。また、相殺の場合も、手形債権を行使している場合に該当し、手形の呈示（一部相殺の場合）または交付（全部相殺の場合）が必要となるの

が原則です。

ただし、銀行取引約定書においては、呈示・交付の省略がやむを得ないと認められる場合等には、手形の呈示・交付を要しないとされており、この場合、呈示・交付は不要です。

3　手形割引の場合

手形割引の場合には、銀行は割引依頼人に対する手形の買戻請求権を有しています。この買戻請求権については、手形上の権利か民法上の権利かについて争いがあるものの、銀行取引約定書においては、呈示・交付なしに相殺することができる旨規定されているのが通常で、この場合、呈示・交付は不要です。

次に、全額相殺後、なお金融機関が貸付債権を有する場合に、当該手形を取り立てたうえで、債務の弁済に充当することができるかという問題があります。銀行取引約定書においては、通常、貸付債権が残存している場合に、相殺済みの手形を留置する権限を規定しています。また、銀行（商人）の場合には、商事留置権により、手形を留置することができます。したがって、銀行としては、手形を留置したうえで、手形の取立を行い、回収した金銭を貸付債権の弁済に充当することが可能となります。

これに関連する問題として、割引依頼人について破産手続、民事再生手続が開始された場合に、なお手形を留置できるかという問題がありますが、破産手続については最高裁平成10年7月14日判決（民集52巻5号1261頁）、民事再生手続については最高裁平成23年12月15日判決（民集65巻9号3511頁）により、いずれも肯定されています。

（赤崎　雄作）

II　相　殺

> **Q10　預金に対する差押えと相殺の優劣**
> 国が、当行の融資先であるＡ社名義の定期預金を、滞納処分として差し押さえました。当行はＸ社に対して、貸付債権を有していますので、当該定期預金と相殺をしたいのですが、可能ですか。

A　可能です。貸付債権を差押後に取得したものでない限り、貸付債権と定期預金債権の弁済期の前後を問わず、銀行は、期限の利益喪失条項に基づき、貸付債権の期限の利益の喪失を主張するとともに、定期預金債権の期限の利益を放棄し、当該定期預金債権と相殺できます。

解　説

1　問題点の所在

設問の事案は、Ａ社名義の定期預金債権に対する差押えと相殺のいずれが優先するかという問題です。この問題には、2つの論点が含まれており、1つは、自働債権と受働債権の弁済期の先後により相殺が制限されるかという問題と、もう1つは、銀行と融資先との間の期限の利益を喪失させ相殺適状を生じさせる旨の合意を、第三者たる差押債権者に対抗できるかという問題です。

2　相殺の担保的機能

相殺については、債務者の資力が不十分な場合においても、自己の債権については確実かつ十分な弁済を受けたと同様な利益を受けることができることになり、かかる点をとらえて、相殺は担保権と同様の機能を有すると評されます。そして、かかる相殺の担保的機能を、どの程度重視するかによって、本設問を含む相殺に関する論点の結論に影響することとなります。

3　差押えと相殺の優劣

民法511条は、支払の差止めを受けた第三債務者は、その後に取得した債権による相殺をもって差押債権者に対抗することはできないと定め

ており、差押後に取得した債権をもって相殺できないことは明らかです。問題は、自働債権と受働債権の弁済期の先後によって、さらに相殺が制限されるかという点です。

　この点、最高裁昭和39年12月23日判決（民集18巻10号2217頁）は、受働債権たる被差押債権の弁済期が先に到来する場合、相殺を主張できないと判示しました（制限説）。つまり、受働債権の弁済期が先に到来する場合は、自らの債務の履行を遅滞した場合に相殺適状になることから、このような場合の相殺への期待を保護する必要はないという点を理由とします。

　かかる判例によれば、貸付金債権と定期預金債権の弁済期を比較し、後者の弁済期が先に到来する場合には、相殺できないことになります。

　その後、最高裁昭和45年6月24日判決（民集24巻6号587頁）は、上記昭和39年判決を変更し、債権が差し押さえられた場合において、第三債務者が債権者に対して反対債権を有していたときは、その債権が差押後に取得されたものでない限り、自働債権および被差押債権の弁済期の前後を問わず、両者が相殺適状に達しさえすれば、第三債務者は、差押後においても、貸付債権を自働債権として、被差押債権と相殺することができるとしました（無制限説）。つまり、相殺の担保的機能を重視し、民法511条は文言どおりに解釈され、この文言を超えて弁済期の先後によって相殺が制限されることはありません。

　現在の実務においては、受働債権と自働債権の弁済期の先後にかかわらず、相殺を認める扱いとなっています。

4　相殺予約の有効性

　一般に、銀行取引約定書においては、期限の利益喪失条項が定められており、預金等の債権について仮差押え、保全差押えまたは差押えの命令、通知が発送されたときに、当然に期限の利益が喪失する旨の条項が定められています。

　当該条項によれば、設問の事例においても、差押命令が発送されたときに当然に期限の利益が喪失しており、相殺適状が生じていることになります。問題は、かかる銀行と融資先との間の合意を、第三者である差

押債権者に対抗できるかという点です。

　この点につき、前記昭和45年判決は、銀行の貸付債権について、債務者の信用を悪化させる一定の客観的事情が発生した場合には、債務者のために存する貸付金の期限の利益を喪失させ、債務者の銀行に対する預金等の債権につき銀行において期限の利益を放棄し、直ちに相殺適状を生じさせる旨の合意は、預金等の債権を差し押さえた債権者に対しても効力を生じるとしました。同判決は、かかる合意が有効であることは、契約自由の原則から当然であるとしています。

　当該判例により、銀行は、差押債権者に対し、銀行取引約定書の期限の利益喪失条項に基づく期限の利益の喪失を主張し、また、預金についての期限の利益を放棄して、相殺適状が生じたものとして、相殺を行うことができます。

5　まとめ

　上記のとおり、現在の判例および実務上、当事者間における期限の利益を喪失させ、相殺適状を生じさせる旨の合意は第三者に主張でき、また、自働債権と受働債権の弁済期の先後を問わず、自働債権が差押後に取得されたものでない限り、被差押債権と相殺できます。したがって、設問の場合も、相殺ができることになります。

（藤井 康弘）

Q11　預金口座に振り込まれた年金・生命保険金との相殺

当行の融資先A社が、破産手続開始の申立を行いました。当行としては、連帯保証人Xの預金と相殺をしたいのですが、口座にはXの国民年金と生命保険金が振り込まれています。このような場合でも、相殺できますか。

A　可能です。国民年金は差押禁止債権ですが、口座に振り込まれ預金債権となった後は、差押禁止の属性は引き継がれず、相殺が可能です。しかしながら、債務者の生活保持、任意整理の過程における債権者間の公平等の観点から、相殺が制限される場合もあります。また、生命保険金については、そもそも差押禁止等の制限はありませんが、金員の性質に鑑み、債務者に配慮すべき場合もあると考えられます。

解説

1　問題点の所在

国民年金法24条、厚生年金保険法41条1項、労働者災害補償保険法12条の5第2項は、それぞれ保険給付を受ける権利は差し押さえることができない旨を定めています。他方で、民法510条は、差押禁止債権については、相殺できないとしています。問題は、当該金員が銀行口座等に振り込まれ、預金債権となった場合に、差押禁止の性質が引き継がれるか否かという点です。

生命保険金については、上記のような差押えを禁ずる旨の規定はありませんが、当該金員の性質をふまえ、相殺が制限される場合があるかが問題となります。

2　差押禁止債権としての属性の承継

最高裁は、差押禁止が法定されている債権であっても、それが振り込まれて、預金債権となった場合は、原則として差押禁止債権としての属性を承継するものではなく、これを受働債権として相殺できると判示し

ました（最判平成10・2・10金融・商事判例1056号6頁）。

かかる判例に従えば、金融機関は、預金口座に振り込まれた金員の原資となっている債権の性質如何にかかわらず、預金債権と貸付債権とを相殺することができることになります。

3　権利の濫用法理による制限

次に、原則として、差押禁止債権としての属性を承継しないとしても、権利の濫用等の法理により、相殺が制限される場合があるかが問題となります。

給料が振り込まれた預金との相殺の事例ですが、相殺が、時期・意図・態様を民事執行法152条1項、民法510条、破産法104条2号（現破産法71条1項）の趣旨に照らすと、債務者の最低限の生活保持の要請および任意整理の過程における債権者間の公平の趣旨に鑑み、相殺の担保的機能を期待する合理的理由に欠ける場合には、権利の濫用に当たる場合があると判断したものがあります（札幌地判平成6・7・18（確定）判例タイムズ881号165頁）。

いかなる場合に権利の濫用に該当するかが問題となりますが、同判決では、①当該預金口座には、給与以外の入金は見込めなかったこと（原資の特定）、②債務者は、弁護士に委任し、債務整理を計画中であったところ、銀行が相殺を行えば債務整理計画が立たなくなることを金融機関が知っていたこと（債権者間の公平の要請）、③相殺により債務者の生活が成り立たなくなることを金融機関が知っていたこと（債務者の生活保持の要請）、④債権者らの協力が得られれば、当時、給与を原資として、金融機関が債務者から、分割返済を受けられる見通しが少なからずあったことなどが列挙されています。

また、近時の裁判例（東京地判平成15・5・28（控訴後、原告の訴え取下げにより確定）金融・商事判例1190号54頁）は、年金が原資となっている預金に対する差押えの事案について、預貯金の原資が年金であることの識別・特定が可能であるときは、年金それ自体に対する差押えと同視すべきものであって、当該預貯金債権に対する差押えは禁止されるべきであると判示したものがあります。

4　生命保険金について

　生命保険金については、法律上、差押禁止の対象債権ではありません。また、最高裁においても、生命保険金は差押可能な債権であることが認められています（最判昭和45・2・27金融法務事情579号28頁）。したがって、生命保険金を原資とする預金との相殺についても、原則として、可能であると考えられます。

　しかしながら、生命保険金は、死亡した者の家族の生活維持のために必要不可欠と考えられる場合もありますので、他の債権回収手段等も勘案し、権利の濫用に該当するとの主張がなされないように、慎重に相殺を行うか否かを判断すべき場合もあると思われます。

5　まとめ

　上記のとおり、差押禁止の対象となる債権であっても、それが銀行口座に振り込まれ預金債権となった場合は、差押禁止の性質を引き継がないというのが、現在の最高裁の考え方です。しかしながら、預金口座の原資が特定・識別できる場合には、債務者の生活保持、任意整理の過程における債権者間の公平等の観点から、相殺が権利の濫用に当たる場合も考えられ注意が必要です。

　設問については、預金口座の原資が年金、生命保険金の場合においても、原則として相殺は可能ですが、具体的な個別事情に応じて、慎重な判断が要求される場合もあります。

（藤井　康弘）

Ⅱ 相　殺

> **Q12　誤振込に基づく預金との相殺**
> 私は、誤ってＡ社名義のＸ銀行の預金口座に500万円を振り込んでしまいました。直後に、Ｘ銀行に誤振込の連絡をしたにもかかわらず、Ｘ銀行はＡ社の貸付債権と預金を相殺しました。私は、Ｘ銀行に対して、500万円の返還を請求できますか。

A　判例上、誤った振込が行われた場合でも、受取人と金融機関との間に、預金契約が成立することになります。これに従えば、金融機関は相殺が可能であり、誤振込をした人は、受取人に対して請求をすべきように思えます。しかしながら、かかる結論は不合理であり、正義公平の理念に照らし、誤振込をした振込依頼人はＸ銀行に対して、不当利得に基づく500万円の返還請求ができると解されます。

解　説

1　組戻しによる返還請求

　誤振込を行った振込依頼人は、金融機関に対して、組戻しの請求ができます。組戻しとは、振込依頼人が仕向銀行（振込金を送金する銀行）に対して、仕向銀行と被仕向銀行間の受取人の預金口座に入金するための為替取引を委任する契約（準委任契約）である振込依頼手続を解除し、被仕向銀行から仕向銀行に振込金の送金（返還）手続をすることをいいます。

　銀行実務上、振込金が受取人の預金口座に入金記帳されるまでは、振込依頼手続の委任事務が終了していないため、組戻しができますが、すでに受取人の預金口座に入金記帳されている場合には、委任事務が終了しており、組戻しが原則としてできないため、受取人の承諾を得たうえで、組戻しを行っています。

　したがって、受取人の預金口座に入金記帳されるまでは、組戻しの手続により、振込金の返還請求ができ、また、入金記帳後においても、受

取人の承諾がある場合には、組戻しの手続により、振込金の返還請求ができます。

2 組戻しによる返還請求ができない場合

受取人の承諾が得られない場合や、その他の理由により、金融機関が組戻手続に応じない場合など上記の組戻しによる返還請求ができないときに、振込依頼人が、いかなる請求ができるかという点が、本設問の主題です。

(1) 誤振込された預金の帰属

まず、誤振込された金員の帰属がどうなるか、すなわち、被仕向金融機関（設問のＸ銀行）と誤振込を受けた受取人との間に預金債権が成立するかが問題となります。

この点、最高裁は、振込依頼人から受取人の金融機関の普通預金口座に振込があったときは、受取人と金融機関との間に振込の原因となる法律関係が存在するか否かにかかわらず、受取人と金融機関との間に振込金額相当の普通預金契約が成立すると判示しました（最判平成8・4・26民集50巻5号1267頁、最判平成20・10・10民集62巻9号2361頁）。

他方で、最高裁平成15年3月12日判決（民集57巻3号322頁）は、誤振込された預金の払戻請求をした受取人につき、詐欺罪の成立を認めていますが、具体的事案の妥当性を考慮したものであり、平成8年判決を変更するものではありません。

(2) 相殺と不当利得

上記のとおり、誤振込の場合でも、受取人と金融機関との間で預金契約が成立すると考えると、形式的には、金融機関は、受取人に対する貸付金と相殺が可能であるようにも思えます。

理論的には、相殺を認め、誤振込の依頼人の受取人に対する不当利得返還請求を認めることにより、解決できるようにも思われます。しかしながら、誤振込の依頼人が、受取人を特定することに困難が生じる場合もあり、また、金融機関が相殺をするときには、相手方の資力に問題がある場合が多く、振込依頼人に酷な結果となることが容易に想定されます。他方で、金融機関としては、誤振込であることを認識したうえで、

受取人に対する貸付金と相殺することは、信義に反するといえ、かかる相殺への期待を保護すべき理由はないといえます。

そこで、何らかの法的構成が必要なところですが、名古屋高裁は、正義公平の理念に照らし、その法的処理において、実質は受取人と被仕向銀行との間に振込金額相当の預金契約が成立していないと同様に構成し、不当利得返還請求においては、振込依頼人の損失によって、被仕向銀行に当該振込金相当額の利得が生じたものとして、振込依頼人への直接の返還義務が認められると判示しました（名古屋高判平成17・3・17金融・商事判例1214号19頁）。

そして、同判決は、相殺について、受取人の預金債権は、当該事実関係のもとでは受働債権とはなり得ないものと解すべきとして、相殺の効力を否定しました。

かかる判断に従えば、金融機関がなした相殺は無効であり、誤振込をした振込依頼人は、金融機関に対して、不当利得返還請求をなしうることになります。

3 まとめ

誤振込をした場合、振込依頼人としては、まずは金融機関に対して、組戻しの依頼をすべきです。そして、組戻しができない場合でも、金融機関に対して、誤振込を行ったものであることを明確に通知すべきです。以上のようにして、当該振込が誤って行われたものであることを金融機関が認識した以降の相殺については、振込依頼人との関係で、不当利得として取り扱われる可能性が高いです。

したがって、本設問においても、誤振込をした振込依頼人は、金融機関に対し、不当利得返還請求ができると思われます。

金融機関としても、誤振込の連絡があった場合には、できる限り組戻しに応じるべきであり、これができない場合でも、誤振込であることを認識したうえで、相殺することは差し控えるべきです。

（藤井 康弘）

> **Q13　相殺の対象となる受働債権の選択と相殺権の濫用**
>
> 　A社は、当行の普通預金口座と定期預金口座にそれぞれ5000万円の残高がありますが、A社の債権者X（債権額5000万円）によって、定期預金債権が差し押さえられました。この場合、定期預金債権を選んでA社に対する貸付金と相殺することを、Xに主張できますか。

> **A**　容易に回収（相殺）可能な他の預金債権があるにもかかわらず、差し押さえられた債権を選んで行う相殺は、差押えの効力を免脱する目的でなされた相殺であり、いわゆる狙い撃ち相殺に当たり、相殺権の濫用として、相殺を主張できないことも考えられます。

解　説

1　問題の所在

　判例（最判昭和45・6・24民集24巻6号587頁）によれば、債権が差し押さえられた場合において、第三債務者が債務者に対して反対債権を有していたときは、その債権が差押後に取得されたものでない限り、反対債権および被差押債権の弁済期の前後を問わず、両者が相殺適状に達しさえすれば、第三債務者は、差押後においても、上記反対債権を自働債権として、被差押債権と相殺することができます。とすれば、本設問においても、相殺が可能とも思えますが、かかる相殺を認めれば、差押えの効力を不当に免脱することを認めることになり、当該相殺が許されない場合があるかが問題となります。

2　狙い撃ち相殺

　複数の自働債権がある場合に、差し押さえられた債権を優先的に相殺することを、いわゆる狙い撃ち相殺といい、当該相殺の有効性が問題となります。

　この点、銀行預金に関する事例ではありませんが、支払時期が異なる

Ⅱ　相　殺

請負代金の一部が差し押さえられたときに、差押後支払われた請負代金を支払時期の遅い請負代金の支払に充当し、差し押さえられた弁済期が先に到来する請負代金債権と相殺した場合に、次のように判示して、相殺が権利の濫用に該当するとしました。

すなわち、同一当事者間にあっては、相殺適状にある債権債務である以上、どの債権とどの債務とを相殺するかは特段の事情のない限り、まったく当事者の自由であるというべきであるが、同一当事者間の、同一の原因に基づき発生した債務でありながら、その一部はすでに第三者に転付され、他の一部は前者よりも履行期の到来が遅いという場合、債務者が後者についてはすでに債務を完済しておきながら、前者すなわち第三者に転付された債権については支払をなさず、上記第三者から支払請求されるに及んで上記自働債権によりこれと相殺をなす如きことは当事者間の公平および信義則に著しくもとったものであり、権利の濫用として許容することはできないと判示しています（大阪地判昭和49・2・15金融・商事判例426号13頁）。

かかる判旨に従えば、複数の預金債権があり、他の預金債権による債権回収が可能であるにもかかわらず、差押えの効力を免脱することを意図して、差し押さえられた債権と相殺することは、権利の濫用として、認められない可能性があります（賀集唱「大阪高判昭和48・8・6判批」金融法務事情714号33頁、塩崎勤「相殺予約の対外的効力について」金融法務事情1000号22頁等参照）。

3　考慮要素

相殺が当事者間の公平、信義則に著しく反する場合には、権利の濫用に該当し、相殺の効力が認められません。

いかなる場合に権利の濫用に該当するかが問題となりますが、最高裁判例では、他に物上担保権を有していたとしても、反対債権を有している場合には相殺を認められると判断しており（最判昭和54・3・1金融法務事情893号43頁）、他に担保があることだけで相殺の効力が否定されるとはしていません。また、充当指定権については、銀行取引約定書ないし民法に従い、一定の裁量が銀行にも与えられています。

しかしながら、かかる裁量も無制限のものではなく、上記のような不当に差押えの効力を免脱する目的をもって相殺を行う場合など、権利の濫用に該当すると認められる場合には、当該相殺が無効となることも考えられます。

銀行としては、差し押さえられた預金債権を除く預金債権の有無、その他の簡易に貸付債権を回収できる手段の有無、その回収の難易度、被差押債権を優先的に相殺する合理的な理由の有無等を勘案し、どの債権を相殺に供するかを慎重に選ぶ必要があります。

4　まとめ

複数の預金債権があり、他の預金債権からの債権回収が可能である場合に、差押えの効力を免脱することを意図して、差し押さえられた債権を優先的に相殺することは、権利の濫用に該当し、当該相殺は認められないと判断される可能性があります。

説問においても、差し押さえられた定期預金債権を、合理的な理由なく相殺に供することは、権利の濫用に該当する可能性があります。

(藤井 康弘)

Ⅱ 相 殺

> **Q14 相殺を前提にした預金拘束の問題点**
> 本日、A社が民事再生手続開始の申立を行い、同日、資本関係が密接でA社に多額の貸付金を有しているX社から、普通預金の払戻請求を受けました。当行はX社に対して、貸付金を有しているのですが、払戻請求を拒絶できますか。
>
> **A** 債務者の資金繰りへの影響を考慮しないまま、単に大口取引先が民事再生手続開始の申立を行ったのみで、請求を拒絶することは違法と考えられますが、X社の事業継続の見通し、追加担保取得の可能性等を考慮して、債権保全を必要とする相当の事由があると判断される場合には、支払を拒絶することも適法と考えられます。ただし、銀行としては、支払を拒絶した預金については、速やかに相殺を行うべきです。

解説

1 預金拘束とは

預金拘束について、明確な定義はありませんが、本設問では、銀行が、緊急時において、債権保全のために行う預金凍結措置を、預金拘束と呼ぶことにします。

普通預金は、要求払預金であり、預金者から払戻しの請求があった場合、銀行は原則としてこれに応じる必要があります。にもかかわらず、銀行が、適法に、一方的に預金口座を凍結して払戻請求を拒絶できるかという点が、本設問の主題です。仮に、払戻拒絶が違法と判断された場合、銀行は債務不履行ないし不法行為に基づく損害賠償責任を負うことになりますが、かかる拒絶を行うか否かは、緊急時において、迅速に判断する必要があり、その判断に困難が伴う場合も多いと思われます。

2 裁判例・学説等の状況

近時、緊急時の預金拘束に関し、債務不履行ないし不法行為を理由とする損害賠償請求訴訟について、いくつかの判断がなされています（東

京地判平成3・2・18金融・商事判例877号25頁、東京地判平成19・3・29金融・商事判例1279号48頁、東京高判平成21・4・23金融法務事情1875号76頁等)。なお、平成24年12月時点で、刊行されている裁判例等の中に、緊急時の預金拘束を違法と判断したものは見あたりません。

　争われた事例は、いずれも預金拘束の適法性につき、銀行取引約定書上の期限の利益喪失事由である「債権保全の必要性」の有無を判断したうえで、債権保全の必要性があり、期限の利益喪失事由があることを理由の1つとして、判断しています。

　預金拘束が適法となる要件を、正面から明示した判例はありませんが、預金拘束については、債権保全の必要性により預金拘束が適法となるとする考え方(亀井洋一「期限の利益喪失前の預金拘束の適法性」銀行法務21・711号38頁)、債権保全の必要性の他に要件が必要とする考え方(伊藤眞「危機時期における預金拘束の必要性」金融法務事情1835号13頁)、債権保全の必要性のほかに不安の抗弁権が根拠となるとする考え方(本多知成「預金の払戻拒絶措置の適否」金融法務事情1899号39頁)などが見受けられます。いずれの考え方からも、少なくとも債権保全の必要性がない場合には、預金拘束は違法と判断されると思われます。

3　預金拘束の適法性

　(1)　上述の裁判例を見る限り、預金の拘束性の有無については、期限の利益の喪失事由の有無が争点の1つになっています。したがって、銀行としては、払戻請求を受けたときに、これを拒絶する場合には、債権保全の必要性があり、期限の利益が喪失する事由があるか否かを、第1に検討することになります。

　(2)　東京高裁平成21年4月23日判決は、本設問と同様の事案で、A社がX社の株式20％を所有していたことにつき強い資本関係があると認定し、商号中に共通の文言を使用していること、本店所在地が同一であること、X社の経理業務をA社の経理担当者が行っていること、X社のA社に対する貸付金がX社の短期貸付金の大部分を占め、大口かつ重要な取引先であること等を認定し、両者が事業上きわめて密接な関係があるとし、両者が当該関係にある中で、A社が民事再生を申し立て、X

Ⅱ　相　殺

社が追加担保の提供をすることもできなかった状況においては、債権保全の必要性があり、期限の利益の喪失事由があるとしました。

　また、預金拘束の処置について、預金債権を上回る貸付金債務を負うＸ社に対し、銀行からの相殺による債権債務の決済の余地を残しつつ、具体的な事業計画等の提示や追加担保の提供等の請求喪失事由を解消するための措置をとるための猶予期間を与えたものといえるとしました。そして、その後の期限の利益の喪失請求、相殺等の措置に至る経緯に照らせば、払戻拒絶措置は、銀行がとった合理的な措置であると判示しました。

　債務者自身の事由ではなく、債務者の取引先の倒産手続の申立等の第三者の事由により、払戻しを拒絶する場合には、銀行としては、より慎重な判断が求められます。

　(3)　上記のとおり、従前の裁判例を見ると、期限の利益の喪失事由の有無を判断し、期限の利益の喪失事由がある場合には、払戻請求を拒絶しても、合理的期間内に相殺の手続を行えば、当該預金拘束は、適法なものと判断されています。

　預金拘束については、明示的な契約上の根拠とするものはありませんが、根底には、銀行としては、期限の利益が喪失し、直ちに相殺することにより、預金債権を消滅させることができるということがあると思われます。

　債権保全の必要性ないし期限の利益の喪失事由があるか否かを検討するために、払戻請求を拒むことができるかという点が問題となりますが、預金拘束の措置を継続した時間、事後的に債権保全の必要性があったと判断されるか否か等により、結論が左右される可能性はありますが、そもそも普通預金の払戻しを緊急時に拒絶する契約上の根拠もないことから、合理的な期間を超える期間、払戻しを拒絶し調査を行うことは、違法と判断される可能性が高いと思われます。

　(4)　また、預金を拘束する場合においても、預金者への適切な説明が必要とされ、預金者に対し、払戻拒絶措置をとった事実とその判断理由・必要性等を説明のうえ、具体的な事業継続の見通しの説明や追加担

保の提供を求め、これらが十分行われれば払戻拒絶の解除を検討する旨説明しておくことが必要と指摘されています（川西拓人「貸付条件変更の申込みと預金拘束」金融法務事情1899号47頁）。

預金拘束の適法性の判断基準としては、①従前の取引関係を含む相手方企業の信用度・営業状態、②金融機関が、当該預金のほかに有している物的・人的担保の内容と程度、③拘束によって生じる実質金利水準、④貸付金などに対する拘束性預金の割合、⑤その拘束される預金の趣旨および程度いかん、⑥拘束の目的、⑦拘束に至る事情・経緯、⑧その他の預金拘束の必要性など（河上正二「拘束預金とした金融機関の措置の適法性」金融法務事情1331号27頁参照）が挙げられます。

4　まとめ

まず、債務者自身ではなく、その大口の取引先が民事再生を申し立てたという一事をもって、預金を拘束することは違法と判断される可能性が高いです。

金融機関としては、債権保全の必要性があるかを慎重に判断すべきであり、払戻請求を受けた場合には、預金拘束の措置をとるか否かを、事業の継続の見込み、追加担保提供の可能性等の説明を求め、総合的に判断することになります。債権保全の必要性がある場合には、直ちに期限の利益の喪失を通知することが望ましいと思われますが、一定期間、猶予を与えることは、取引先に有利なものであるので、期限の利益の喪失を通知しない場合でも、預金拘束が適法と判断される余地があると思われます。

設問においても、A社とX社の関係、X社からの追加担保の提供の可能性等を総合考慮し、債権保全の必要性がある場合には、合理的な期間、預金を凍結することは適法と判断されるものと思われます。しかしながら、預金拘束については、具体的な法的根拠または契約がないので、いたずらに長期間預金を拘束するのは適当ではなく、債権回収の見通しが立たない場合には、速やかに、期限の利益の喪失通知、相殺等の処理をすべきです。

（藤井　康弘）

III

人的担保

1 保 証

(1) 保証総論

> **Q15 会社が保証人となる場合の問題点**
> 株式会社と保証契約を締結する場合、どのような点に注意する必要があるでしょうか。
>
> **A** 1 当該株式会社の取締役を主債務者とする場合など利益相反取引に該当する場合には、当該保証契約締結を決議した取締役会議事録を徴求することが必要です。そのとき、当該取締役は特別利害関係人に該当するので、当該取締役会において当該取締役が決議に参加していないことを確認することも必要です。利益相反取引に該当しない場合でも、主たる債務の金額、会社の資産規模、従来からの取扱い等に鑑みて、多額の保証といえる場合には、同じく当該保証契約締結を決議した取締役会議事録を徴求することが必要です。

解 説

1 利益相反取引の場合

(1) 取締役会の承認の確認

株式会社が第三者の債務について保証契約を締結する場合、当該第三者が株式会社の取締役であったり、株式会社の取締役が代表取締役を兼任している別の会社であるようなときには、当該保証契約については株式会社と当該取締役との間に利益相反が生じることとなります。

こうした利益相反取引を行う場合には、株式会社の取締役会による決議が必要とされています（会社法356条1項3号・365条1項（取締役非設置会社である場合には株主総会の決議））。

したがって、保証契約を締結する株式会社と主たる債務者との間で上記のような利益相反関係にある場合には、当該保証契約を締結すること

に関する取締役会議事録を徴求する必要があります（原本を確認のうえ、写しを入手）。

さらに、利益相反の対象とされる取締役は、当該議案には特別利害関係人に該当するため（同法369条2項）、当該取締役が決議に参加せずになされていることを確認する必要があります。

(2) 取締役会決議の欠缺と保証契約の効力

保証契約締結が利益相反取引に該当する場合で、取締役会決議が欠缺していたとき、当該保証契約の効力が問題となりますが、株式会社は、保証契約の相手方が取締役会決議を経ていないことを知っていた場合に限り、当該保証契約が無効であることを主張することができるとされています（最判昭和43・12・25民集22巻13号3511頁）。

2 利益相反取引に該当しない場合

(1) 多額の保証についての取締役会の承認

株式会社については、その業務執行を代表取締役に委ねているところ、すべての業務を代表取締役に一任するのでは会社財産を危うくさせるリスクがあることから、一定の業務執行について取締役会の決議を必要としています（会社法362条4項）。

具体的には、重要なる財産の処分および譲受け、多額の借財、支配人その他の重要なる使用人の選任および解任、支店その他の重要なる組織の設置・変更および廃止については取締役会の決議が必要です。

保証契約についても、「借財」と同様、その額によっては会社の財産を危うくするリスクがあることから、「多額」の保証契約の締結には取締役会の決議が必要です（東京高判昭和62・7・20金融法務事情1182号44頁）。

(2) 「多額」の程度

では、具体的にどの程度の金額の保証であれば「多額」といえるのかが問題となるところ、「重要なる財産の処分」について、当該財産の価額、その会社の総資産に占める割合、当該財産の保有目的、処分行為の態様および会社における従来の取扱いなどの事情を総合的に考慮して判断すべきと最高裁は判断しています（最判平成6・1・20民集22巻13号

3511頁)。よって、どの程度の金額であれば「多額」といえるかについて一律に決することはできませんが、上記最高裁の考え方を参考にして、個々の会社に応じて考えることが必要となってきます。

(3) **取締役会決議がない場合の相手方の悪意の有無**

保証契約が「多額」の保証と判断されるにもかかわらず、取締役会の決議を経ていない場合、当該保証契約の効力が問題となるところ、これについては、保証契約の相手方において取締役会決議を経ていないことを知りまたは知りうるときでない限り、当該保証契約は有効となるとされています(最判昭和40・9・22民集19巻6号1656頁)。

(4) **結 論**

以上を前提とすると、当該保証契約が利益相反取引に該当しない場合であっても、主たる債務の金額、会社の資産規模、従来からの取扱い等に鑑みて、「多額」と判断されそうな場合には、取締役会議事録を徴求することが必要となります。「多額」かどうかの判断を適切に行うことは、実際困難であると考えられますので、債権者として迷った場合には、取締役会の議事録を徴求するのが肝要かと思われます。

なお、法人が第三者の債務を保証することは、法人の目的の範囲内の行為に該当するか否かという議論はあるものの、営利法人である株式会社については、目的の範囲内の行為であって問題とはならないことを付言しておきます。

(村上　創)

III 人的担保

> **Q16 会社取締役の保証と保証債務履行責任の範囲**
> 取締役が会社の債務を保証しており、今般、当該取締役が辞任することとなりました。当該取締役の保証債務履行責任の範囲はどのように考えればよいのでしょうか。
>
> **A** 特定の主債務を保証する限定保証については取締役の辞任によってその責任が制限されることはありません。
> 平成17年3月31日以前に締結された貸金等根保証契約については、同年4月1日の改正民法の施行に伴い、改正民法に沿った貸金等根保証契約を締結している場合には、契約締結時から3年が経過した日もしくは定められた元本確定期日の時点の主債務の内容が根保証債務履行責任の範囲となります。他方で、改正民法に沿った貸金等根保証契約を締結していない場合には、平成20年3月31日時点の主債務の内容が根保証債務履行責任の範囲となります。

解説

1 限定保証契約の場合

特定の主債務を保証する契約の場合には、会社の取締役を辞任することによって、当然に当該保証契約の解約権を有するわけではありません。辞任後も当該保証債務を継続して負担することとなり、辞任後に会社が破綻した場合には、保証債務の履行責任を果たす必要があります。

実務上は、正常取引先であれば、新しく選任される取締役を新たに保証人として徴求することにより、辞任する取締役との間の保証契約を解除するのが通常であるようです。

2 貸金等根保証契約の場合

(1) 改正民法における貸金等根保証契約の施行日を基準とする取扱い

根保証契約の中でも、その債務の範囲に金銭の貸渡しまたは手形の割引を受けることによって負担する債務が含まれ、かつ、保証人が法人であるもの以外については、貸金等根保証契約とされ、平成17年4月1

日施行の改正民法によって極度額を定めるべき旨等の一定の規制がなされることとなりました（民法465条以下）。

　そして、平成17年3月31日以前に締結された貸金等根保証契約については、平成20年3月31日までに、改正民法に沿った貸金等根保証契約を締結しなかった場合には、同日をもって元本確定の効果が生じることとなり、同日以降に新たに発生した主債務については根保証責任の範囲外となりました（施行規則）。

　よって、平成17年3月31日以前に取締役との間で締結された貸金等根保証契約について、当該取締役との間で、平成20年3月31日までに改正民法に沿った貸金等根保証契約を締結していない場合には、同日時点での主債務の内容が根保証債務履行責任の範囲となります。

　改正民法施行に伴い、改正民法に沿った貸金等根保証契約を締結している場合には、元本確定期日の設定がある場合には同期日、元本確定期日の設定がない場合には契約締結日から3年経過した日時点の主債務の内容が根保証債務履行責任の範囲となります。

　元本確定事由として取締役の辞任を定めていた場合には、取締役を辞任した日時点の主債務の内容が根保証債務履行責任の範囲となります。

　したがって、上記各期日以降に発生した主債務については当該取締役がそれに関する保証債務履行責任を負うことはありません。

(2) 元本確定期日以前の取締役の辞任

　ただし、取締役辞任が上記各元本確定期日の以前であった場合には、辞任後元本確定期日までに発生した主債務について、その保証債務履行責任を有することとなります。これについては、従前のとおり、取締役辞任をもって根保証契約について解約権を有することとなるという争い方をすることになるでしょうが、元本確定事由として「取締役の辞任」という定めをしておらず、また、改正民法により貸金等根保証人の責任が制限されたことに鑑みると、上記解約権が認められる可能性は低いと思われます。

3　その他の根保証契約の場合

　たとえば、継続的商品供給取引にかかる買掛金債務を範囲とする根保

Ⅲ　人的担保

証契約については、改正民法による規制が適用されないことなります。よって、元本確定期日の定めがない、また、取締役辞任が元本確定事由となっていない場合には、取締役を辞任しても、契約上は、辞任後に発生する主債務についても根保証人の責任を負担することとなります。

　取締役との間で根保証契約を締結したのは、当該取締役の経営責任の一環という趣旨であるのが通常であり、辞任後に生じる主債務についてまでもその根保証債務履行責任を負うとするのは妥当ではないという考え方は民法改正前からも唱えられてきたものであって、一定の合理性が見出せます。ただし、民法改正による貸金等根保証契約以上の制限をする必要もないことから、上記根保証契約については締約締結日から3年を経過した日をもって元本が確定するといった解釈が十分にありうると考えられます。

(村上　創)

> **Q17　根保証契約締結時の留意点**
> 根保証契約はどういう特徴を有するものですか。根保証契約を締結する場合、どのような点に注意する必要があるのでしょうか。
>
> **A**　根保証契約は、一定の範囲に属する不特定の債務を主たる債務とする保証契約であって、場合によっては、根保証人の保証債務の範囲がきわめて広範となり、それを個人に負担させることが妥当でないと評価される余地があります。平成17年4月1日施行の改正民法によって、貸金等根保証契約については、極度額を定めること、元本確定期日を定める場合には契約締結日から5年を超えない期日を定めることが必要となります。

解説

1　根保証契約

　根保証契約とは、一定の範囲に属する不特定の債務を主たる債務とする保証契約のことをいいます。たとえば、A社がB社から継続的に商品の供給を受ける取引をしていた場合に、A社の代表者がB社に対し、当該取引においてA社がB社に対して負担する買掛金債務などの一切の債務について保証するというものがそうです。

　根保証契約に基づく保証債務の範囲は、主債務の発生の根拠となる取引の種類、極度額、保証期間等の設定の有無とその内容で決まることになります。よって、極度額の定めがなされない、保証期間の定めがなされない場合もあり、このような場合には根保証人の保証債務の範囲がきわめて広範となる可能性があり（いわゆる、包括根保証）、実務上、根保証契約がなされているときには、それが包括根保証となっている事例が多数見られることとなりました。こうした包括根保証の効力がいろいろな場面で争われるようになり、たとえば、相続人が包括根保証人の地位を承継するのか、包括根保証をしていた取締役が退任したとき、包括根保証契約を解約することができるのかが問題点として現れていました。

2 保証制度の見直し

(1) 個人保証のあり方の見直し

前述のような根保証契約の問題点を背景として、個人保証のあり方が検討・見直しされることとなり、平成17年4月1日から、新たな保証制度を定めた改正民法が施行されました。

(2) 保証契約の要式行為化

これまで保証契約は口頭での契約でもその効力を認められていましたが、改正により、保証契約は書面でしなければその効力が生じないこととなりました（民法466条2項）。

(3) 貸金等根保証契約の規制

根保証契約の中でも、その債務の範囲に金銭の貸渡しまたは手形の割引を受けることによって負担する債務が含まれ、かつ、保証人が法人であるもの以外については、貸金等根保証契約とされ（同法465条の2第1項）、次の規制がなされることとなりました。

なお、信用保証協会や保証会社が行う根保証（貸金等債務を含むもの）に基づく求償権に関しての個人保証契約についても、貸金等根保証契約と同様の規制が適用されることとなりました（同法465条の5）。

(4) 極度額規制

貸金等根保証契約については、主たる債務の元本、主たる債務に関する利息、違約金、損害賠償その他その債務に従たるすべてのもの、およびその保証債務について約定された違約金または損害賠償の額について、その全部にかかる極度額を定めなければ、その効力を生じないこととなりました（同法465条の2第2項）。

(5) 元本確定期日の期間制限

貸金等根保証契約については、元本確定期日を定める場合でも、当初契約締結日から5年を経過する日までの範囲内であることが必要とされ、5年以降の確定期日を定めた場合には契約全部が無効となります（同法465条の3第3項）。そして、元本確定期日を定めない場合には、当初契約締結日から3年を経過する日をもって元本確定期日となりました（同条2項）。

(6) 元本確定事由の法定

　貸金等根保証契約において、当事者間で元本確定事由を定めることは自由ですが、①当該保証契約の債権者自身が主債務者または保証人の財産に対し強制執行や担保権実行を申し立てたとき、②主債務者または保証人が破産手続開始決定を受けたとき、③主債務者または保証人が死亡したときには、当然に元本が確定することとなりました（同法465条の4）。

3　根保証契約締結上の注意点

(1) 貸金等根保証契約の場合

　改正民法により極度額規制および元本確定期日規制がなされることとなり、改正民法に反する契約内容であれば、貸金等根保証契約全部が無効となります。よって、貸金等根保証契約の締結時には、極度額の定めを必ず設けること、元本確定期日について、契約締結日から5年以内に設定することは、債権者として厳守する必要があります。

　また、貸金等根保証契約については、元本確定期日以降に発生する主債務は保証債務の範囲外となることから、主債務者が正常返済中である場合には特に、元本確定期日が到来する直前には当該保証人に対して再度改めて貸金等根保証契約の締結を行うことに留意する必要があります。

(2) その他の根保証契約の場合

　たとえば、継続的商品供給取引にかかる買掛金債務を範囲とする根保証契約については、極度額規制や元本確定期日規制が適用されないことなります。しかし、事案によっては、民法の改正の趣旨に鑑み、根保証人の責任が一定の範囲で制限される場合も想定されますので、極度額の設定、元本確定期日を定めたうえで期日到来ごとに根保証契約を締結するといった取扱いを導入することも検討に値するところです。

（村上　創）

> **Q18 根保証人の死亡と相続**
> 貸金等を主債務とする包括根保証人が死亡した場合、相続人に対してどのような請求ができるのでしょうか。
>
> **A** 包括根保証人の死亡日が平成20年3月30日以前である場合、相続人に対しては、包括根保証人が死亡した時に存在した保証債務について、法定相続割合に従った請求をすることができます。包括根保証人の死亡日が平成20年3月31日以降である場合には、平成20年3月31日が元本確定期日となりますので、平成20年3月31日時点において存在した保証債務について、法定相続割合に従った請求をすることができます。
>
> なお、平成17年4月1日以降に締結された根保証契約については、保証人が個人であり、主債務の範囲に貸金等債務が含まれている場合、包括根保証契約は無効とされていますが、極度額を定めた限定根保証人の死亡が元本確定事由になっていますので、限定根保証人が死亡した時に存在した保証債務について、法定相続割合に従った請求をすることができます。

解説

1 包括根保証債務の非相続性

保証期間の定めも極度額の定めもない包括根保証契約において、包括根保証人の死亡した場合、死亡後に生じた主債務については、包括根保証人の相続人は負担しません（最判昭和37・11・9民集16巻11号2270頁）。したがって、相続人に対しては、包括根保証人死亡後に生じた主債務を請求することができず、包括根保証人が死亡した時に存在した保証債務について、法定相続割合に従った請求をすることになります。

2 平成16年民法改正

(1) **包括根保証の禁止**

個人の包括根保証を禁止することなどにより、根保証の過酷な結果か

ら個人保証人を保護することなどを目的として、平成16年法律第147号により民法が改正され、平成17年4月1日より施行されました（平成17年政令第36号）。

　新設された民法465条の2ないし同条の4においては、金銭の貸渡しまたは手形割引を受けることによる債務（貸金等債務）を主債務の範囲に含む個人根保証（貸金等根保証）を規律の対象としており、貸金等根保証契約は、極度額を設定し、かつその極度額の定めを書面化するのでなければ、効力を生じないものとされています（民法465条の2第2項・3項）。

(2)　**経過措置**

　施行日である平成17年4月1日より前に締結された包括根保証契約については、その包括根保証債務の元本確定期日について経過措置が講じられており、平成20年3月31日が元本確定期日とされ、保証期間の最終日は、元本確定期日の前日であると解されていますので、同月30日が保証期間の最終日ということになります。

　したがって、平成17年4月1日より前に締結された包括根保証契約について、包括根保証人死亡日が平成20年3月30日以前である場合には死亡日が、同月31日以降である場合には同日が元本確定期日となりますので、相続人に対しては、当該元本確定期日時点において存在した保証債務について、法定相続割合に従った請求をすることになります。

(3)　**貸金等根保証契約の元本の確定事由**

　民法465条の4では、保証人の死亡は貸金等根保証契約における主債務の元本確定事由とされています（同法465条の4第3号）。したがって、平成16年民法改正の施行日である平成17年4月1日以降に締結された根保証契約については、保証人が死亡した時に存在した保証債務について、法定相続割合に従った請求をすることになります。

　　　　　　　　　　　　　　　　　　　　　　（平山　浩一郎）

(2) 保証と代位

> **Q19 保証人兼物上保証人がいる場合の代位の割合**
> 連帯保証人兼物上保証人がいる場合、その人の代位の割合はどのように決まるのでしょうか。
>
> **A** 諸説ありますが、判例は、代位の割合について、「二重の資格をもつ者も1人と扱い、全員の頭数に応じた平等の割合であると解するのが相当である」としています。

解説

1 弁済による代位

債務者のために弁済をした者は、①その弁済と同時に債権者の承諾を得て、債権者に代位することができ（民法499条1項）、また、②弁済者が、弁済をするについて正当な利益を有する場合には、弁済によって当然に債権者に代位する（同法500条）とされています。

そして、債権者に代位した者は、「自己の権利に基づいて求償をすることができる範囲内において、債権の効力及び担保としてその債権者が有していた一切の権利を行使することができる」（同法501条柱書）とされています。

債務者に対して求償権をもつことが多い弁済者を保護するためにこのような制度が認められているのです。

2 代位の割合

それでは、複数の代位者が存在する場合、それらの者の相互の関係はどのようになるのでしょうか。この点については、代位者の間において、代位に関する特約があれば、その特約に従うこととなりますが、そのような特約がない場合には、民法501条の規律に従うことになります。

3 保証人と物上保証人がいる場合

たとえば、債権者Xが債務者Yに対して3000万円の金銭債権を有し

ており、当該債権に関して、Aが連帯保証人となり、BおよびCが、それぞれ、各自の所有不動産に抵当権を設定した場合を考えてみます。このような場合において、Bが、Yに代わって、Xに対し、3000万円を弁済した場合、代位の割合はどのようになるのでしょうか。

　この点、民法501条5号によれば、「保証人と物上保証人との間においては、その数に応じて、債権者に代位する。ただし、物上保証人が複数名いるときは、物上保証人相互では、保証人の負担部分を除いた残額について、各財産の価格に応じて債権者に代位する」とされています。

　したがって、まずは、保証人であるAも含めた人数で3000万円を割ることになるため、Aの負担部分は1000万円となります。そして、Bが抵当権を設定したB所有の不動産の価格が1200万円、Cが抵当権を設定したC所有の不動産の価格が1800万円であるとすると、Bの負担部分は800万円、Cの負担部分は1200万円となります。

4　保証人と物上保証人を兼ねる者がいる場合

　では、上記の例において、BおよびCが保証人をも兼ねている場合、すなわち、保証人兼物上保証人となっている場合において、Bが、Yに代わって、Xに対し、3000万円を弁済したとすると、代位の割合はどのようになるのでしょうか。

　この保証人兼物上保証人をどのように数えるかについては、①1人と数える説、②2人と数える説、さらに、①には、a保証人として1人と数える説、b保証人兼物上保証人として1人と数える説、c物上保証人として1人と数える説、などがあり、諸説が入り乱れていました。

　しかし、判例は、「複数の保証人及び物上保証人の中に二重の資格をもつ者が含まれる場合における代位の割合は、民法501条但書4号、5号の基本的な趣旨・目的である公平の理念に基づいて、二重の資格をもつ者も1人と扱い、全員の頭数に応じた平等の割合であると解するのが相当である」として、1人説を採用しました（最判昭和61・11・27民集40巻7号1205頁）。

　したがって、上記の例においては、二重資格者であるBやCについても、それぞれを1人と数え、全員の頭数に応じた平等の割合である3分

の1を代位の割合ととらえる結果、BやCも、それぞれ1000万円を負担することとなると考えられます。

　なお、この判例については、①説のうち、a説を採用したのか、あるいは、b説を採用したのか、上記の例で考えますと、Aは、Bに対する1000万円の保証債権のみに代位できるのか、あるいは、1000万円の保証債権と800万円の抵当権のどちらにでも代位できるのかが明確でないといった指摘もなされていますが、この点については、b説を採用したものであると見る見解が多いようです（塚原朋一「判批」ジュリスト878号61頁、安永正昭「判批」金融法務事情1152号11頁など）。

　　　　　　　　　　　　　　　　　　　　　　　　（鍛治 雄一）

> **Q20　1個の抵当権が担保する数個の債権のうちの1個の債権のみの保証人による代位弁済**
>
> 　1個の抵当権が数個の債権を担保しているときに、1個の債権のみの保証人が、当該債権にかかる残債務全額を代位弁済した場合、抵当権の実行による売却代金の配当について、債権者と代位弁済した保証人のどちらが優先しますか。

A　当該抵当不動産の売却代金が、被担保債権のすべてを消滅させるに足りないときには、債権者と保証人は、両者間に当該売却代金からの弁済の受領についての特段の合意がない限り、当該売却代金について、債権者が有する残債権額と保証人が代位によって取得した債権額に応じて按分して弁済を受けることになると考えられます。

解　説

1　債権の一部についての代位弁済

　債権の一部について代位弁済があったとき、弁済による代位はどのように機能するでしょうか。たとえば、債権者が債務者に対して3000万円の金銭債権を有しており、当該債権に関して、連帯保証人のほかに、別の者がその所有不動産に抵当権を設定していたところ、連帯保証人から1000万円のみが弁済されたとします。この場合において、債権者が、物上保証人の所有不動産について抵当権を実行した場合、その売却代金の配当について、債権者と連帯保証人（代位弁済者）はどのような関係に立つでしょうか。

　この点、民法の規定によると、「債権の一部について代位弁済あったときは、代位者は、その弁済をした価額に応じて、債権者とともにその権利を行使する」（民法502条1項）とされています。かかる規定について、民法の起草者は、原債権者と代位弁済者は平等であり、代位弁済者は弁済額に応じた按分比例による配当を受けることができると考えていたよ

うです。

　しかし、現在では、判例においても、「弁済による代位は代位弁済者が債務者に対して取得する求償権を確保するための制度であり、そのために債権者が不利益を被ることを予定するものではなく、この担保権が実行された場合における競落代金の配当について債権者の利益を害するいわれはない」との理解が示され、債権者が代位弁済者に優先して売却代金の配当を受けるという債権者優先主義がとられるに至っています（最判昭和60・5・23民集39巻4号940頁。以下「昭和60年判決」という）。

2　本設問について

　それでは、1個の抵当権が数個の債権を担保しているときに、そのうちの1個の債権のみの保証人が、当該債権にかかる残債務全額について代位弁済をした場合、債権者と保証人はどのような関係に立つでしょうか。

　この点、上記のとおり、債権の一部につき代位弁済がされた場合には、当該債権を被担保債権とする抵当権の実行による売却代金からの弁済の受領については、債権者が代位弁済者に優先するものと解されているところ、抵当権が数個の債権を被担保債権としている場合において、そのうちの1個の債権にかかる残債務全額につき代位弁済がされたときも、債権の一部につき代位弁済がされた場合に含まれるようにも思われます。

　実際、本問のモデルとなった事例において、後に紹介する最高裁判決の原審は、「弁済による代位は代位弁済者が債務者に対して取得する求償権を確保するための制度であり、そのために債権者が不利益を被ることを予定するものではないとの昭和60年判決の説示は、本件についても当然に妥当する」として、抵当権の実行による売却代金の配当について、債権者が代位弁済者に優先すると判示していました（東京高判平成16・2・24金融・商事判例1215号40頁）。

　しかし、最高裁は、「この場合は、民法502条1項所定の債権の一部につき代位弁済がされた場合とは異なり、債権者は、上記保証人が代位によって取得した債権について、抵当権の設定を受け、かつ、保証人を徴

した目的を達して完全な満足を得ており、保証人が当該債権について債権者に代位して上記売却代金から弁済を受けることによって不利益を被るものとはいえず、また、保証人が自己の保証していない債権についてまで債権者の優先的な満足を受忍しなければならない理由はない」との理解を示しました。

そのうえで、最高裁は、「不動産を目的とする1個の抵当権が数個の債権を担保し、そのうちの1個の債権のみについての保証人が当該債権に係る残債務全額につき代位弁済した場合は、当該抵当権は債権者と保証人の準共有となり、当該抵当不動産の換価による売却代金が被担保債権のすべてを消滅させるに足りないときには、債権者と保証人は、両者間に上記売却代金からの弁済の受領についての特段の合意がない限り、上記売却代金につき、債権者が有する残債権額と保証人が代位によって取得した債権額に応じて案分して弁済を受けるものと解すべきである」と判示しています（最判平成17・1・27民集59巻1号200頁。以下「平成17年判決」という）。

もっとも、平成17年判決においては、「特段の合意」による例外の余地を認めています。

ただし、かつての銀行取引約定書ひな型に記載されていた銀行・保証人間の代位権不行使・権利移転特約のような条項は、ここにいう「特段の合意」には含まれないとする指摘もなされていますので、留意が必要です（潮見佳男「判批」銀行法務21・645号54頁）。

（鍛治 雄一）

Ⅲ 人的担保

Q21 保証人による一部弁済と代位

債権者が、連帯保証のほか、別の者からその所有不動産に根抵当権設定を受けている場合があります。このような状況において、根抵当権の元本確定前に、保証人が保証債務の一部の履行として主債務の一部弁済を行うと、保証人は債権者に代位して根抵当権を行使することができますか。

A 根抵当権の元本確定前に保証人が保証債務の一部の履行として主債務の一部弁済を行った場合でも、債権者に代位して根抵当権を行使することはできません。

解 説

1 元本確定前の代位弁済

保証人が、根抵当権の元本確定前に、保証債務の一部の履行として主債務の一部弁済を行った場合、保証人は債権者に代位して根抵当権を行使することができるでしょうか。

この点を考えるにあたって、まず、ポイントになるのは、元本確定前における根抵当権の随伴性であり、普通根抵当権において認められている随伴性が、元本確定前における根抵当権においても認められるのかという問題点が浮かび上がります。

この元本破綻前における根抵当権の随伴性の有無に関しては、旧法下では解釈上の争いがあったものの、現行法においては、根抵当権が元本確定時に特定の債権者に属する債権を担保するものであること、随伴性を肯定することによる法律関係の複雑化を防止する必要があることなどから、随伴性は否定されるに至っています（道垣内弘人『担保物権法［第3版］』239頁参照）。

民法398条の7はその旨を示したものであり、債権譲渡や代位弁済に関しては「元本の確定前に根抵当権者から債権を取得した者は、その債権について根抵当権を行使することができない。元本の確定前に債務者

のために又は債務者に代わって弁済をした者も、同様とする」（同条1項）と明文で規定されています。

このように、根抵当権の元本の確定前においては、根抵当権の随伴性が否定されている結果、そもそも、債権者に代位して根抵当権を行使することはできません。

2 元本確定後の代位弁済

それでは、保証人が、根抵当権の元本確定後に、保証債務の一部履行として主債務の一部弁済を行った場合はどうでしょうか。

この点、根抵当権の元本の確定が生じれば、その時点で存在する債権で被担保債権の特定基準を満たすものは、終局的に被担保債権となるため、根抵当権も普通抵当権にきわめて近接し、随伴性が認められることとなります。

その結果、保証人による代位弁済についても、普通抵当権と同様の処理が行われることとなります。

もっとも、本件において保証人が行っているのは、あくまで、保証債務の一部履行としての主債務の一部弁済にすぎません。

この点、債務の一部についてのみ弁済がなされた場合であっても、原債権の一部について代位が生じ、「代位者は、その弁済をした価額に応じて、債権者とともにその権利を行使する」（民法502条1項）こととなります。

問題は「債権者とともにその権利を行使する」ということの内容です。これについては、大きな問題が2つありますが、その1つが、誰が担保権の実行を行うことができるのか（一部弁済を行った代位者が単独で担保権の実行を行えるのか）というものです。

この問題について、古い判例は、代位者の取得した権利に基づいて、単独で競売を申し立てうることを認めていました（大決昭和6・4・7民集10巻9号535頁）。

しかし、この判例のように代位者による単独の担保権実行を認めるとすると、債権者が望まない時期において換価を余儀なくされる場合が生じることとなります。弁済による代位は、代位者が債務者に対して取得

する求償権を確保するための制度ですから、それを超えて、債権者を害してまで代位者を保護するのは行きすぎといえます。

こういったことから、現在においては、代位者による単独の担保権実行を否定し、代位者は債権者と共同してでなければ担保権の実行をなしえないとする見解が通説となっています（我妻榮『新訂債権総論』255頁など）。

したがって、本件においては、元本の確定後であっても、保証人は債権者に代位して根抵当権を実行することはできないことになると考えられます。

なお、金融取引の実務においては、金融機関と保証人や物上保証人との間で、一部弁済者による代位を排除する旨の特約がなされていることが多いため、問題となることはあまりないようです。

（鍛治 雄一）

(3) 信用保証制度

Q22　信用保証の保証免責制度

信用保証協会が保証免責を主張できるのは、どのような場合でしょうか。また、類型ごとに具体的な論点や参考となる事例・判例を教えてください。

A　信用保証協会と金融機関の信用保証取引の基本契約である約定書により、信用保証協会が金融機関に対し保証免責を主張できるのは、(1)約定書例3条（旧債振替の制限）違反（1号）の場合、(2)保証契約違反（2号）の場合、および(3)金融機関の故意・重過失による取立不能（3号）の場合とされています。

その免責範囲は約定書例6条2項で規定する保証債務の履行範囲の全部または一部です。類型ごとの具体的な論点や参考事例・判例については、解説を参照ください。

解説

1　信用保証協会の保証免責の意義
(1) 約定書の置ける免責規定

信用保証協会と金融機関の信用保証取引の基本契約である約定書（注1）には、以下のように、一定事由が発生した場合には、信用保証協会が保証債務の履行義務を免れる旨が規定されています。

（免責）

第11条　甲は、次の各号に該当するときは、乙に対し保証債務の履行につき、その全部または一部の責を免れるものとする。

(1) 乙が第3条の本文に違反したとき。

(2) 乙が保証契約に違反したとき

(3) 乙が故意若しくは重大な過失により被保証債権の全部又は一部の履行を受けることができなかったとき。

(2) 免責条項の趣旨

かかる保証免責条項が設けられた主旨は、以下のとおりです（平成19年8月社団法人全国信用保証協会連合会による「約定書例の解説と解釈指針（9条～11条）」（以下「解釈指針」という）38頁）。

① 信用保証協会の保証の目的は、中小企業等に対する金融の円滑化を図ることであり、これを実現させる機能として"保証"を行っているものであり、単に金融機関の貸付債権保全策として存在するものではないことを約定書に反映させるために保証免責規定を設けたものです。

② また、この制度目的実現のために貸付金融機関に約定書例9条に見られるように、一般の保証取引にはない独自の規定として債権者に債権管理上の注意義務を課しており、この規定の保全を図るために保証免責規定を設けたものです。

(3) 免責の範囲

上記(1)のとおり、保証免責の対象となる事由は、約定書例3条に規定する旧債振替の制限違反（1号）、保証契約違反（2号）、および金融機関の故意、重過失による取立不能（3号）であり、その免責範囲は約定書例6条2項（注2）で規定する保証債務の履行範囲の全部または一部です（解釈指針39頁）。以下、各免責事由について解説します。

2　1号免責（旧債振替の制限違反）

(1) 旧債振替の具体例

信用保証協会の承諾を得ずに保証付貸付の実行金を貸付を行った金融機関がすでに貸付している債権の返済に充当したときが、これに当たります（約定書例3条（注3）参照）。

充当した債権が当該金融機関の既存の債権であれば、保証付であるか保証付でないかを問わず、貸付債権以外債権も含むとされ、充当した債権が当該金融機関の僚店の債権であるときも本号違反に該当します。

(2) 免責該当性についての実質的判断

本号の保証免責該当性については、形式的に判断されず、実質的に判断されます。よって、保証付貸付金が外形的に金融機関の既存債権の返済に充当されていても、実質的に保証付貸付金が中小企業者等の金融の

円滑化を図るために用いられたものと認めることができる場合には、保証免責に当たらないとされます。

(3) 免責の範囲

旧債振替の制限違反があった場合の免責の範囲について、最高裁平成9年10月31日判決（民集51巻9号4004頁）は「金融機関が貸付金の一部について（旧債振替制限条項違反）に違反して旧債振替をした場合には、残額部分の貸付金では中小企業者等が融資を受けた目的を達成することができないなど、信用保証制度の趣旨・目的に照らして保証債務の全部について免責を認めるのを相当とする特段の事情がある場合を除き、当該違反部分のみについて保証債務消滅の効果が生ずるものと解するのが相当である」と判示しています（なお、どのような場合に特段の事情が認められるかについては、河邉義典「金融機関が信用保証協会との間の信用保証取引に関する約定中のいわゆる旧債振替禁止条項に違反した場合における保証債務の消滅の範囲」法曹時報52巻4号235頁参照）（以上、解釈指針39頁～40頁参照）。

(4) 参考事例・裁判例

1号免責の参考事例・判例としては、以下のようなものが挙げられます。

① 不渡手形の買戻しに充当した場合
② つなぎ融資の返済に充当した場合

本来、信用保証協会保証付融資が予定されているが、信用保証協会の承諾を得ずして行う返済充当は1号免責に該当します（大阪高裁判決平成13・1・25金融・商事判例1121号20頁）。

③ 代理貸付の返済に充当した場合
④ 貸越残が消滅した場合
⑤ 保証付貸付金が入金された普通口座から既存貸付の約定弁済金が引き落とされた場合

3　2号免責（保証契約違反）

(1) 「保証契約」の意義

金融機関において保証契約違反があった場合ですが、「保証契約」の意

義については、①信用保証書の交付によって成立する個々の保証契約のことであり約定書等の内容は含まれないという説（A説）と、②信用保証書の交付によって成立する個々の保証契約のみならず、約定書等の内容も含まれるとする説（B説）があります。

解釈指針は、信用保証書による保証契約のほか、基本約定である約定書、流動資産担保融資保証制度などにおいて信用保証依頼書に「遵守する」旨を記載することにより金融機関と信用保証協会との間に実質的に合意が成立している保証制度要綱および事務取扱要領についても「保証契約」に含まれると解し、金融機関がこれに違反した場合には、2号免責に該当することになるとしています（解釈指針11条（解説）5.(2)）。

(2) 保証契約違反の種類

上記のとおり、「保証契約」の意義については広義にとらえることから、保証契約違反の種類としては、以下のものが挙げられます（解釈指針11条（解説）5.(2)）。

① 約定書の内容に違反する場合

ただし、約定書例3条違反については1号免責が適用されます。また、9条の債権の保全・取立条項の違反については、3号免責が適用されます。

② 信用保証書に記載する内容と相違する貸付を行った場合

以下の2類型に大別されます。

イ 貸付条件違反

信用保証書に記載した保証金額、保証期間、貸付形式、資金使途、貸付利率、返済方法等と金融機関が貸付を実行した条件（内容）とが異なる場合

ロ 保証条件違反

貸付実行に際し、その貸付金債権の担保、保証人を徴求することを条件とした場合や既存の貸付債権を回収することを条件とした場合に、その条件を成就できない場合

③ 保証制度要綱や事務取扱要領に違反する場合

例としては、流動資産担保融資保証制度において、貸越を一時中止す

べき事由が生じているにもかかわらず、新たに貸越を行った場合や、回収口座からの出金を停止すべき事由が生じているにもかかわらず、出金を停止せずに、資金が引き出された場合などが挙げられます。

(3) **金融機関の過失の有無等の実質的判断**

2号免責についても、1号免責と同様に、保証契約に形式的に違反しているものすべてを含むのではなく、金融機関の過失の有無等により判断することになります。この点、2号免責は、金融機関の債務不履行責任を問うものですので、要件として、金融機関の帰責事由（民法415条）が求められます（解釈指針11条（解説）5.(2)）。

(4) **損害発生の有無**

2号免責は金融機関の債務不履行による損害に相当する部分につき責任を問うものですので、金融機関の帰責事由による保証契約違反の事実が認められても、これによる損害が生じていない場合（求償権行使に支障がない場合）には、保証免責となりません。もっとも、保証契約違反の態様が信用保証制度の趣旨・目的に抵触する場合には、金融機関にペナルティを課す趣旨で、損害発生の有無にかかわらず、保証債務の全部について免責されるべきものと解されています（解釈指針11条（解説）5.(2)）。

(5) **2号免責と錯誤無効主張の関係**

この点については、Q23で解説していますので、こちらを参照ください。

4　3号免責（故意・重過失による取立不能）

金融機関の故意・重過失により、信用保証協会保証付債権の全部または一部の取立（回収）ができなくなった場合です。

本号は、約定書例6条に定める債務の履行期限後の一定期間における請求・取立、9条の債権の保全・取立義務の実効性を確保することを主な趣旨としています（解釈指針11条（解説）5.(3)）。

上記趣旨から、原則として金融機関の取立保全義務違反により信用保証協会が受けた損害の範囲について、保証免責となります。もっとも、1号免責、2号免責と同様、信用保証制度の趣旨・目的に抵触する場合

Ⅲ　人的担保

には、損害発生の有無にかかわらず、保証債務の全部について免責されるべきものと解されています（解釈指針11条（解説）5.(3)）。

(注1) 中小企業者に対してする金融機関の融資を信用保証協会が保証する場合、通常、全国信用保証協会連合会が制定した約定書例に即した保証契約が締結されます。
(注2) 保証債務の履行範囲は、(1)主たる債務、(2)利息（最終履行期限までの利息）、および(3)最終履行期限後所定期間の延滞利息（遅延利息）を加えた額とされるのが通例です。
(注3) 約定書例
　　　3条　乙（金融機関）は、甲（信用保証協会）の保証に係る貸付をもって、乙の既存の債権に充てないものとする。但し、甲が特別の事情があるものと認め、乙に対し承諾書を交付したときは、この限りでない。

　　　　　　　　　　　　　　　　　　　　　　　　　　　　（柿平 宏明）

Q23　保証免責と要素の錯誤

信用保証契約における錯誤無効の主張が認められた判例があると聞きましたので、その内容を教えてください。また、保証契約違反による保証免責（2号免責）との関係については、どのように理解すればよいでしょうか。

A　信用保証契約における錯誤無効の主張が認められた判例としては、

① 事業を行っていない中小企業者からの融通手形の割引による債務に関する信用保証契約が要素の錯誤により無効とされた事例（東京地判昭和53・3・29判例時報909号68頁）

② 企業実体のない中小企業者に対する信用保証協会保証付融資について、信用保証契約の要素の錯誤が認められた事例（東京高判平成19・12・13金融法務事情1829号46頁、さいたま地判平成19・6・6金融法務事情1820号55頁）

③ 融資先が反社会的勢力であることが判明した場合に要素の錯誤が認められた事例（神戸地姫路支判平成24・6・29金融・商事判例1396号35頁、大阪高判平成25・3・22金融・商事判例1415号16頁）

があります。

2号免責の規定は、信用保証取引における独自の保証債務消滅原因を定めたものと考えるのが通説ですので、錯誤無効の主張と保証契約違反による保証免責（2号免責）の主張とでは、その要件、効果が異なり、信用保証協会は、事案に応じ、選択的または併存的に両者を主張することが可能です。

> 解　説

1　保証約定書における免責条項

信用保証協会の保証も民法上の保証ですので、原則として、民法の保

証の規定が適用されます。したがって、たとえば、中小企業者でない者が中小企業者を偽装して保証を申し込んだ場合については、錯誤（民法95条）により保証契約が無効となる場合があります（平成19年8月社団法人全国信用保証協会連合会による「約定書例の解説と解釈指針（9条～11条）」（以下「解釈指針」という）前注（11条免責）2.参照。なお、解釈指針の該当箇所には、後述する東京地裁昭和53年3月29日判決（判例時報909号68頁）が引用されている）。

一方、信用保証協会の保証債務については、信用保証協会と金融機関との間で約定書11条各号において、保証免責事由を特約しています。具体的な保証免責事由としては、①旧債振替の制限違反（1号免責）、②保証契約違反（2号免責）、③故意、重過失による取立不能（3号免責）が定められています。

ところで、信用保証協会が、錯誤無効の主張をなしうる場合には、2号免責を主張できる場合も多いと考えられます。

そこで、以下、信用保証契約において錯誤無効の主張がなされた裁判例について紹介したうえで、錯誤無効の主張と2号免責の主張の関係について解説します。

2　信用保証契約において錯誤無効の主張が認められた裁判例

(1)　事業を行っていない中小企業者からの融通手形の割引による債務に関する信用保証契約が要素の錯誤により無効とされた事例（東京地判昭和53・3・29判例時報909号68頁）

①　事案の概要

X銀行がA社ほか2社に対し手形割引を行ったところ、それぞれの手形が不渡りになったので、A社らの銀行に対する手形割引による債務につき保証をなしたY信用保証協会に対し保証債務の履行を請求したのに対し、Y信用保証協会が、(1)A社らが何ら事業を行っていないこと、(2)割引の対象となった手形が商業手形ではなく融通手形であったこと、(3)代表者の保証が有効になされていなかったことなどを理由に、Y信用保証協会がX銀行に対してなした信用保証について、要素の錯誤により無効であると争われた事案です。

② 争　点
(1)本件保証が錯誤（要素の錯誤）に当たるか、(2)信用保証協会に重過失があったかなどが争点となりました。
③　判決の概要
争点(1)については、中小企業が事業実体を有していること、信用保証の対象となる手形は正当に取得した約束手形または為替手形に限られ、金融を受ける手段として第三者から交付された融通手形は含まれない取扱いであることが共通認識であるとして錯誤を認めています。
争点(2)については、本件が金融機関経由保証申込の事案であるところ、信用調査書の作成にあたる金融機関こそ誠実に業者の実態をありのままに調査報告することが期待されている一方、保証協会が審査に関し机上調査を原則とするのは実情に照らし相当であり、本件各契約に際しても被告はその調査を怠っているとはいえないのであるから、被告には原告主張の重大な過失はないと判断しています。
④　ポイント
イ　Y信用保証協会からは保証免責、詐欺取消しの主張もあわせてなされましたが、判示は、錯誤無効の主張を認めて、X銀行の請求を棄却しました。
ロ　Y信用保証協会が主張した、代表者の連帯保証が有効になされていなかったという事情は、理由において要素の錯誤を認定する際の判断材料とはされませんでした。
ハ　融通手形であることは、要素の錯誤を認定する際の判断材料となることが判示されました。なお、この点に関し、「割引手形が金融手形（割引手形）であること」の立証責任については信用保証協会にあるとした裁判例があります（大阪地判昭和47・10・31判例時報696号228頁）。

(2) 企業実体のない中小企業者に対する信用保証協会保証付融資について、信用保証契約の要素の錯誤が認められた事例（東京高判平成19・12・13金融法務事情1829号46頁、さいたま地判平成19・6・6金融法務事情1820号55頁）

① 事案の概要

実体のない株式会社の代表者が、運転資金の融資名下に金員の詐取を企てた事案で、信用保証協会が、本件保証が錯誤に当たるとして、銀行に対し代位弁済した金員について不当利得返還請求をした事案です。

② 争　点

(1) 本件保証が錯誤（要素の錯誤）に当たるか、(2)信用保証協会に重過失があったかなどが争点となりました。

③ 判決の概要（東京高裁判決）

争点(1)については、中小企業者としての実体がなければ信用保証の対象とならないことは、融資を実行する金融機関においても当然のこととして熟知していたものということができるから、中小企業者が企業としての実体を有することは、被控訴人が保証をするための重要な要素であるということができ、その点について錯誤があった場合には要素の錯誤があったということができるとしています。

争点(2)については、金融機関経由保証においては、申込人の企業実体の有無について金融機関の側ですでに厳正な審査がなされていることを前提として保証協会の調査を行うことが許され、申込人の企業実体について疑問を抱くべき特段の事情のない限り、さらに自ら実地調査を含めたより精微な調査を行うことまでは必要ではないとして、保証協会に重大な過失があるとはいえないというべきであるとしています。

④ ポイント

イ　中小企業者が企業として実体を有することは、保証をするための重要な要素に当たるとされました。

ロ　金融機関経由の信用保証においては、申込人の企業実体について疑問を抱くべき特段の事情のない限り、信用保証協会に重過失は認められないとされました。

ハ　金融機関側からは、(1)民法96条2項・3項の適用または類推適用により、信用保証協会は金融機関に対し錯誤による無効を主張することができない、(2)信用保証協会は過失により調査義務を怠って保証契約を締結し、金融機関に貸付額と同額の損害を与えたものであり、金融機

関は、これを原因とする不法行為に基づく損害賠償請求権と信用保証協会が主張する不当利得返還請求権を対当額で相殺する、との主張がなされましたが、いずれも排斥されました。

(3) 融資先が反社会的勢力であることが判明した場合に要素の錯誤が認められた事例（神戸地姫路支判平成24・6・29金融・商事判例1396号35頁、その控訴審である大阪高判平成25・3・22金融・商事判例1415号16頁）

① 事案の概要

金融機関Ａが保証協会から中小企業者Ｂに対する融資の斡旋を受け、Ａおよび保証協会は内部データでＢの反社チェックをしたが該当がなかった（なお、反社チェックに該当がなかった理由は所属暴力団の所在地がＡの管轄と遠く離れていたことによるものと考えられる）。保証協会においては事務所を訪問するも特段の事情は窺えなかった。Ａは、その後取組みにあたりＢから反社会的勢力に該当しない旨の表明保証を受けている（貸付１）。その後、斡旋なくＡが保証協会保証付融資取組。同様に反社チェックするも該当なかった（貸付２）、という事案です。

② 争　点

(1)本件保証が錯誤（要素の錯誤）に当たるか、(2)信用保証協会に重過失があったか、(3)仮に錯誤に当たるとしても、保証協会が錯誤を主張することは信義則に反するのではないか、などが争点となりました。

③ 判決の概要（第一審と控訴審の比較）

第一審においては、(1)の争点について融資先である中小企業が反社会的勢力であったことは要素の錯誤に該当するとして錯誤を認め、(2)の争点については保証協会において重過失なしと判断しています。さらに、(3)の争点についてはかかる錯誤の主張が信義則に反することもないと判断しています。

これに対して、控訴審においては、(1)の争点について錯誤を認め、(2)の争点について重過失なしと判断したところまでは第一審と同じですが、(3)については特徴的な判断をしています。すなわち、貸付１については斡旋融資であることを主な理由として保証協会が錯誤を主張するこ

とは信義則に反するが、保証協会が事務所訪問までしていることを考慮して代位弁済額の2分の1については信義則に反しないと判断しています。貸付2については、特に斡旋融資でなく、金融機関経由の融資であったことに鑑み、信義則違反ではないと判断しています。

④　ポイント

イ　中小企業者が反社会的勢力でないことは、保証をするための重要な要素に当たるとされました。

ロ　もっとも、保証協会の斡旋融資においては、一部または全部について錯誤を主張することが信義則に反すると認定されています。特にその一部か全部かの判断において保証協会の調査の程度を考慮しているように思われます。

3　錯誤無効の主張と保証契約違反に基づく保証免責（2号免責）の主張の関係について

(1)　2号免責の趣旨

2号免責の規定は契約一般論を確認したものにすぎないと考える説（藤原弘道「信用保証協会の保証における免責条項」金融法務事情756号4頁））（A説）と2号免責の規定の根拠を信用保証協会の保証という特殊性に求める説（江口浩一郎「信用保証協会の信用保証実務（第8回保証債務の消滅（その2－保証免責））」金融法務事情848号30頁）（B説）とがありますが、解釈指針によれば、保証免責を定めた約定書例11条は、信用保証取引における独自の保証債務消滅原因を定めたものであるとされていますので（解釈指針第11条（解説）2.)、B説が通説とされています。

(2)　錯誤無効の主張と2号免責の主張の関係

上記A説によりますと、2号免責の規定は、契約一般論を確認したものにすぎないと考えますので、錯誤無効の主張と2号免責の主張とで、その要件、効果は異ならないことになります。他方、通説である上記B説によりますと、2号免責の規定は、信用保証取引における独自の保証債務消滅原因を定めたものと考えますので、錯誤無効の主張と保証契約違反による保証免責（2号免責）の主張とで、その要件、効果等が異なり、信用保証協会は、事案に応じ、選択的または併存的に両者を主張す

ることが可能です。

(3) 錯誤無効の主張と2号免責の主張の相違点

両者には、具体的には、次のような相違点があります。

		錯誤無効の主張	2号免責
要件	金融機関の過失の有無	不要。	必要（解釈指針 11 条（解説）5.(2)）。
要件	信用保証協会に損害が生じていない場合の扱い	損害が生じていなくても「要素」の錯誤であれば、無効として保証免責が認められることになる。	金融機関が保証契約に違反したとしても、これによる損害が生じていない場合、つまり求償権の行使に支障がない場合には、保証免責とならない（解釈指針11 条（解説）5.(2)）。
要件	信用保証協会の過失	信用保証協会に重過失があった場合には、錯誤無効の主張は認められないが、軽過失は無効主張に影響を与えないものと考えられる。	信用保証協会の過失は、過失相殺（民法 418 条）として考慮される可能性がある。
効果	一部免責か全部免責か	要素の錯誤と判断される限り、全部免責となる場面が多いと考えられる。	11 条各号ごとの免責の範囲については全部または一部であり、その具体的適用基準は約定書に定められていない。このため、適用する免責事由ごとに、各事案内容に応じ免責条項の趣旨に照らし、または義務違反の程度により、あるいは信用保証協会が受けた損害（受けるであろう損害を含む）の程度に応じて、免責範囲が決定される（解釈指針 11 条（解説）5.）。なお、

| | | | 実際には、一部免責となる場合が多い。 |

(4) まとめ

　信用保証協会における信用保証において、保証契約違反を理由として、錯誤無効の主張をする場合、貸付条件や保証条件は約定書や個々の信用保証書に明示されていますので、表示上の錯誤か動機の錯誤かという点や動機が意思表示の内容となっているかという点を問題としないで錯誤無効の主張ができるという点が特徴として挙げられます。また、協会斡旋保証ではなく、金融機関経由の保証であれば、先に述べた裁判例にあるように、信用保証協会に重過失が認定される可能性は低いものと考えられます。さらに、通説・判例によれば、錯誤無効の主張を行うに際して、金融機関の故意または過失は要件となりません。

　とすれば、このような場合に信用保証協会が錯誤無効の主張をなすためには、「要素の錯誤」であることを主張・立証できれば足り、また、その場合の効果も全部無効となることが期待できますので、保証免責が争われた場合において、錯誤無効の主張は信用保証協会にとって有効な手段となるものと考えられます。

（柿平 宏明）

2　債務引受

> **Q24　免責的債務引受と保証への影響**
> 貸付金債務について、免責的債務引受がなされた場合、当該貸付金債務に付された保証・担保物権は存続しますか。
>
> **A**　保証と物上保証は消滅しますが、法定担保物権（留置権・先取特権）は存続します。また、債務者の設定した約定担保物権（質権・（根）抵当権・譲渡担保権・仮登記担保権等）については、見解が分かれていますので、債権者としては、消滅するとの前提に立って対処する必要があります。

解説

1　債務引受とは

債務引受とは、債務の同一性を変えずに債務を契約によって移転させることをいいます。広義の債務引受には、免責的債務引受、重畳的債務引受（併存的債務引受ともいう）、履行引受の三態様がありますが、引受人が債務をそのまま承継するとともにこれによって旧債務者が債務を免れることになる免責的債務引受が債務引受の本来的な態様です。

免責的債務引受がなされた場合に、当該貸付金債務に付された保証・担保物権が存続するかについては、担保の種類によって異なります。

2　保証・担保物権存続の可否

まず、人的担保（保証）については、通説（我妻榮『新訂債権総論』571頁）・判例（大判大正11・3・1民集1巻80頁）ともに、消滅するものとしています。保証人は、旧債務者との個人的信頼関係に基づいて保証しており、債務者の変更により当該債務の引当財産が変動することが、保証人の弁済の必要性や弁済した場合の求償権の実現可能性に影響を与えるからです。もちろん、保証人の承諾がある場合には、この限りではなく、存続させることが可能です。

他方、法定担保物権（留置権・先取特権）は、存続します。特定の債権の保全のために法定されているものだからです。

3 債務者設定担保と物上保証担保とにおける取扱い

約定担保物権（質権・（根）抵当権・譲渡担保権・仮登記担保権等）については、債務者の設定にかかるものと物上保証人の設定にかかるものとで扱いが異なります。

後者については、通説・判例（旧根抵当権に関するものとして、最判昭和37・7・20民集16巻8号1605頁）ともに、保証人の場合と同様に、存続しないとしています。債務者との個人的信頼関係の存在については、保証の場合と同様であり、また、抵当権実行の可能性や抵当権実行の場合の求償権の実現可能性に影響を与えるからです。

これに対し、前者については、物上保証の場合とは異なり、設定者が債務の帰属者であり、責任財産の変更によって不利益を受けるおそれがないことから、存続するとする見解（林良平＝石田喜久夫＝高木多喜男『債権総論（第三版）』541頁〔石田喜久夫〕）と設定者が免責的債務引受に積極的に関与した場合にのみ存続し、債権者・引受人間の契約で免責的債務引受がなされた場合には、債務者を除いて契約をしたことによるリスクは債権者が負担すべきであるから、消滅するとする見解（西村信雄編集『注釈民法(11)債権(2)多数当事者の債権・債権の譲渡』（旧版）461頁〔椿寿夫〕）とがあり、確立した見解はありません。

したがって、実務上、債権者としては、消滅するという前提で対処する必要があり、担保権の存続を前提に、免責的債務引受を同意するといった対応が必要となります。

（柿平 宏明）

Q25 重畳的債務引受が行われた場合の原債務者・引受人間の法律関係

重畳的債務引受が行われた場合の原債務者・引受人間の法律関係について、教えてください。また、原債務者の意思に反して債権者・引受人間の合意によって重畳的債務引受を行うことは可能でしょうか。

A 重畳的債務引受契約における原債務者・引受人間の法律関係は、別異に解すべき特段の事情のない限り、連帯債務関係となります。また、原債務者の意思に反して債権者・引受人間の合意によって重畳的債務引受を行うことは可能です。

解説

1 原債務者・引受人間の法律関係

重畳的債務引受（併存的債務引受ともいう）とは、引受人が、原債務者とともに債権者に対し原債務者と同一内容の債務を負うことをいい、引受人と債権者の合意（重畳的債務引受契約）によってなされます。原債務者は、重畳的債務引受がなされたことによって免責されることはなく、債権者は原債務者と引受人の双方に対して債権を有することになります。

重畳的債務引受は、保証に類似しますが、債務が重畳的に引き受けられた場合の法律関係について、判例は、反対に解すべき特段の事情がない限り、連帯債務であると解しています（最判昭和41・12・20民集20巻10号2139頁。なお、原債務者と引受人の間に主観的共同関係があるときは連帯債務、原債務者と引受人の間に主観的共同関係がないときは不真正連帯債務と解する見解が有力である）。

連帯保証の場合、主たる債務者につき法律行為の無効または取消しが生じた場合に、保証債務の付従性により保証債務が消滅してしまうという問題がありますが、連帯債務の場合には、原債務者または引受人に時

効の完成、債務の免除等が生じた事由に他方に対する債権の存否・額について影響を与える（講学上、絶対効という）ことになる範囲が広いため、各債権の効力が弱まりやすいというリスクがあり、また、時効中断の効力の及ぶ範囲が狭いという問題もあります。そのため、連帯債務と連帯保証とを総合的に比較した場合、債権管理上の観点からは、債権者にとって連帯保証の方がより有利となる場面が多いといえ、いずれかを選択することができる場合には、連帯保証を選択するのが適切な場合が多いといえます。

2 債務者の意思に反する重畳的債務引受

重畳的債務引受を、原債務者・引受人および債権者の三者契約で行うことができることについては問題ありませんが、引受人と債権者の間の合意のみで行えるか、また、原債務者の意思に反してもなすことができるかについては、学説上争いがあります。

しかし、判例（大判大正15・3・25民集5巻219頁）・通説は、これらをいずれも肯定していますので、実務上差し支えないと考えて構いません。

重畳的債務引受は第三者が債務関係に加入してさらに債務者となり原債務者と相並んでその債務を負担する行為にほかならず、実質的に債権の効力を強化する効力を有する点で保証債務と異ならないところ、保証は債務者の意思に反しても可能であり（民法462条2項）、この法意を類推すれば、原債務者の意思に反するときでも有効に重畳的債務引受行為をなすことができることになるというのが、その理由です。

なお、原債務者と引受人間の合意で重畳的債務引受をなすこともできますが（大判大正6・11・1民録23輯1715頁）、この場合、第三者（債権者）のための契約が成立することになるので、債権者の受益の意思表示により、重畳的債務引受が成立することになります。

（柿平 宏明）

> **Q26　会社分割と債務引受**
> 　会社分割において、新設会社が分割会社の債務を債務引受した場合の法律関係は、重畳的債務引受がなされた場合と免責的債務引受がなされた場合で異なるのでしょうか。
>
> **A**　端的な違いは債権者保護手続の有無になりますが、法的関係としては、免責的債務引受がなされた場合においても、免責の効果が否定される可能性があります。他方、重畳的債務引受がなされた場合においても、その態様如何によっては、会社分割自体が否定される可能性があります。

解説

1　免責的債務引受と債権者保護

　会社分割においては免責的債務引受をなすか、重畳的債務引受をなすかは会社分割を行う会社の選択によることになります。したがって、免責的債務引受がなされた場合、原則として免責的債務引受の効果が生じるといえます。

　しかしながら、そうすると、本来債権者の同意が必要となるはずの免責的債務引受が、債権者の同意なく行われることになってしまい、不利益が生じかねませんが、債権者については債権者保護手続、すなわち、債権者の異議申述権によって債権者の保護が図られているようです。つまり、会社分割によって分割会社や消滅会社に対して債務を履行できなくなる債権者は、会社分割に異議を述べることにより、分割会社は、その債権者に対して弁済をするか、相当の担保を提供するか、あるいは弁済を受けさせることを目的として信託会社等に相当の財産を信託しなければならない（会社法789条5項本文・810条5項本文）とされています。

　もっとも、この免責的債務引受の理論を突き詰めていくと不都合が生じる場合があります。たとえば、分割会社に対する債権について保証人がいた場合に、主債務が免責されることにより保証債務も消滅すること

になるのか、上記債権者保護手続をもって異議を述べなければ免責的債務引受の効果を容認せざるを得ないのか、という問題がそうです。

この点について判断された判例は少ないですが、大阪地裁堺支部平成22年9月13日判決（金融法務事情1921号177頁）は、あくまでも免責的債務引受の効果が生じるには債権者の同意が必要であり、債権者保護手続において異議を述べないことは、組織法上の行為である会社分割と個別の免責的債務引受との性質の違いからして免責的債務引受に対する同意と認められるわけではないと判示しているところです。

あくまで下級審判例ではあるものの、結論として妥当といえるものであり、債権者が免責的債務引受の効果を明示的に同意したのであれば別段、債権者が債権者保護手続の際に異議を述べなかったからといって一概に免責的債務引受の効果が生じるわけではないものといえるでしょう。

2　重畳的債務引受と債権者保護

重畳的債務引受の場合には、債権者としても基本的に分割会社等に債権を行使することができる以上、債権者保護手続を要しないことになるという違いがあります。

これが端的な法的関係の違いではありますが、一部の債権者にとってこれがメリットにならない場面があるのです。いわゆる濫用的会社分割の事例がそうです。この濫用的会社分割とは、端的にいえば分割会社にメリットのない債務（金融機関からの借入債務等）を残存させ、資産や取引先に対する債務等有用なもののみを移転させることを本稿では意味しています。この際、債務者である分割会社から見れば、重畳的債務引受をすることにより残された債権者はもちろん、すべての債権者が異議を述べる機会をなくすことが可能になります。そして、会社分割の対価として、たとえば、新設会社がその株式を分割会社に譲渡した場合であっても、交換価値がどこまであるかは疑問視されるし、第三者割当等により容易にその交換価値を低下させることもできることになります。そのうえで、たとえば、分割会社が破産したのであれば、自己の都合のよい債権者だけを新設会社に残存させることが可能になってしまうのです。

重畳的債務引受だけではなく、その他の付加的な事情がある場合ではありますが、このようないわゆる濫用的会社分割がなされた場合には、詐害行為取消権の行使による取消しがなされる可能性は否定できないとされているので（最判平成24・10・12金融・商事判例1402号16号）、注意が必要です。

　なお、この点については債権者の保護と会社分割の有用性という大きな利益関係の考量が必要な問題であり、会社法改正の議論の中でも、会社法上も詐害行為取消権を制度として明文化する方向での検討がなされているところですが（平成24年12月時点）、その具体的な要件等については判例の積み重ねにより今後も集積されていくものと思われます。

（柿平 宏明）

IV

債権譲渡

Q27　二重譲渡の優劣

債権譲渡の事例において、二重譲渡の優劣が問題になるのは、どのような場合ですか。また、二重譲渡においてどちらが優先することになるのか、類型ごとに具体的に教えてください。

A たとえば、AのBに対する債権について、AがXに債権譲渡した後、Yにも譲渡した場合、Bに対して請求することが可能な債権者はXとなるのか、Yとなるのか問題となります。この場合の優劣は、第三者対抗要件を先に具備した方が優先するとされています。第三者対抗要件は、①確定日付のある証書によるAの通知がBに到達したこと、または②確定日付のある証書によるBの承諾がなされることによって具備されます（民法467条2項）。

解　説

1　事　例

債権譲渡の二重譲渡が問題となる事例としては、以下のような事例が想定されます。

AはBに対して、1000万円の債権を有していたところ、AはXに対して、当該債権を平成○年4月3日に譲渡したが、同年4月7日にYにも譲渡した。BはXとYいずれからも請求を受けているが、いずれに対して支払うべきか。

2　債権譲渡の第三者対抗要件

民法上、債権譲渡の債務者対抗要件は、譲渡人Aによる通知または債務者Bの承諾とされており（注1）、この通知または承諾は、確定日付のある証書によってしなければ、債務者以外の第三者に対抗することができないとされています（民法467条1項・2項）（注2）。

したがって、上記事例において、XまたはYのうち、どちらか一方しか第三者対抗要件を具備していない場合には、第三者対抗要件を具備した者が優先することになり、Bは第三者対抗要件を具備する者に支払う

ことになります。第三者対抗要件を具備しない者に誤って支払った場合には、第三者対抗要件を具備する者に改めて支払う必要があります。ただし、上記事例で、Yのみが第三者対抗要件を具備する場合でも、Yの第三者対抗要件具備の前にXに対し、Bが支払った場合はBの弁済は有効となり、Yに対して二重払をする必要はありません。

3　いずれも第三者対抗要件を具備しない場合の取扱い

XおよびYのいずれもが第三者対抗要件を具備しない場合、Bは第三者対抗要件の具備がされていないことを理由に、いずれからの請求も拒むことができますが、いずれかに弁済した場合には、弁済は有効となると考えられています。

4　いずれも第三者対抗要件を具備する場合の取扱い

XとYのいずれもが第三者対抗要件を具備する場合、対抗要件の具備の先後（注3）で優劣が決せられます。すなわち、それぞれの債権譲渡の第三者対抗要件の具備が、Aの通知による場合には、確定日付のある証書によるAの通知がBに到達した日時が、Bの承諾による場合には、確定日付のある証書によるBの承諾がなされた日時が基準となり、この日時の先後によって決せられます。

なお、第三者対抗要件が同時に具備された場合には、最高裁は、X、Yは、全額の弁済をBに請求でき、Bは単に同順位の譲受人がいることを理由に弁済の責めを免れることはできないとしています（最判昭和55・1・11民集34巻1号42頁）。

他方で、その後の最高裁判決で、差押通知と確定日付のある譲渡通知との第三債務者への到達の先後が不明な事例について、「右各通知が同時に第三債務者に到達した場合と同様に、差押債権者と債権譲受人との間では、互いに相手方に対して自己が優先的地位にある債権者であると主張することが許されない関係に立つ」、「滞納処分としての債権差押えの通知と確定日付のある右債権譲渡の通知の第三債務者への到達の先後関係が不明であるために、第三債務者が債権者を確知することができないことを原因として右債権額に相当する金員を供託した場合において、被差押債権額と譲受債権額との合計額が右供託金額を超過するときは、差

押債権者と債権譲受人は、公平の原則に照らし、被差押債権額と譲受債権額に応じて供託金額を案分した額の供託金還付請求権をそれぞれ分割取得するものと解するのが相当である」とされています（最判平成5・3・30民集47巻4号3334頁）。

　前者の最高裁判決が後者の最高裁判決で変更されたのか否かは議論があるところであるため、二重譲渡の第三者対抗要件が同時に具備された場合や先後関係が不明な場合について、ＸＹ間の関係がどうなるのかや、Ｂとしては、いずれにいくらを支払うと免責されるのかはなお不明な状況にあるといわざるを得ません。かかる事例では、可能であれば、ＸＹＢ間で協議のうえ、ＸＹ間で按分でＢから弁済を受けるとすることが望ましいといえます。

(注1) 本問の事例で、仮にＹが存在せず、単にＡがＸにだけ債権譲渡をした場合、Ｂに何らの情報もなければ、ＢはＡとＸいずれに支払ってよいか判明せず、二重払の危険にさらされます。そこで、民法では、Ｂの二重払の危険を回避するため、譲渡人Ａによる通知または債務者Ｂによる承諾がなければ、譲受人Ｘは債務者Ｂに対抗できない（Ｂは対抗要件が具備されていないことを理由に支払を拒絶できる）としているのです（民法467条1項）。これを債務者対抗要件といい、本問で問題となる二重譲渡の場合の優劣を決する第三者対抗要件とは区別されます。
(注2) 確定日付の付与は、通知または承諾と同時でなくてもよいが、後に確定日付が付与された場合には、付与された時点から対抗力を生じます（大判大正4・2・9民録21輯93頁）。
(注3) たとえば　田中康久「一　同一の指名債権の差押通知と譲渡通知の先後が不明な場合の差押債権者と債権譲受人との優劣　二　その場合における当該債権にかかる供託金の還付請求権の帰属」金融法務事情1388号23頁以下。

（古川 純平）

Ⅳ 債権譲渡

> **Q28 対抗される抗弁**
> 債権譲渡において、抗弁の対抗を受けないのはどのような場合ですか。また、異議をとどめない承諾がなされた場合には、どのような効果が発生しますか。

A 債権譲渡について、譲渡人が譲渡の通知をしたにとどまる場合、または債務者が異議をとどめて承諾した場合には、債務者は、その通知の到達または異議をとどめる承諾のときまでに譲渡人に対して生じた事由をもって対抗できます。他方、債務者が異議をとどめない承諾をした場合には、債務者は譲渡人に対抗できた事由があっても、対抗し得ないこととなります。

解 説

1 債権譲渡と譲受人に対する対抗

債権譲渡がなされた場合、債務者が譲渡人に対して主張できた抗弁を譲受人にも対抗しうるかについては、民法468条2項で、譲渡人が譲渡の通知をしたにとどまる場合には、債務者は、その通知の到達のときまでに譲渡人に対して生じた事由をもって対抗できるとされています。

他方で、民法468条1項では、異議をとどめないで債務者が債権譲渡を承諾したときは、債務者は、譲渡人に対抗することができた事由があっても、これをもって譲受人に対抗することができないとされています。なお、同条項の反対解釈から、債務者が異議をとどめて承諾した場合には、同条2項の場合と同様に、債務者は、かかる承諾のときまでに譲渡人に対して生じた事由をもって対抗できるとされています。

2 異議をとどめない承諾と抗弁権の内容

異議をとどめない承諾をした場合、債務者が譲受人に対抗することができなくなる「譲渡人に対抗することができた事由」には、既発生の抗弁だけではなく、抗弁権の基礎となる事由も含むとされています。すなわち、承諾の時点で解除がなされていなくても、解除権発生の基礎とな

る事由として、未履行の債務の存在があれば、かかる事由も含まれることになります。

　もっとも、判例（最判昭和42・10・27民集21巻8号2161頁）上は、「請負契約は、報酬の支払いと仕事の完成とが対価関係に立つ諾成、双務契約であって、請負人の有する報酬請求権はその仕事完成引渡と同時履行の関係に立ち、かつ仕事完成義務の不履行を事由とする請負契約の解除により消滅するものであるから、右報酬請求権が第三者に譲渡され対抗要件をそなえた後に請負人の仕事完成義務不履行が生じこれに基づき請負契約が解除された場合においても、右債権譲渡前すでに反対給付義務が発生している以上、債権譲渡時すでに契約解除を生ずるに至るべき原因が存在していたものというべきである。従って、このような場合には、債務者は、右債権譲渡について異議をとどめない承諾をすれば、右契約解除をもって報酬請求権の譲受人に対抗することができない」としながら、「債務者が異議をとどめない承諾をしても、譲受人において右債権が未完成仕事部分に関する請負報酬請求権であることを知っていた場合には債務者は、譲受人に契約解除をもつて対抗することができる」として、双務契約の場合は、譲渡された債権が、未履行の債務に対する債権であることを知っていたときには、債務者に抗弁権の対抗を認めています。

3　異議をとどめない承諾の場合の譲渡人と債務者の関係

　債務者が異議をとどめない承諾をした場合、前述のとおり、債務者は譲渡人に対抗できた事由であっても、譲受人には対抗し得なくなります。この場合、債務者がその債務を消滅させるために譲渡人に払い渡したものがあるときはこれを取り戻し、譲渡人に対して負担した債務があるときはこれを成立しないものとみなすことができます（民法468条1項ただし書）。たとえば、債務者が異議をとどめない承諾の前に譲渡人に対して弁済を行っていた場合には、当該弁済が無効となって、債務者は譲渡人に対して不当利得返還請求権を行使することができ、相殺を行っていた場合には、当該相殺が無効となって、相殺で消滅した債務者の譲渡人に対する債権を行使することができることになります。

（古川 純平）

IV 債権譲渡

> **Q29 債権譲渡に対する否認**
> 債権譲渡に対する否認は実務上どのような場合に問題となりますか。
>
> **A** たとえば、XがAに対して債権を有し、AがBに対して債権を有する場合、XがAに対する債権を担保するために、XA間で、Aについて支払停止または破産の申立があったこと等を停止条件とする債権譲渡契約を締結することがあります。しかしながら、かかる事例で実際にAが破産申立を行った場合、最高裁において当該債権譲渡契約は旧破産法72条2号に基づく否認権の対象となるとされました。

解　説

1　事　例

　XはAに対し、1億円の債権を有していたところ、AはBに対して、売掛金債権5000万円を有し、今後もBに対しては売掛債権が随時発生していくことが想定された。そこで、XとAは、XのAに対する債権を担保するために、AのBに対する現在および将来の売掛債権を包括的にAがXに譲渡する契約を締結した。もっとも、その債権の譲渡の効力発生の時期は、Aにおいて、破産手続開始の申立がされたとき、支払停止の状態に陥ったとき、手形または小切手の不渡処分を受けたとき等（以下「支払停止等」という）の一定の事由が生じた時とする旨の停止条件付の契約とされた。

　その後、Aについて支払停止が発生したため、その数日後、XはBに対し、確定日付のある証書で債権譲渡の通知を行った。その後にAは破産申立を行い、Aについて破産手続開始決定がなされ、Yが破産管財人に就任した。Yは、上記停止条件付債権譲渡契約にかかる債権譲渡について否認権を行使した。

2　停止条件付債権譲渡契約の意味、問題の所在

　上記事例で、XがAとの間で停止条件付債権譲渡契約を締結した理由としては、仮に契約時点でXが第三者対抗要件を具備するためにBに通知をしたとすると、Aの信用が害される危険性があり、Aからするとそのような債権譲渡契約は設定し難いという問題がありました。

　また、契約の効力は契約時点で発生させ、対抗要件のみ支払停止等の後にするということもありえますが、権利設定と対抗要件の具備との間に15日以上の期間が空き、対抗要件具備が支払停止等の後になされる場合には、対抗要件否認（旧破産法74条1項、現破産法164条1項）の問題が生じることもあって、契約の効力発生および対抗要件の具備を支払停止等の後とする上記のようなスキーム（停止条件付債権譲渡の他に債権譲渡予約とするスキームもあるが、同様の問題が生じる）が考えられました。

　もっとも、かかる停止条件付債権譲渡契約の場合、Aの信用不安の問題は生じさせないとしても、債務者が破産等した場合に否認権の対象となるのではないかという問題が指摘されていました。

3　最高裁判決

　この点、判例（最判平成16・7・16民集58巻5号1744頁）は、以下のとおり判示して、否認権の対象となるとしました。

　「破産法72条2号（旧破産法下の判例。現破産法162条1項号イが同趣旨の規定となる）は、破産者が支払停止又は破産の申立て（以下「支払停止等」という。）があった後にした担保の供与、債務の消滅に関する行為その他破産債権者を害する行為を否認の対象として規定している。その趣旨は、債務者に支払停止等があった時以降の時期を債務者の財産的な危機時期とし、危機時期の到来後に行われた債務者による上記担保の供与等の行為をすべて否認の対象とすることにより、債権者間の平等及び破産財団の充実を図ろうとするものである。

　債務者の支払停止等を停止条件とする債権譲渡契約は、その契約締結行為自体は危機時期前に行われるものであるが、契約当事者は、その契約に基づく債権譲渡の効力の発生を債務者の支払停止等の危機時期の到

来にかからしめ、これを停止条件とすることにより、危機時期に至るまで債務者の責任財産に属していた債権を債務者の危機時期が到来するや直ちに当該債権者に帰属させることによって、これを責任財産から逸出させることをあらかじめ意図し、これを目的として、当該契約を締結しているものである。

　上記契約の内容、その目的等にかんがみると、上記契約は、破産法72条2号の規定の趣旨に反し、その実効性を失わせるものであって、その契約内容を実質的にみれば、上記契約に係る債権譲渡は、債務者に支払停止等の危機時期が到来した後に行われた債権譲渡と同視すべきものであり、上記規定に基づく否認権行使の対象となると解するのが相当である。」

4　今後の対応

　上記最高裁判決により、債権譲渡担保契約を行う場合、別途のスキームを検討する必要があるところ、債権者が法人の場合であれば、動産及び債権の譲渡の対抗要件に関する民法の特例等に関する法律に基づく債権譲渡登記を利用することになります。これによれば、契約締結時点で、第三債務者に通知することなく、登記によって第三者対抗要件を具備することが可能となります（動産及び債権の譲渡の対抗要件に関する民法の特例等に関する法律4条1項）。

（古川　純平）

V

コベナンツ

> **Q30　主なコベナンツの条項**
> いわゆるコベナンツ付きの融資で、債権の回収可能性を高めるために定められる条項として典型的なものにはどのようなものがありますか。

A　財務制限条項、情報開示に関する条項、資産処分の制限に関する条項等が考えられます。

解説

1　コベナンツとは

　たとえば、シンジケートローンなど、融資に関する契約の中でコベナンツが定められるケースがあります。コベナンツというのは、厳密な定義がある用語ではありませんが、一般に、融資期間中債務者が遵守しなければならない条項で、これに違反した場合には期限の利益の喪失等何らかの効果が発生するものということができます。期限の利益喪失のほか、金利の見直しや担保の差入等が効果として定められている例があります。

　債権者が銀行である場合には、もともと銀行取引約定書でも期限の利益喪失に関する条項がありますが、限定列挙されているほか、債権の保全を必要とする相当の事由が生じたときといった抽象的というべき事由が定められているところ、期限の利益喪失の事由となるコベナンツについては、債権の保全を必要とする相当の事由を具体的に定めたと評価することができます。

2　コベナンツを定める目的

　コベナンツを定めるのは、債権者にとって回収可能性を高めるためだということができますが、シンジケートローンの場合には、債権者間の公平を図ることもそれぞれ債権者の回収可能性を高めると評価できるところがあり、ここでは、このような趣旨の条項についても触れるようにして、典型的なものについて見ていきます。

なお、具体的な条項は、個々の案件ごとに適切に定める必要があり、必ず有効な条項になるとは限らない点に留意する必要があります。
3　作為の要求
(1)　財務制限条項
決算書に現れるある数値が一定の数値以上を維持することを要求し、それを下回った場合には、期限の利益を喪失する旨定める場合があります。たとえば、営業利益が一定額未満になった場合や、赤字になった場合等の定め方がなされます。
(2)　決算書等情報の開示
決算書類だけでなく、債務者の商流に関わる重要な書類あるいはデータの開示を求めることで、財務の状態や営業の状態の把握が可能になります。特に集合動産譲渡担保や集合債権譲渡担保では、商流に関するデータは重要だといえます。
4　不作為の要求
(1)　資産処分の制限
融資対象物件等重要な資産を売却するについて債権者の事前の同意・通知を求めたり、処分資産の処分代金から一定の返済を求めたりするような場合が考えられます。また、資産を他の債権者のために担保提供することを制限したり、債権者の事前の同意・通知を求めたりする場合も考えられます。したがって、債権者にとっては、担保徴求に際して、他の債権者との関係でこのようなコベナンツが存在して、自身の担保取得が債務者の期限の利益喪失を招来することになるのかどうか留意する必要があるといえます。
(2)　重要な設備投資や組織再編行為の制限
重要な設備投資や組織再編行為等、債務者の営業の状態に大きな影響を及ぼす可能性がある行為を制限したり、事前に債権者の同意・通知を求めたりする場合が考えられます。
(3)　担保提供制限条項
たとえば、シンジケートローンを考えると、多くの参加行は、シンジケートローン以外にも融資を行っていると考えられますが、一債権者が

債務者所有不動産に根抵当権を設定する場合を考えると、その根抵当権の被担保債権には当該シンジケートローンも含まれるので、その債権者のみシンジケートローンについて回収可能性を高めてしまいます。このようなことからシンジケートローンでは、担保提供を制限する条項が定められることが多いといえます。同じように、第三者の担保や保証を徴求した場合にも同様のことがいえるので、第三者回収も制限する趣旨の条項が定められることが多いといえます。

(4) パリパス条項

当該融資の返済について他の融資等資金調達手段との間で優劣を設けないという趣旨の条項を設ける場合があります。仮に当該融資について担保提供がなされないのであれば、他の融資についても担保提供をしないという趣旨の条項も考えられます。

(中光　弘)

V　コベナンツ

> **Q31　コベナンツ条項と優越的地位の濫用**
> コベナンツを定めた場合に、その効力が制限されるのはどのような場合が考えられますか。
>
> **A**　優越的地位の濫用に該当する場合が考えられます。

解説

1　債務者の営業活動を制約する条項の有効性

コベナンツの典型的な例についてはQ30で述べました。しかし、中には債務者の自由な営業活動を大きく制約してしまうおそれの条項もあります。

たとえば、他の債権者に対して担保提供することで、運転資金を調達するとか設備投資をするとかいったことは常に考えられますが、そのような担保提供がまったく制約される、あるいは債権者の意向次第になってしまうというのでは債務者の営業活動はきわめて窮屈なものになってしまいます。

実際に債権者がそのコベナンツ違反を主張して期限の利益喪失という事態になるかどうかは別にしても、そのような可能性がある条項自体、常に有効といえるかという疑問があります。

2　債権者による優越的地位の濫用

コベナンツは、個別の案件ごとに債権者債務者の間で内容を煮詰めて定められるものと考えられるので、いわゆる約款のようなものとは考えられません。しかし、個別の案件ごとに債権者と債務者の間で自由に議論がなされて、その案件に適切なコベナンツが定められているかというと常にそうとはいえないように思われます。

コベナンツ付きの融資について、法律関係に関する法的な争いが生じる場合には、そのコベナンツの説明を受けていないというようないい分のほか、債務者にとって選択の余地がなく、債権者の優越的地位の濫用であるという趣旨の言い分がなされるケースが見られます。

3　優越的地位の濫用とコベナンツの効力

優越的地位の濫用については、たとえば、私的独占の禁止及び公正取引の確保に関する法律で規定されており（2条9項5号）、公正取引委員会の「金融機関と企業の取引慣行に関する調査報告書」では、不公正な取引に該当する可能性のある類型に言及されています。

したがって、優越的地位の濫用に該当すると判断される場合には、そのコベナンツの効力が否定される場合があるということを念頭に置く必要があると考えられます。

4　優越的地位の濫用が懸念される条項についての適切な説明

そして、およそ常に優越的地位の濫用に該当して無効になるという条項は考えにくいけれども、いわゆる多数あるコベナンツのうち、ある条項は容認するがある条項の排除を求めるという交渉の自由度には限界がある場合も考えられ、またあるコベナンツの必要性や相当性を判断するために必要な情報は、一般に金融機関と企業（債務者）との間で格差がないとはいい切れず、一連のコベナンツが付加された融資契約の締結を要求することが優越的地位の濫用に該当すると判断される場合は否定できないと思われます。

したがって、契約に際しては、あるコベナンツの必要性や相当性について、適合性の原則を踏まえて適切に説明するということが必要になると考えられます。

（金澤　浩志）

VI

流動化取引

> **Q32 証券化取引の基本手法**
> 不動産や債権等の証券化取引のために用いられている主な手法にはどのようなものがありますか。その類型ごとに特徴を教えてください。

> **A** 資産の証券化取引を達成するための手法の主なものとしては、資産の流動化に関する法律に基づく特定目的会社を用いる手法や、匿名組合出資等の集団投資スキームを用いる手法などがあります。スキームを組成する際の手続やこれにより得られるメリットにそれぞれ特徴があり、投資ニーズ等に応じて使い分けられています。

解説

1 主な証券化取引手法

　不動産や債権等の資産の証券化取引とは、特定の企業体や個人等から資産を切り出して、当該資産が生み出すキャッシュフロー等を引当財産とした有価証券を発行することにより行われるファイナンス手法のことをいいます。

　証券化取引を達成するための手法としては種々のものが考えられますが、基本的には、対象資産保有者（一般に「オリジネーター」と呼ばれる）の信用リスクからの倒産隔離を図ることができることや、投資家への二重課税を排除し、いわゆる導管性を確保することができること等が必要となります。資産の証券化取引に用いられる主なものとして、本稿では、資産の流動化に関する法律（以下「資産流動化法」という）上の特定目的会社を用いたものと、匿名組合出資等の集団投資スキームを用いたものを紹介します。

2 資産流動化法上の特定目的会社を用いた手法

　資産流動化法とは、同法に基づいて設立される特定目的会社等を用いて資産の流動化を行う制度を確立し、これらを用いた資産の流動化が適

正に行われることを確保するとともに、資産の流動化の一環として発行される各種の証券の購入者等の保護を図ることを目的とした法律であり（資産流動化同法1条）、平成10年に成立しました（成立時の名称は「特定目的会社による特定資産の流動化に関する法律」、後に改称）。

具体的手法としては、同法に基づいて設立される特定目的会社（一般に「TMK」と呼ばれる）が、投資家や貸付人から、優先出資や特定目的借入等の資産流動化法所定の方法により資金調達を行い、これにより得られた資金を元手に資産を購入し（資産流動化法上、「特定資産」という）、当該特定資産から創出されるキャッシュフローを元にして、投資家に対する配当や貸付人に対する借入金の返済を行うといったスキームが基本となります。

特徴としては、まず、特定目的会社というSPC（Special Purpose Company）が組成されるところ、資産の流動化に関する基本的事項を定める資産流動化計画を当局に届け出ることが必要とされ、当該計画に従った運用がなされる必要がある点が挙げられます。当該計画を変更することは可能ですが、手続が厳格に定められています（同法151条以下）。そのため、スキーム組成の当初から概ねの運用計画が確定している必要があり、これを変更するための手続が煩瑣です。また、特定目的会社の倒産隔離を貫徹する観点から他業が禁止されていたり（同法195条）、特定資産の管理方法についても厳格に規定されていたり（同法200条）、ファイナンスを受ける手法が限定されていたりします。

このようにスキームについて適用される規制は厳格ですが、たとえば、不動産を特定資産とする場合においても宅地建物取引業法の適用除外とされ（同法204条）、かつ、匿名組合出資が行われないことから不動産特定共同事業法の適用がないため、不動産を信託受益権化せずに現物で移転することが可能となるというメリットがあります。これにより、信託報酬等のコスト負担がなく、かつ特定資産の運用を受託するアセットマネジメント業者について、投資助言・代理業や投資運用業などの金融商品取引業の登録を受ける必要がないということになります。また、租税特別措置法67条の14に定める一定の要件を充足することにより、

投資家に対する利益配当が損金算入され、法人に対する課税と投資家に対する課税の二重課税を排除することが可能となります。

3　匿名組合出資等の集団投資スキームを用いた手法

　集団投資スキームとは、金融商品取引法2条2項5号および6号に規定される手法を用いた投資スキームであり、民法667条1項の組合契約や商法535条の匿名組合契約、投資事業有限責任組合契約に関する法律3条1項の投資事業有限責任組合契約等に基づいて、投資家から拠出された金銭を元手に事業を行い、当該事業から生ずる収益等を当該出資者に分配することを目的として組成されるスキームをいいます。

　証券化取引では、これらのうち特に匿名組合契約を用いた手法が用いられる場合が多くあります。具体的には、一般社団法人を持分権者とする合同会社を設立し、当該合同会社は金融機関等からノンリコースローンによる貸付を受けたり、出資者との間で当該合同会社を営業者、投資家を匿名組合員とする匿名組合契約を締結して出資を受けたりする等して調達した資金により、資産を取得し、当該資産を運用することにより得られた利益をもって、金融機関等への返済や投資家への利益配当を実施するというスキームとなります。当該スキームは、合同会社をSPCとして用い、かつ匿名組合を利用することから、一般にGK-TKスキームと呼ばれています。

　GK-TKスキームの特徴としては、資産流動化法のような特別の法律に基づく手法ではなく、合同会社のガバナンスに関しては会社法上の規制が適用されるのみであるため、相対的に柔軟なスキームを組むことができるという点が挙げられます。しかしながら、不動産を対象資産とする場合には、SPCである合同会社が宅建業免許を取得しなければならない不都合性を避けるためや、不動産特定共同事業法の適用を回避するために、不動産を信託受益権化することが必要となります。そのため、資産流動化法に基づく手法の項で述べたことと反対に、信託報酬コストの負担や、アセットマネージャーとして関与する業者が金融商品取引法に基づく金融商品取引業の登録を受ける必要が生じてくることになります。

（金澤　浩志）

Ⅵ 流動化取引

> **Q33 対象資産の問題、真正譲渡性**
> 証券化取引の対象となりうる資産としては、どのようなものがありますか。また、証券化を達成するためには、資産が真正に譲渡されることが必要となると思いますが、どのような要素が考慮されることとなりますか。

A 譲渡性ある資産であることが前提として必要であり、かつ独立して運用することによりキャッシュフローが創出されるものであることが通常で、賃貸マンション等の収益不動産やクレジット債権等が典型です。真正譲渡性の判断については、個々の対象資産ごと、取引ごとに判断されるべきこととなりますが、対抗要件の具備の有無や取引価額、オリジネーターによる権利行使の有無等がメルクマールとして考慮されます。

解説

1 証券化取引の対象資産

証券化取引とは、Q32で述べたように、特定の企業体や個人等から資産を切り出して、当該資産が生み出すキャッシュフロー等を引当財産とした有価証券を発行することにより行われるファイナンス手法のことをいいます。

したがって、証券化取引の対象となる資産としては、特定の企業体等から切り出して運用するために、まず大前提として譲渡性ある資産であることが必要となります。また、当該資産を独立して運用することによりキャッシュフローが創出されるものであることが通常です。証券化取引の対象とされる資産としては、賃貸マンションやオフィスビル等の収益不動産や、住宅ローンやクレジット債権等の債権といったものが典型となります。

2 真正譲渡

(1) 真正譲渡の問題点

　真正譲渡とは、証券化取引の対象となる資産が、原保有者（一般に「オリジネーター」と呼ばれる）から、証券化のヴィークルとなるSPC等に、真正に譲渡されることをいいます。「真正に譲渡される」とは、たとえば、実行された売買が、売買という法形式に仮託した担保設定等ではなく、実質的にも完全に所有権が買主たるSPC等に移転されることをいいます。

　仮にかかる真正譲渡性が否定される場合には、SPC等からオリジネーターに支払われた「売買代金」は、SPC等がオリジネーターに貸し付けた金員にすぎず、当該貸付金の担保として対象資産を形式的に譲り受けたとみなされ、対象資産の所有権は依然としてオリジネーターに残るということになります。

　この場合、オリジネーターに倒産手続が開始された場合には、SPC等に対して貸付や出資を行う投資家の権利にも多大な影響が及ぶこととなります。上記述べたとおり、SPC等は対象資産について、単に担保権を有するだけということになりますので、たとえば、オリジネーターについて会社更生手続が開始された場合には、当該担保権の実行について会社更生手続外でこれを行うことはできず、会社更生手続内で処遇されることとなってしまい、投資家が前提としていた対象資産の運用計画について大幅な変更が施されることとなるおそれが高くなります。

　かかる事態は、証券化取引が前提とする、対象資産が創出するキャッシュフロー等のみを引当てとしたファイナンスという考え方に真っ向から反するものであり、したがって、真正譲渡性の確保は証券化取引を達成するために不可欠のものであるといえます。

(2) 真正譲渡性が認められるための要素

　では、どのような要素が備われば、真正譲渡性が認められることとなるでしょうか。この点、真正譲渡性の有無については、対象資産ごと、あるいは取引ごとに判断すべき事柄であり、一律に、どのような事項が必要条件となるかを示すことは困難であり、本稿において網羅的に列記

することは不可能です。しかしながら、主に次のような点が要素の1つとして勘案されることとなります。

まずは、対象資産についての対抗要件の具備の有無です。不動産であれば登記、債権であれば民法ないし動産及び債権の譲渡の対抗要件に関する民法の特例等に関する法律に則った対抗要件が備えられているかということは真正譲渡性を判断する基準として非常に重要です。

また、対象資産の譲渡価額が、市場価値等に鑑みて適正な価額となっているかということも重要な考慮要素となります。これについては不動産であれば鑑定士による評価書等が作成され、これに依拠することが多いです。

さらに、対象資産について、オリジネーターが買戻権を有していたり、あるいは買戻義務を負担しているような契約となったりしているような場合には、真正に譲渡されたものであるか疑義が生じるおそれがあるといえます。また、オリジネーターにおける会計上の取扱い等についても法的判断に際して重要な一要素となるといえます。

（金澤 浩志）

Q34 倒産隔離〜信用補完、倒産不申立

証券化取引においては、対象となる資産が当事者の倒産から隔離されていることが必要となるとされていますが、具体的にどのような措置により倒産隔離が達成されていますか。また、そのような措置は法的に有効なのでしょうか。

A 証券化取引の対象資産と関係当事者の倒産リスクとの隔離のための措置としては、SPCの株主・持分権者を一般社団法人とする、SPCの業務範囲を制限する、債権者との間で責任財産限定特約を締結する、関係当事者に倒産手続開始申立権を放棄させたりするといった手法があります。このうち倒産手続開始申立権を放棄する旨の合意についても、一般に有効と解されており、実務上も通常用いられている手法です。

解説

1 倒産隔離とは

倒産隔離とは、証券化取引の文脈においては、証券化取引の対象となる資産が、資産の原保有者(一般に「オリジネーター」と呼ばれる)や対象資産を保有するSPC自身の倒産から隔離されていることを意味します。

証券化取引は、オリジネーター等の関係当事者の信用リスクから資産を分離して、当該資産が創出するキャッシュフローのみを引当てとしたファイナンスを実行することを目的とするものであるため、かかる倒産隔離性が可及的に確保されることが必要となります。

2 倒産隔離性を確保するための措置

倒産隔離性を確保するための措置のうち、オリジネーターの倒産から対象資産を隔離するための措置としては、Q33で述べた真性譲渡の達成が不可欠となります。

また、証券化取引において、対象資産を保有するSPC自身の倒産リス

クから隔離するための措置にはさまざまな手法が用いられています。たとえば、①SPCの株主・持分権者を一般社団法人とし、SPCをオリジネーターその他の利害関係人の支配から分離した存在とすること、②SPCの業務範囲を対象資産の運用のみに厳格に限定し、SPCが無用な債務負担等を行って債務超過とならないように予防すること、③SPCの契約の相手方等のSPCの倒産手続開始申立権者に対して、倒産手続開始申立権を放棄させ、SPCが債務超過状態に陥った場合にも倒産手続が開始されないようにすること、④SPCが債務超過に陥ることのないように、SPCの契約の相手方等との間で責任財産限定特約（債権の引当てとなる資産をSPCが保有する資産に限定し、これを超える債権については免除等により消滅する旨の合意であり、たとえば「SPCによる本契約に基づく債務の支払は、責任財産のみを引当てとして、その範囲内でのみ行われ、SPCの有する他の資産には一切及ばないものとし、債権者はこれを異議なく承諾する。」といった合意）を締結すること等が挙げられます。

　これらの手法によって、必ずしも完全に倒産隔離を図ることができるとは限りませんが、これらを組み合わせることで、少なくとも、倒産のリスクを極小化することが可能となるということはいえます。実際に証券化取引が行われる場合においても、これらの手法が組み合わせて用いられており、スキームを組成する場合には、契約書上の手当等を確実に行う必要があります。

3　倒産手続開始申立権の放棄の法的効力

　上記のうち、③倒産手続開始申立権の放棄とは、たとえば、SPCの倒産手続開始を申し立てることができる権利者との間で、「債権者は、SPCまたはその財産について、レンダーからの貸付金債務の完済後1年と1日が経過するまでの間、破産手続開始、民事再生手続開始その他営業者について適用ある倒産手続開始（将来制定されるものを含む）の申立をすることができないものとする。」といった合意をすることをいいます。

　このように債権者による倒産手続開始申立権の放棄が法的に有効であるかどうかについては議論があるところではありますが、私的自治の原則や処分権主義の原則に基づいて有効と考えるのが一般的です。もちろ

ん、かかる放棄が有効か否かについては最終的には裁判所が判断する事項となりますが、少なくとも申立権者に対する抑止的効果を期待することはできると思われ、実務上も、証券化取引が実施される際には関係当事者にかかる倒産手続開始申立権の放棄が通常行われています。

(金澤 浩志)

Ⅵ　流動化取引

> **Q35　ノンリコースローン**
>
> 証券化取引におけるファイナンス手法として、ノンリコースローンが通常用いられていますが、当該ローンはどのような特徴を有しており、またどのような条項が規定されているのでしょうか。
>
> **A**　証券化取引において用いられるノンリコースローンは、証券化取引の対象となる資産およびこれから創出されるキャッシュフロー等のみを責任財産として、それ以外の資産には責任が及ばないという点が特徴的です。当該特徴に鑑みて、ノンリコースローン契約には、対象資産の運用についてレンダーとして一定の関与を確保するための条項や、借入人たるSPC等の行動を制限するための条項等が規定されます。

解説

1　ノンリコースローンの特徴

　ノンリコースローンとは、非遡及型ローンのことであり、返済の原資となるべき資産の範囲が限定されたローンのことをいい、証券化取引やプロジェクトファイナンス等において一般的に用いられている融資形態です。

　一般的な企業に対する融資においては、その返済義務について、当該企業が保有するすべての財産が責任財産としてその引当てとされることとなるのが通常です。さらには、これに加えて代表者等が連帯保証することにより、当該連帯保証人の資産も責任財産の範囲に含まれることとなる場合が多くあります。

　これに対して、ノンリコースローンは、上記のとおり一定の資産のみを責任財産として把握するものであり、証券化取引においては、対象資産そのものおよび当該対象資産から創出されることとなるキャッシュフローのみが返済の原資に充てられることとなります。

2　ノンリコースローンの具体的条項

(1)　上記のとおり、ノンリコースローンは対象とする責任財産の範囲を限定した融資形態であることから、かかる特性に対応した契約条項が規定されることとなります。また、責任財産からの回収を確実ならしめるために各種の契約条項が規定されます。

以下、証券化取引におけるノンリコースローンに特徴的な条項について、いくつか解説します。

(2)　ノンリコースローンの実行の前提として、各種の条件が設定されるのが通常です。たとえば、通常の融資実行と比べて特徴的なこととしては、対象資産の真正譲渡性や倒産隔離が図られていること、各種金融規制法に違反していないこと等を記載事項とした法律意見書の提出を前提条件として既定している場合が多くあります。

その他にも、関連契約が有効に締結されていることや、これに関する債務不履行が発生していないこと、表明保証事項に抵触していないこと等も実行の前提条件とされるのが通常です。

(3)　通常の融資契約に比べて、借入人に求められることとなる誓約事項が詳細に規定されるのも特徴的です。

レンダーは、対象資産の運用から生じる収益等を原資として返済を受けることとなりますので、かかる運用の状況についてはきわめて高い関心を有しており、その状況について定期的に報告させる義務が規定されるのが通常です。

また、SPC等が保有している資産等についてもレンダーの関与なくして処分すること等を禁止したり、組織変更等についてもレンダーの承諾等を求めたりする形として、ノンリコースローンの返済に影響を与えるような事項について一定のコントロールを及ばせることができるような建付けとされています。

(4)　案件によっては、ノンリコースローンの返済を確実ならしめるために、対象資産から生じるキャッシュフローを特定の銀行口座に入金させる等して管理されることがあり、これに対応する各種規定が置かれる場合があります。また、ローンの期間中、定期的に対象資産の価値や創

出されるキャッシュフローの状況等についてのテストを実行し、一定の指標に達しない場合には、キャッシュの流れをレンダーが制限することができるようにする規定もあります。

(5) 倒産隔離の観点から、レンダーが引当てとすることができる責任財産の範囲を対象資産に限定する責任財産限定特約が規定されることがあります。ノンリコースローン契約自体ではなく、プロジェクト全体に関係する事項について当事者が合意する目的で作成されるプロジェクト契約に規定される場合もあります。

（金澤　浩志）

Q36 優先劣後構造

証券化取引のファイナンス手法においては、個別のファイナンスについて優先劣後構造を設ける場合が多いと思いますが、どのような手法によりかかる優先劣後構造が達成されているのでしょうか。

A 優先劣後構造とは、それぞれのファイナンスにおける弁済の順位等に優先順位を設定することにより、投資家のリスク選好度に応じた投資商品を設定し、かつ優先順位の投資家に対して信用補完を付与するための手法をいいます。残余財産の分配や返済方法等を調整することにより、優先劣後構造が構築されます。

> 解　説

1 優先劣後構造を設定する意義

　優先劣後構造とは、弁済の順位の異なる複数の証券等を設定し、投資家等に引き受けてもらうことによって、各投資家等のリスク選好度に応じた商品を構築するとともに、優先順位の証券等を引き受けた投資家に対して優先的に弁済をするよう設定することにより、信用補完を達成するための手法をいいます。証券化取引においても、各投資家等のリスクに見合った商品設定を行うことができることから、このような手法が用いられることが多く見られます。

　具体的には、最も弁済順位の高いシニア、これに劣後するローンとしてのメザニン、貸付ではなく出資としての性質を有するエクイティといった階層構造が構築されることとなります。この場合、弁済の優先順位の高いシニアローンよりも、これに劣後するメザニンローンの金利が高く設定されるのが通常であり、投資家等は、自分が引き受けるリスクとリターンの調整を図ることができます。理論的には、これらの構造の階層をさらに複数設けるということも可能であり、実際上さらに複雑なスキームが構築される場合もあります。

対象資産等	シニアローン
	劣後ローン （メザニン）
	優先出資 匿名組合出資 （エクイティ）

2　優先劣後構造を達成する手法

　では、上記のような優先劣後構造を達成するために、どのような手法が用いられているのでしょうか。

　この点、エクイティについては、出資金を返済する義務はありませんので、そもそもローンに劣後する形となりますが、シニアとメザニン間の優先劣後構造は、当事者間の約定で規定する必要があります。具体的には、たとえば、シニアローンのレンダーとメザニンローンのレンダーに借入人を含めた当事者間で、協定を締結し、両レンダー間の弁済順位について合意をするといった方法や、そもそも劣後するローン契約上に、シニアローンよりも弁済順位において劣後する旨を合意するといった方法があります。

　そして、たとえば、倒産手続等が開始された場合の配当等の請求権や、残余財産分配請求権についてメザニンローンのレンダーがシニアローンのレンダーに劣後する旨の規定や、そもそもの弁済期限をシニアローンよりもメザニンローンを長く設定するといった方法が考えられます。また、メザニンローンの弁済において、シニアローンを完済するに足るだけの財務基準を達成しなければ、その弁済を繰り延べるといったスキームがとられる場合もあります。

（金澤　浩志）

Q37 不動産証券化取引における担保

不動産の証券化取引におけるファイナンスの担保としては、どのようなものがありますか。また、担保設定に必要な書類等についても教えてください。

A 　不動産証券化の代表的なスキームとしては「GK-TKスキーム」と「TMKスキーム」があり、これらのスキームにおけるレンダーによるファイナンスの担保としては、不動産信託受益権質権、停止条件付抵当権、停止条件付保険金質権、スポンサーによる補填合意（スポンサーレター）、実物不動産に対する抵当権、一般担保権等があります。また、それぞれについて、担保設定契約書等を作成し（法定担保物権である特定社債の一般担保権は除く）、承諾書・登記等により対抗要件を具備する必要があります。

解　説

　不動産の証券化取引の代表的スキームとして、匿名組合出資等の集団投資スキームを用いたもの（いわゆるGK-TKスキーム）と「資産の流動化に関する法律」（以下「資産流動化法」という）上の特定目的会社を用いたもの（いわゆるTMKスキーム）があります（注1）（GK-TKスキームとTMKスキームの概要については、Q32を参照）。以下、これらのスキームにおいて用いられるデットファイナンスの主な担保について、解説します。

1　GK-TKスキーム

　GK-TKスキームにおいて、レンダー（貸し手。銀行等の金融機関）は、通常ノンリコースローン（ノンリコースローンについては、Q35を参照）により、SPCである合同会社（GK）に対しデットファイナンスを行います。その場合、以下のような担保が設定されます。

(1)　不動産信託受益権質権

　①　GK-TKスキームにおいて、GKが取得するのは、実物不動産ではなく、不動産信託受益権です。その理由としては、イ.匿名組合の営業

者たるGKが現物不動産を所有し、当該現物不動産から得る収益を匿名組合員に分配した場合、不動産特定共同事業法上の不動産特定共同事業に該当し事業者として認可を受ける必要があるところ、かかる認可を受けることや業法上の開示義務や行為規制が大きな負担となること（実務上、GKがかかる認可を取得するケースはまずない）、ロ.実物不動産と異なり、不動産取得税が課税対象外となるうえ、登録免許税が信託登記に関する額まで軽減できること、が挙げられます（その他、対象不動産を信託受益権とすることで、信託受託者である信託銀行の資産管理をはじめとするさまざまな機能を活用することができるというメリットもある）。

　GK-TKスキームにおいて、GKは当該不動産信託受益権しか引当てとなる資産を有していないため、レンダーがGKに対しデットファイナンスを行う場合には、当該不動産信託受益権に対し質権を設定します。かかる不動産信託受益権質権は、GK-TKスキームにおける最も重要かつ基本的な担保となります。

　②　信託受益権質権は、権利質（民法362条以下参照）の一種ですので、当事者間の合意、すなわちGKによるレンダーに対する質権設定契約によって成立します（同法363条参照）。

　③　ただし、通常、原資産保有者（オリジネーター）と信託受託者である信託銀行間の不動産管理処分信託契約（信託契約）において、信託銀行の承諾のない質権設定は禁じられていますので（信託法96条2項本文参照）、質権設定契約のほか、信託受託者である信託銀行の承諾が必要となります。また、信託受益権質権の第三債務者その他の第三者に対する対抗要件として、確定日付ある通知または承諾が必要とされていますので（民法364条・467条）、対抗要件具備の観点からも、信託受託者である信託銀行の承諾が必要となります。

　③　上記のような成立要件、対抗要件を具備するため、信託受益権質権を設定する際には、以下のような書類の作成が必要となります。

　イ　GKとレンダー間の信託受益権質権設定契約書
　ロ　GK、レンダーおよび信託受託者の三者間における承諾依頼書兼承諾書

なお、ロについては、確定日付を得ないと第三者に対する対抗要件を具備することができないため、公証人の日付のある印章の押捺（民法施行法5条1項2号）を受ける必要があります。

(2) 停止条件付抵当権、停止条件付保険金質権

　①　信託契約の解除等により信託契約が終了すると清算が結了した時点で信託受益権は消滅し、GKは信託財産であった現物不動産を取得することになります。

　こうした事態を想定して、あらかじめ、GKの現物不動産取得を停止条件として、現物不動産について抵当権を設定し、現物不動産に関して付された保険の保険金等の請求権について質権を設定することも一般的に行われています。

　②　現物不動産に対する抵当権の設定および保険金等請求権に対する質権の設定のいずれにおいても、停止条件の成就により効力が生ずるものとされます。

　前者については、抵当権設定登記を受けることにより（民法177条）、後者については、第三債務者である保険会社に対する確定日付ある通知または保険会社の確定日付ある承諾によって対抗要件が具備されますが（同法364条・467条）、こうした対抗要件の具備は、信託契約の終了後に行われることになります。

　③　停止条件付抵当権および停止条件付保険金質権を設定するためには、以下のような書類の作成が必要となります。

　　イ　GKとレンダー間の停止条件付抵当権契約書
　　ロ　GKとレンダー間の停止条件付保険金質権設定契約書

　また、信託契約の終了後にスムーズに対抗要件が具備できるように、プロジェクト契約書や上記停止条件付抵当権契約書と停止条件付保険金質権設定契約書において、信託受託者である信託銀行も当事者に加え、信託銀行の協力義務を規定しておくことも一般に行われています。

(3) 補填合意（スポンサーレター）

　スポンサーとは、不動産の証券化取引において、実質的にスキームを組成し、最終的な利益・損失を享受する者です。一般的には、主な投資

VI　流動化取引

家（匿名組合員）やアセットマネジャー（AM）がこれに当たります。

　レンダーは、通常当該不動産の賃料や価格が下落することのリスクを負担しますが、土壌汚染、建物の隠れた瑕疵等のリスクは負担しませんので、かかるリスク等が顕在化した場合に備え、実務上、スポンサーとの間で、かかるリスク等によって生じた損害についてスポンサーがその責任を負担するという内容の合意をすることがあります。

　合意形式については、スポンサーとレンダーとの間で「補填合意書」を取り交わす場合とスポンサーからレンダー宛に「スポンサーレター」と題する差入書が差し入れられる場合があります。また、内容については、個別案件においてレンダーとスポンサーが協議、交渉して決定することになります。

(4)　その他

　上記のほか、GKがオリジネーターから不動産信託受益権を取得する際に締結する信託受益権売買契約においてGKがオリジネーターに対して有する損害賠償請求権や違約金請求権に対し質権を設定したり、信託不動産にかかる賃貸借契約に基づく賃料債権に対し譲渡担保権を設定する場合もあります。

2　TMKスキーム

　銀行等の金融機関による特定目的会社（TMK）へのデットファイナンスの手法としては、特定借入（注2）と特定社債の引受け（通常、総額引受け）等があります。

(1)　特定借入

　TMKスキームにおいては、先に述べたGK-TKスキームのような実物不動産に関する不動産特定共同事業法による規制はありません。したがって、実務上、特定目的会社（TMK）が、不動産信託受益権を取得するほか、実物不動産を取得することも行われ（注3）、こうした特定資産の取得のために特定借入がなされます。

　実物不動産を取得するスキームである場合、レンダーは実物不動産に抵当権の設定を受けるべく、TMKとの間で抵当権設定契約書を締結することになります。また、合わせて、抵当権設定登記により対抗要件を

具備することになります。

　なお、TMKスキームにおいて、不動産信託受益権を取得するために特定借入を行う場合の担保設定については、不動産信託受益権に質権を設定するなど、1で述べたGK-TKスキームによる担保設定と同様の取扱いとなります。

(2)　特定社債の引受け
①　約定担保

　特定社債を被担保債権として実物不動産や不動産信託受益権に抵当権や質権を設定する場合には、TMKとの間で担保設定契約書を締結する必要があるほか、担保付社債信託法により、別途、TMK（委託者）と信託会社（受託者）との間で信託契約を締結することが必要となりますが、信託会社の協力が必要な点や、別途、信託設定契約等のドキュメンテーションが必要な点において手続コストが増えるため、実務上は抵当権や質権の設定はせずに無担保で引き受け、特定社債権者の担保としては、次に述べる「一般担保権」によるのが一般的です。

②　法定担保（一般担保権）

　TMKスキームにおいて特定社債の引受けの形でデットファイナンスをする場合には、TMKの財産について、民法の規定による一般の先取特権に次ぐ順位の一般担保権が認められます（資産流動化法128条1項）。

　この一般担保権は法定担保物権であるため、担保設定契約のドキュメンテーションは不要です。対抗要件としては、一般の先取特権の保存登記が必要となりますが、登録免許税の軽減を図る観点から、仮登記が多く採用されています。

（注1）不動産証券化スキームはこれらに限定されるわけではなく、これら2つのスキームのほか、主要なものとして、投資信託及び投資法人に関する法律に基づくスキーム（リート：REIT：Real Estimate Investment Trust）や不動産特定共同事業法に基づくスキームがあり、その他多くのバリエーションが開発されて、多様化・複雑化が進んでいます。

（注2）平成23年の資産流動化法の改正により、特定目的会社（TMK）の機動的な資金調達を確保するため、従来の「特定目的借入れ」の「特定資産を取得す

るため」という使途制限が撤廃されました。これに伴い、「特定目的借入れ」という定義の呼称についても、「特定借入れ」と改正されました（同法210条・2条12項）。

（注3）不動産信託受益権の取得には、1(1)②記載のようなメリットがありますが、反面、信託銀行に対する信託報酬や信託設定にかかるコストを要しますので、TMKスキームの場合、不動産信託受益権を取得するケースのほか、実物不動産を取得するケースがあります。

（柿平 宏明）

> **Q38 流動化取引と倒産**
> 不動産の流動化スキームに当事者として関与している関連当事者が倒産した場合の法律関係とスキームに与える影響について、教えてください。

> **A** 不動産の流動化スキームについては、オリジネーターやSPC等のヴィークルからの倒産によって投資家が損害を被ることが避けられなければならず、かかる倒産隔離が証券の商品価値を裏付けるものとなっています。また、流動化スキームの関係当事者の倒産のみならず、マスターレッシー等の倒産についても権利関係の帰趨について留意すべきです。

> 解　説

1　不動産の流動化スキーム

　不動産の流動化スキームには、大きく分けて譲渡型と信託型があり、譲渡型は、資産の流動化に関する法律（以下「資産流動化法」という）に基づく特別目的会社（SPC）をヴィークルとして、不動産を所有するオリジネーターがその不動産をSPCに売却して売却代金を取得し、SPCが取得不動産の収益等を基にして証券を発行し、投資家に販売して資金調達するものです。不動産特定共同事業法に基づく場合は、民法上の任意組合や商法上の匿名組合をヴィークルとすることになります。

　信託型は、不動産を所有するオリジネーターが信託会社に不動産を信託譲渡し、受益権を取得し、オリジネーターはSPCに受益権を譲渡し、対価として譲渡代金を取得し、ヴィークルとなるSPCが投資家に対して証券を発行するというものです。税制、実務負担、コスト等の点で有利であることから、現状はかかる信託スキームを利用したものが大部分となっています。

　従来、不動産特定共同事業法は、不動産特定共同事業者の許可要件が資本金1億円以上の法人や宅地建物取引業の免許等、厳格な規制が敷か

れていて利用されにくいものでしたが、今般、同法の改正により、事業ごとに倒産隔離がなされた一定要件を満たすSPCについて参入規制を大幅に緩和することが予定されており、今後の活用が見込まれています。

2　関係者の倒産からの隔離

不動産の流動化によって、オリジネーターやヴィークルとなるSPCの倒産からの隔離を図ることが可能となります。すなわちオリジネーター等の関係者の倒産によっても資産について発行された証券が影響を受けず投資家が損害を被らないようにします。また、不動産の譲渡や信託受益権の譲渡が倒産手続で否認されないように図ることができます。このような倒産隔離されていることによって、証券の信用および商品価値を高めることになります。

オリジネーターの倒産からの隔離は、証券化対象となる不動産をオリジネーターから切り離すことによって実現可能となります。オリジネーターの倒産がSPCに影響を与えないようにするために、資産流動化法の平成12年改正により特定出資持分の管理を目的とする信託（特定持分信託）の設定を認める等の措置がとられています。また、SPCや任意組合等のヴィークルの倒産からの隔離については、ヴィークルの事業目的を制限することや、出資者の議決権の排除等によって実現可能となります。

3　マスターレッシーの倒産

信託受託者から不動産の賃借を受けて、テナントに転借し管理等を行う者をマスターレッシーといいます。マスターレッシーが倒産した場合には、スキーム全体が不安定化するため、速やかにマスターレッシーを流動化スキームから離脱させる必要があります。

なお、受託者は、テナントに対して民法613条に基づき賃料支払請求を直接行使することができます。

マスターレッシーが破産した場合、民法621条に基づき受託者からの賃貸借契約解除が可能となります。この場合、受託者はテナントの賃借権に対して解除の効力を主張することができないと考えられます（最判昭和48・10・12民集27巻9号1192号）。

なお、再生型倒産手続の場合にはマスターレッシーに賃貸借契約を継続するか解除するかの選択権が付与されることになります（会社更生法103条、民事再生法49条）。会社更生の場合、会社更生手続や再生手続開始前に生じた延滞賃料債権は更生債権・再生債権となり、手続開始後の賃料債権は共益債権となると考えられます。

　なお、テナントとのサブリースにおいては、マスターレッシーの管財人は、対抗要件を要するテナントに対して解除か存続かの選択権を有しないことになります。

（中村 健三）

Ⅶ

債務者のM&A

Q39　事業譲渡と商号続用者の責任

当行が債権を有している会社が会社分割を実施しましたが、承継会社において、従前と同様の商号を使用して事業を営んでいます。当行が分割会社に対して有している債権について、承継会社から回収を図ることはできないでしょうか。

A　会社法22条の類推適用により、商号を続用している場合には、承継会社に対して分割会社に対して有する請求権と同様の請求権を行使することが可能となる場合があります。

解説

1　会社法22条

会社法22条1項は「事業を譲り受けた会社が譲渡会社の商号を引き続き使用する場合には、その譲受会社も、譲渡会社の事業によって生じた債務を弁済する責任を負う。」と規定しています。同条は、商号の続用により主体の誤認・混同の生じるおそれがあることから、譲渡会社の事業によって生じた債務につき譲受会社に弁済責任を負わせたものです。

2　会社法22条の会社分割への類推適用

最高裁平成20年6月10日判決（金融・商事判例1302号46頁）は、預託金会員制のゴルフクラブの名称がゴルフ場の事業主体を表示するものとして用いられている場合において、ゴルフ場の事業が譲渡され、譲渡会社が用いていたゴルフクラブの名称を譲受会社が引き続き使用しているときには、「譲受会社が譲受後遅滞なく当該ゴルフクラブの会員によるゴルフ場施設の優先的利用を拒否したなどの特段の事情がない限り、譲受会社は、会社法22条1項の類推適用により、当該ゴルフクラブの会員が譲渡会社に交付した預託金の返還義務を負うものと解するのが相当であるところ、このことは、ゴルフ場の事業が譲渡された場合だけではなく、会社分割に伴いゴルフ場の事業が他の会社又は設立会社に承継され

た場合にも同様に妥当するというべきである。」と判示しました。

　上記判例によれば、商号の続用があり、「特段の事情」がないときには、承継会社に対しても、債務の弁済を請求することができることになります。

　そこで、問題は、どのような場合に「特段の事情」があるかという点ですが、上記判例は「譲受会社が譲受後遅滞なく当該ゴルフクラブの会員によるゴルフ場施設の優先的利用を拒否した」ことを挙げており、承継会社が分割会社の債務を負わないことを前提とした行動をとっているような場合には、「特段の事情」があると判断されることになります。

3　実務での対応

　そこで、実務的には、承継会社に商号の続用がある場合には、承継会社が分割会社の債務を負わないことを前提とした行動をとっているか否かを確認したうえで、会社法22条1項の類推適用により、承継会社に直接弁済の履行を請求することが考えられます。

（赤崎 雄作）

> **Q40 詐害的会社分割に対する対応策**
>
> 当行が債権を有している会社が会社分割を実施し、財産が承継会社に移されてしまいました。商号の続用はありませんが、当行が分割会社に対して有している債権について、承継会社から回収を図ることはできないでしょうか。

A 詐害行為取消権の行使により、価格賠償として承継会社から回収を図ることが可能な場合があります。

解説

1 はじめに

会社分割は株式会社等が事業に関して有する権利義務の全部または一部を分割し、新設会社もしくは既存の会社に承継させることをいい、分割会社の債権者は、当該債権が承継会社に引き継がれない限り、会社分割後は承継会社に対して債権行使をできなくなります。この点、最近は、財産や取引先の権利義務関係のみを会社分割により移転させ、金融機関からの借入れ等については分割会社に残すという詐害的な会社分割がしばしば見受けられます。このような場合に、金融機関等が承継会社から回収を図る手段として、詐害行為取消権の行使という方法が検討されてきました。

また、法人格否認の法理によって、承継会社に請求するという方法も考えられます。分割会社が承継会社または代表者の意のまま道具として支配されている（支配の要件）ことに加え、違法または不当の目的がある場合（目的の要件）に、法人格否認の法理が肯定されることになります。

以下においては、最近注目されている詐害行為取消権の行使について検討します。

2 最高裁平成24年10月12日判決

会社分割について詐害行為取消権を行使するにあたっては、会社分割

という組織法上の行為に詐害行為取消権の適用はあるのか、という点が理論上の問題点とされていまいた。この問題点に関し、最近、最高裁判決（最判平成24・10・12金融・商事判例1402号16頁）が出ましたので、以下に紹介します。

この最高裁判例では、まず、①の問題点に関し、「株式会社を設立する新設分割がされた場合において、新設分割設立株式会社にその債権に係る債務が承継されず、新設分割について異議を述べることもできない新設分割株式会社の債権者は、民法424条の規定により、詐害行為取消権を行使して新設分割を取り消すことができると解される。」と判示し、会社分割にも詐害行為取消権の行使が可能であるとしました。

また、その最高裁判例は、「債権者保護の必要がある場合において、会社法上新設分割無効の訴えが規定されていることをもって、新設分割が詐害行為取消権行使の対象にならないと解することはできない。」と判示しています。

3　その他の論点

その他、会社分割に詐害行為取消権の適用がありうるとしても、会社分割においては承継会社から分割会社に対して対価が交付されるのであり、会社分割が詐害行為に該当することはないのではないかという点も問題となります。

この点に関しては、会社分割の対価が、承継された財産の価値よりも低く設定されていた場合はもちろん、計算上は責任財産が減少していないとしても、分割会社の保有していた財産が承継会社に移ることにより、債権者が分割会社から弁済を受けることが困難になったという事情があれば、詐害性は認められることになると思われます。

また、詐害行為取消しの効果として、債権者が何を請求しうるかという問題も存在します。会社分割により、承継会社は新たに企業活動をスタートさせており、承継された財産変動が生じていることは容易に想像でき、承継された財産を特定してこれを分割会社に返還させることは非常に困難であるといえます。そこで、詐害行為取消権の行使として、現物返還ではなく、価格賠償を請求することができるとすることが考えら

れます。裁判例でも、債権者に価格賠償を認める裁判例が存在します。

4 会社法改正について

平成24年9月7日に、「会社法の見直しに関する要綱」が採択されました。同要綱をふまえ、今後会社法が改正される見込みとなっています。この会社法改正においても、詐害的な会社分割に対する規定が盛り込まれる予定です。具体的には、詐害的な会社分割がなされた場合には、承継されない債権者は、承継会社等に対して、承継した財産の価額を限度として、当該債務の履行を請求することができるようになります。

ところで、上記最高裁判例は、会社分割について詐害行為取消権の対象となると判示しておりますが、会社法改正後は、改正会社法における承継会社等に対する直接の履行請求の制度と、詐害行為取消しの制度と両者の関係をいかに考えるかという問題が残ることになるのではないかと思われます。

5 まとめ

以上のとおり、最高裁判決がでたことにより、会社分割に詐害行為取消権が及ぶのか、という点についてはひとまずの決着を見たものと考えられます。

今後は、詐害性の有無が争点の中心になることが予想されます。

また、改正会社法における承継会社等に対する直接の履行請求の制度との関係をいかに考えるかという点に着目する必要があります。

(赤崎 雄作)

Ⅶ 債務者のM&A

> **Q41 債務超過会社との合併における債権者保護**
> 当行が債権を有している会社が債務超過会社と合併するようなのですが、そうなると債権回収が困難となることが想定されます。何か対応策はないのでしょうか。
>
> **A** 債権者の異議手続において異議を述べることができ、それによって、合併をしても当該債権者を害するおそれがないとき以外は、当該会社は弁済、担保提供、信託等をしなければならないこととされています。

解 説

1 債権者異議

吸収合併および新設合併いずれの場合においても、消滅会社および存続会社の債権者は異議を述べることができます（吸収合併をする場合の吸収合併消滅会社の債権について会社法789条1項1号、吸収合併をする場合の吸収合併存続会社の債権者について同法799条1項1号、新設合併をする場合の新設合併消滅株式会社の債権者について同法810条1項1号）。

2 具体的手続

合併をする会社は、債権者が異議を述べることができる場合には、合併をする旨、計算書類に関する事項等を官報に公告し、かつ、知れている債権者に格別に催告しなければならないとされています（会社法789条2項・799条2項・810条2項）。ただし、官報のほか、特定の日刊新聞等に掲載する方法により公告を行った場合には、格別の催告は不要とされています（同法789条3項・799条3項・810条3項）。債権者は、かかる公告によって、合併をする旨を知り、その合併に異議があるときは異議を述べることになります。

債権者が異議を述べることによって、合併をしても当該債権者を害するおそれがないとき以外は、当該会社は、債権者に対して弁済し、もしくは相当の担保を提供し、または当該債権者に弁済を受けさせることを

目的として信託会社等に相当の財産を信託しなければならないとされています。

3　実務での対応

合併に関する公告によって、債権者は合併の相手方会社の計算書類に関する事項等（貸借対照表の要旨等）を把握することができます。相手方会社が債務超過であり、合併後に債権回収が困難となることが想定される場合には、異議を述べて債務の弁済等を受けることが望ましいといえます。

（赤崎　雄作）

Ⅷ

担保による回収

1　不動産担保

(1)　設定時の問題

> **Q42　根抵当権の被担保債権の範囲の限界**
> 根抵当権の被担保債権の範囲を「銀行取引」ないし「信用金庫取引」とした場合、銀行ないし信用金庫等の根抵当債務者に対する保証債権は被担保債権に含まれるでしょうか。
>
> **A** 　被担保債権の範囲を、「銀行取引」ないし「信用金庫取引」として設定された根抵当権の被担保債権には、銀行ないし信用金庫等の根抵当債務者に対する保証債権も含まれます。

解　説

　銀行、信用金庫等の金融機関の定型の根抵当権設定契約書では、被担保債権として、「銀行取引（信用金庫等）による債権」とされていますが、金融機関が根抵当債務者に対して有する保証債権が被担保債権に含まれるかについては、従来、含まれるとする積極説と含まれないとする消極説がありました。

　最高裁平成5年1月19日判決（民集47巻1号41頁）は、信用金庫に関する事案において、「被担保債権の範囲を「信用金庫取引による債権」として設定された根抵当権の被担保債権には、信用金庫の根抵当債務者に対する保証債権も含まれるものと解するのが相当である」として、積極説をとることを明らかにし、その理由として、「信用金庫取引とは、一般に、法定された信用金庫の業務に関する取引を意味するもので、根抵当権設定契約において合意された「信用金庫取引」の意味をこれと異なる趣旨に解すべき理由はなく、信用金庫と根抵当債務者との間の取引により生じた債権は、当該取引が信用金庫の業務に関連してされたものと認められる限り、すべて当該根抵当権によって担保されるというべきところ、信用金庫が債権者として根抵当債務者と保証契約を締結すること

は、信用金庫法53条3項に規定する「当該業務に付随する……その他の業務」に当たるものと解され、他に、信用金庫の保証債権を根抵当権の被担保債権から除外しなければならない格別の理由も認められない。」と判示しています。

(田口 健司)

Q43　更地念書の法的効力

更地に抵当権を設定する際、いわゆる「更地念書」を徴求することがありますが、このような更地念書にはどのような法的効力があるのでしょうか。

A　建築した建物を土地とともに共同担保とするまでの効力はありませんが、抵当権設定者は建築した建物に抵当権を設定する債務を負っており、この債務を履行しないときには、金融機関との金銭消費貸借契約上の約定違反として、期限の利益喪失事由になる可能性があります。

解　説

　更地に抵当権が設定された後、建物が建築されると、当該建物には当然には抵当権の効力が及ばないことから、担保権実行の際、買受人は、建物の所有者に対し、建物を収去し、土地を明け渡すことを請求することができます。また、このような場合、抵当権者は土地とともに当該建物を対象として競売申立をすることができます（ただし、土地の売却代金についてのみ優先弁済を受けることができる）。

　もっとも、買受人が建物所有者に対して建物収去土地明渡しを求めなければならないというのでは、買受人の負担が大きく、ひいては、競売価格が下落したり、入札者が現れない可能性があります。

　そのため、更地に抵当権を設定する場合、実務上、「当該土地に建物を建築した場合には、抵当権を追加設定する」といういわゆる「更地念書」を徴求することが行われます。

　この更地念書は、抵当権設定者との間で、債権的な効力を有するにとどまり、建築された建物への担保権設定効力はないと解されていますので、不履行の場合には、担保差入義務違反として期限の利益喪失事由になる可能性があるにとどまります。よって、抵当権者としては、更地の状況について注意を怠らないようにすることが必要です。　　（田口 健司）

Ⅷ　担保による回収

> **Q44　商事留置権と抵当権の優劣**
> 担保土地上に建物を建築した建築業者が担保土地について商事留置権を主張している場合、どのように対処すべきでしょうか。
>
> **A**　担保不動産競売を申し立てる場合には、売却基準価額の決定に対する執行異議や競売手続取消決定に対する執行抗告を申し立てざるを得ない事態を想定しておくことが必要となります。

> 解　説

　建築業者が、建物ではなく、敷地について留置権を主張している場合、敷地について留置権が成立すれば、留置権は買受人に引き受けられることから（民事執行法59条4項）、担保価値に多大な影響を与えることになります。建物の請負代金債権とその目的物である建物との間には牽連性がありますが、建物敷地との間には牽連性がなく、民法上の留置権は成立しません。ところが、商事留置権については牽連性が要件とされていないため、敷地について商事留置権が成立するかが問題となります。

　この点については、従来から争いがあり、最高裁の判断は示されていませんが、下級審においては、商事留置権の成立を肯定するもの（新潟地長岡支判昭和46・11・15判例時報681号72頁、東京高決平成6・2・7金融法務事情1483号38頁等）や商事留置権の成立を否定するもの（東京高決平成6・12・19判例タイムズ890号254頁、東京地判平成6・12・27金融法務事情1440号42頁）がありましたが、近時の裁判例（東京高判平成9・6・13金融法務事情1508号80頁、福岡地判平成9・6・11金融法務事情1497号35頁、東京高判平成22・7・26金融法務事情1906号75頁等）は、建物建築業者の敷地に対する商事留置権を否定する趨勢であるといって差し支えない状況であるといえます（山崎恒＝山田俊雄編『新・裁判実務体系⑿民事執行法』104頁〔岸日出夫〕、伊藤眞ほか編『〔新訂〕貸出管理回

収手続双書　回収』668頁)。

　もっとも、執行実務においては、執行裁判所ごとに取扱いは区々ですが、東京地裁民事執行センターでは、従来、売却条件の判断において商事留置権の成立を肯定するものとして取り扱ってきましたが(山崎敏充「建物建築請負代金による敷地への留置権行使」金融法務事情1439号62頁)、近時の裁判例のすう勢に鑑み、現在は、建物が完成していない事案については、従前の取扱いを変更し、商事留置権が成立しないものとして取り扱うこととしています(東京地方裁判所民事執行センター「建物建築工事請負人の建物の敷地に対する商事留置権の成否」金融法務事情1912号84頁)。

　このように、土地に建築業者の留置権が成立するかは必ずしも明らかではなく、裁判所の取扱いによっては、請負代金債権相当額が控除されたうえで買受可能価格が決定され、敷地の評価額によっては無剰余により競売手続が取り消される(民事執行法188条・63条)可能性もあります。

　よって、債権者としては、担保不動産競売を申し立てるのであれば、売却基準価格の決定に対する執行異議や競売手続取消決定に対する執行抗告を申し立てざるを得ない事態を想定しておく必要があります。

(田口 健司)

Ⅷ　担保による回収

Q45　仮登記と本登記の差異と倒産手続における処遇

仮登記の抵当権にはどのような効力があるでしょうか。また、設定者について倒産手続が開始された場合、どのように取り扱われるでしょうか。

A 　仮登記のままでは、抵当権実行の申立ができませんが、第三者の申立により強制執行や担保権に基づく競売が行われた場合は、仮登記抵当権に配当されるべき金額は供託に付され、本登記後に払い渡されることになります。設定者について会社更生、民事再生、破産手続が開始した場合、開始決定の時点で仮登記のままでは管財人等に対抗することができません。

解　説

　仮登記は、本登記に必要な手続上または実体上の条件が整わない場合に、本登記の順位を保全するために認められる登記をいいますが、抵当権の場合には、抵当権設定契約はすでに締結されているが、その登記の申請に必要な手続上の条件が具備しない、いわゆる1号仮登記（不動産登記法105条1号）、抵当権設定の予約や始期付きまたは停止条件付抵当権設定契約に基づく抵当権設定請求権または将来確定すべき抵当権を保全する、いわゆる2号仮登記（同法105条2号）が認められています。

　仮登記抵当権は、一般の仮登記と同様、順位保全の効力があり、対抗要件としての効力はなく、抵当権実行の申立ができませんが（民事執行法181条1項1号・2号）、第三者の申立により強制執行や担保権に基づく競売が行われた場合は、仮登記抵当権に配当されるべき金額は供託に付され、本登記後に払い渡されることになります。

　また、設定者について会社更生、民事再生、破産手続が開始した場合、開始決定の時点で仮登記のままでは管財人等に対抗することができません（会社更生法56条、民事再生法45条、破産法49条）。

（田口　健司）

(2) 実行時の問題

> **Q46 債務者・所有者が解散・死亡している場合の競売申立**
> 競売申立に際し、債務者・所有者が解散・死亡していることが判明した場合、どのようにして申立をすればよいでしょうか。
>
> **A** 債務者・所有者が解散している場合、抵当権の効力は第三者対抗要件を備えている限り、何ら影響を受けず、被担保債権の弁済期が到来すれば担保権を実行できます。債務者・所有者が死亡している場合、相続人が存在すれば民法423条による債権者代位権の行使として、債務者に代位して登記請求権を行使して相続登記を行い、競売申立を行い、相続人が存在しない場合には、相続財産管理人の選任を申し立て、競売申立を行います。

解説

1 会社の解散

　会社の解散とは、会社の法人格の消滅を生じさせる原因となる事実であり、たとえば、株式会社では、存続期間の満了、株主総会決議、合併、破産手続開始決定等が解散事由とされていますが（会社法471条）、会社は合併の場合を除いて解散により直ちに法人格が消滅せず、解散後に行われる清算・破産手続終了時に消滅します。

　もっとも、解散事由が生じても、会社の権利義務は解散によって当然に影響を受けることがないのが原則であり、債務者が解散しても、それにより貸金債権の効力に影響を及ぼすことはなく、また担保権にも影響はありません。そして、解散後の清算手続ないし破産手続は裁判所の監督のもとで手続が進行し、債権者は一定の期間内に債権届出をして、それぞれの手続の中で弁済を受けることになりますが、担保権者が第三者対抗要件を備えている限りは、清算・破産手続外で担保権の実行は可能です。

2　債務者・所有者の死亡

　次に、債務者・所有者が死亡して相続が開始しても、相続による包括承継により、債務者や担保提供者としての義務は相続人が承継することから、貸付債権や担保権に特段の影響はありません。

　そして、相続人が存在する場合には、債権者は民法423条に基づく債権者代位権の行使として、債務者に代位し、その登記請求権を行使して相続登記手続を行うことになります。

　他方で、相続人が存在しない場合には、当事者たる所有者は相続財産法人になるので（民法951条）、相続財産管理人を選任し、当該相続財産管理人によって目的不動産の所有者の表示変更の付記登記手続が行われた後、競売申立をすることになります（なお、相続財産管理人により表示の変更登記が行われない場合には、債権者が相続財産管理人に代位して、表示の変更登記を行わざるを得ないことになる）。

（田口 健司）

Q47　各種登記が競売手続に与える影響

抵当不動産に仮差押え等の登記がなされている場合、抵当権に基づく競売申立の進行はどのようになるでしょうか。

A　仮差押え、強制競売、滞納処分の登記がある場合にも、担保不動産競売の手続は進行しますが、手続が停止する場合があります。

解説

1　仮差押えの登記

　仮差押えは、金銭債権の支払を保全するため、債務者の財産に対する処分を一時禁止して、将来の強制執行を確保する手続ですが、仮差押えは財産の保全の効力しかないことから、仮差押登記より先に設定された抵当権に基づく競売申立は可能であり、抵当権者は仮差押債権者に優先して配当を受けることができます。

　もっとも、債務者は、仮差押えの目的物につき、売買等の譲渡行為や抵当権の設定等の担保設定行為その他一切の処分をすることが制限されることから、仮差押えの登記に後れて設定された抵当権に基づく競売申立においては、仮差押債権者が本案の訴訟で敗訴し、または仮差押えがその効力を失ったときに限り、配当を受けることができるとされています（民事執行法87条2項）。

　なお、他の債権者による強制執行が行われた場合、仮差押債権者が本案訴訟で勝訴して本執行に及ぶと、このような仮差押えに劣後する抵当権は、売却により効力を失い（同法59条1項）、抵当債権者は、執行手続ではまったく配当を受けることはできないことになります。

2　強制競売手続が開始されている場合

　強制競売手続が開始されている不動産に対して、担保不動産競売の申立がなされると、当該担保不動産競売申立事件に対して開始決定および差押登記の嘱託がなされますが、手続は、強制競売事件によって進行さ

れることになります。そして、強制競売事件が取り下げられたり、無剰余等の理由で取り消された場合には、担保不動産競売申立事件によって手続が進行されることになります（民事執行法188条・47条2項）。

3　滞納処分による差押えの登記がなされている場合

　滞納処分による差押えがなされている不動産に対しても担保不動産競売申立は可能であるとされています（滞納処分と強制執行等の手続の調整に関する法律20条・12条1項）。滞納処分による差押えが先行している不動産に対して担保不動産競売開始決定がなされたときは、裁判所書記官はその旨を徴収職員に通知することになりますが（滞納処分と強制執行等の手続の調整に関する法律20条・12条2項、滞納処分と強制執行等の手続の調整に関する政令15条）、滞納処分による差押えが先行している不動産の換価権は当該滞納処分を行った機関が有するので、担保不動産競売の手続は停止することになります。

（田口 健司）

Q48 一括競売

抵当権が設定された土地上に建物が建築された場合、抵当権者は土地建物を一括して競売申立をすることはできるでしょうか。

A 抵当権が設定された土地上に建物が建築された場合、当該建物が抵当権設定者により築造されたものであるとそれ以外の第三者によって築造された場合を問わず、土地使用権が土地抵当権に対抗できない場合には、土地とともに当該建物を対象として競売申立をすることができます。

解　説

　一括競売とは、抵当権が設定された土地上に建物が建築された場合、抵当権の効力として、抵当権の設定されている土地のみならず土地上の建物を対象として競売申立をすることができる制度をいいます（民法389条）。

　平成15年の民法改正前は、一括競売は、抵当権設定後に抵当土地の所有者自身が築造した建物にのみ認められていましたが、改正により、抵当権設定後に築造された建物であれば、土地使用権が土地抵当権に対抗できない場合には、土地抵当権者は、建物を土地とともに競売することができるとされました。

　よって、抵当権が設定された土地上に建物が建築された場合、当該建物が抵当権設定者により築造されたものであるとそれ以外の第三者によって築造された場合を問わず、土地使用権が土地抵当権に対抗できない場合には、土地とともに当該建物を対象として競売申立をすることができるということになります。

　もっとも、抵当権に基づく競売は、抵当権の優先弁済的効力を実現するために認められたものであるため、土地の抵当権者は、土地の売却代金についてのみ優先弁済を受けることができるものとされています。

（田口　健司）

Ⅷ　担保による回収

Q49　抵当権消滅請求に対する対応
抵当権消滅請求が行使された場合、抵当権者はどのように対応すればよいでしょうか。

A　抵当権消滅請求を受けた抵当権者は、抵当権消滅請求権者、申立時期等抵当権消滅請求の要件を充たしているかを確認のうえ、2か月以内に競売の申立をするかを検討し、競売申立をする場合には、債務者および抵当不動産の譲渡人に対し、通知をする必要があります。

解　説

1　抵当権消滅請求制度
抵当権消滅請求とは、抵当不動産の第三取得者が、登記をした各抵当債権者に、抵当不動産が売却された場合の代価（提供金額）等、民法383条各号所定の事項を記載した書面を送付し、すべての抵当債権者がそれを承諾すれば、第三取得者がその代価を弁済または供託したときに抵当権が消滅する制度をいいます（民法379条～386条）。

2　抵当権消滅請求を行使できる者
この抵当権消滅請求を行使できるのは、抵当不動産の第三取得者とされていますが（民法379条）、主債務者、保証人およびこれらの者の承継人が第三取得者になっても抵当権消滅請求を行使できず（同法380条）、また、停止条件付きで抵当不動産を取得した者は、停止条件の成就が未定である間は抵当権消滅請求を行使することができません（同法381条）。

3　行使の時期
また、抵当権消滅請求をすることができる時期は、抵当権の実行による差押えの効力が生じるまでとされています（民法382条）。

4　抵当権者としての対応
抵当権消滅請求がなされた場合、2か月以内に抵当権を実行して競売

の申立をしないときや、競売申立をしたとしても、競売申立を取り下げたとき、競売申立を却下する決定が確定したとき、および競売申立の取消通知が確定したときは、抵当権消滅請求権者はその抵当権が民法383条の書面による提供金額を承諾したものとみなされてしまうので、注意が必要です（民法384条）。

5　競売申立の通知

競売の申立をする場合には、抵当権者は、民法383条の書面の送達を受けてから2か月以内に、債務者および抵当不動産の譲渡人に対し、通知をする必要があります。

6　競売申立をするか否かの判断

以上より、抵当権消滅請求を受けた抵当権者は、抵当権消滅請求権者、申立時期等抵当権消滅請求の要件を充たしているかを確認のうえ、2か月以内に競売の申立をするかを検討し、競売申立をする場合には、債務者および抵当不動産の譲渡人に対し、通知をする必要があります。

（田口　健司）

Ⅷ　担保による回収

Q50　法定地上権
法定地上権はどのような場合に成立するのでしょうか。

A　土地およびその上に存する建物が同一の所有者に属する場合において、その土地建物の一方または両方について抵当権が設定され、その実行により所有者が異なることとなったときは、その建物について法定地上権が成立します。

> 解　説

1　法定地上権の意義

法定地上権とは、土地およびその上に存する建物が同一の所有者に属する場合において、その土地建物の一方または双方について抵当権が設定され、その実行により所有者が異なることとなったときは、その建物について、法定地上権が成立するとされています（民法388条）。

2　法定地上権の成立要件

(1)　抵当権設定当時、土地とその上の建物とが存在すること

建物が存在しない更地に抵当権を設定し、その後、その土地の所有者が建物を建てた場合には、本条の適用はないと解されています（最判昭和36・2・10民集15巻2号219頁等）。更地と地上権付きの土地とでは、担保価値に著しい差があるから、当初更地として担保評価をした抵当権者の利益を害するからです。

抵当権設定当時に建物が存在すれば、後に建物が取り壊され再築された場合や朽廃により改築された場合には、法定地上権は成立し、ただ、この法定地上権の内容は、再築・改築前の旧建物を基準として決定されると解されています（大判昭和10・8・10民集14巻1549頁）。もっとも、抵当権設定当時、旧建物が取り壊されて新建物が建築されることが予定され、抵当権者が新建物の建築を予定して土地建物の担保評価をしているという事情がある場合には、新建物を標準とする法定地上権の成立を認めても抵当権に不測の損害を与えることにはならないから新建物を基

準とする法定地上権が成立すると解されています（最判昭和52・10・11民集31巻6号785頁）。

(2) 抵当権設定当時、土地と建物とが同一人に属すること

土地と建物が別人の所有であれば、土地利用権が成立しているはずであり、抵当権と土地の利用権との関係は、その土地利用権の性質と効力によって定まることになります。

抵当権設定当時土地と建物とが同一人に帰属していれば、抵当権実行時までのその一方または両方の所有者に変更があっても、法定地上権が成立すると解されています（大判大正12・12・14民集2巻676頁）。

(3) 土地と建物の一方あるいは双方に抵当権が設定され、競売の結果、土地と建物が別人になったこと

これに対し、所有者が土地および建物に共同抵当権を設定した後、建物が取り壊され、土地上に新たに建物が建築された場合には、新建物の所有者が土地の所有者と同一であり、かつ、新建物が建築された時点での土地の抵当権者が新建物について土地の抵当権と同順位の共同抵当権の設定を受けたとき等特段の事情のない限り、新建物のために法定地上権は成立しないと解されています（最判平成9・2・14民集51巻2号375頁）。これは、土地および建物に共同抵当権が設定された場合、抵当権者は土地および建物全体の担保価値を把握しているから、抵当権の設定された建物が存続する限りは当該建物のために法定地上権が成立することを許容するが、建物が取り壊されたときは土地について法定地上権の制約のない更地としての担保価値を把握しようとするのが、抵当権設定当事者の合理的意思であり、抵当権が設定されない新建物のために法定地上権の成立を認めるとすれば、抵当権者は、当初は土地全体の価値を把握していたのに、その担保価値が法定地上権の価額相当の価値だけ減少した土地の価値に限定されることになって、不測の損害を被る結果になり、抵当権設定当事者の合理的な意思に反するからです。

(4) 抵当権の実行によって土地と建物が別異の者に帰属するに至ったこと

(田口 健司)

Ⅷ　担保による回収

> **Q51　後順位抵当権設定時までに土地建物の所有者が同一人に属した場合の法定地上権**
>
> 第１順位の抵当権の設定時には土地と地上建物が同一の所有者に属していなかったが、第２順位の抵当権の設定時には同一の所有者に属していた場合、法定地上権は成立するでしょうか。
>
> **A**　第１順位の抵当権設定当時に土地と地上建物が同一の所有者に属していなかった場合には、第２順位の抵当権の設定時には同一の所有者に属していた場合であっても、法定地上権は成立しませんが、第２順位の抵当権設定時には同一の所有者に属しており、かつ、競売前に当初の第１順位の抵当権が消滅していた場合には、法定地上権が成立すると解されています。

解　説

　法定地上権成立の要件として、抵当権設定当時、土地と建物とが同一人に属することが必要であるとされています（民法388条）。

　この要件について、最高裁平成２年１月22日判決（民集44巻１号314号）は、土地について第１順位の抵当権が設定された当時、土地と地上建物の所有者が異なり、法定地上権成立の要件が充足されていなかった場合には、土地と地上建物を同一人が所有するに至った後に後順位抵当権が設定されたとしても、その後に抵当権が実行され、土地が競落されたことにより第１順位の抵当権が消滅するときには、地上建物のための法定地上権は成立しない、と判示しました。

　もっとも、競売前に当初の第１順位の抵当権が消滅していた場合にも、この理が妥当するか否かは明確ではありませんでしたが、最高裁平成19年７月６日判決（民集61巻５号1940頁）は、「土地を目的とする先順位の甲抵当権と後順位の乙抵当権が設定された後、甲抵当権が設定契約の解除により消滅し、その後、乙抵当権の実行により土地と地上建物の所有者を異にするに至った場合において、当該土地と建物が、甲抵当

権の設定時には同一の所有者に属していなかったとしても、乙抵当権の設定時に同一の所有者に属していたときは、法定地上権が成立する」と判示しました。

　そして、その理由として、①乙抵当権者の抵当権設定時における認識としては、仮に、甲抵当権が存続したままの状態で目的土地が競売されたとすれば、法定地上権は成立しない結果となると予測していたが、抵当権は、被担保債権の担保という目的の存する限度でのみ存続が予定されているものであって、甲抵当権が被担保債権の弁済、設定契約の解除等により消滅することもあることは抵当権の性質上当然のことであるから、乙抵当権者としては、そのことを予測したうえ、その場合における順位上昇の利益と法定地上権成立の不利益とを考慮して担保余力を把握すべきものであったから、甲抵当権が消滅した後に行われる競売によって、法定地上権が成立することを認めても、乙抵当権者に不測の損害を与えるものとはいえないこと、②甲抵当権はすでに消滅しているから、その利益を考慮する必要はなく、同一所有者要件の充足性を甲抵当権の設定時に遡って判断すべき理由はないこと、③民法388条の文言からは、競売前に消滅していた甲抵当権ではなく、競売により消滅する抵当権の設定時において同一所有者要件を充足していることを法定地上権の成立要件としているものと理解することができること、④最高裁平成2年1月22日判決は、競売により消滅する抵当権が複数存在する場合に、その中の最先順位の抵当権の設定時を基準として同一所有者要件の充足性を判断すべきことをいうものであり、競売前に消滅した抵当権をこれと同列に考えることはできないことが挙げられています。

　　　　　　　　　　　　　　　　　　　　　　　　　（田口 健司）

Ⅷ　担保による回収

> **Q52　登記に関連した執行妨害**
> 建物と敷地に対して抵当権の設定を受けていますが、同じ敷地上に未登記の建物がありました。また、抵当権の設定を受けた建物が、増築されていていました。担保不動産競売手続において執行妨害になることはありますか。

A　未登記の建物が、抵当不動産である建物に従たる建物であったとしても、独立した建物として設定者名義の表示登記または、第三者名義で表示・保存登記がされると、売却の対象になりません。また、増築による表示の変更登記を経ず、増築部分について区分建物の登記がされてしまうと、増築部分であった区分建物には売却の対象になりません。

>　解　説

1　抵当権の効力が及ぶ範囲

　抵当権は、その目的である不動産に付加して一体となっている物に及びます（民法370条）。「不動産に従として付合した物」（同法242条本文）は付加一体物に当たるとされています。付合物は、不動産所有権に吸収され、抵当権設定と付合の前後を問わず、付合物には抵当権の効力が及ぶと解されています。ただし、抵当権設定者ではない他人が「権限によって」不動産に付合させた場合には、その物については抵当権の効力は及びません（同条ただし書）。

　建物の所有者がその建物を増築したときは、その増築部分が既存の建物と構造上一体になって利用され、取引されるべき状態にあるときは、この部分は従前の建物に付合したものとされます（最判昭和43・6・13民集22巻6号1183頁、最判昭和44・7・25民集23巻8号1627頁）。この場合は、抵当権設定前後は問わず、増築部分にも抵当権の効力は及ぶことになりますが、増築部分が構造上および利用上の独立性を有し、区分所有権が成立するときは、増築部分には抵当権の効力が及びません。

147

「物の常用に供するため他の物」（民法87条）が付加一体物に含まれるかは議論がありますが、抵当権設定当時の従物には、民法87条により抵当権の効力は及ぶとされています（大判大正8・3・15民録25輯473頁）。他人所有の他の物は従物ではないので、抵当権の効力は及びません。抵当権設定後の従物については、争いがありますが、裁判所書記官研修所監修『不動産執行事件における物件明細書の作成に関する研究』262頁によると、執行実務上は抵当権設定後に設置された従物にも抵当権が及ぶとの説をとり、競売の対象として取り扱っている庁が多いようです。

付属建物についての定義は、判例・学説は、主たる建物に対して、民法87条1項の従物の関係にあるものを付属建物としています。執行実務上、抵当権設定後の付属建物にも効力が及ぶと解されているようです。

2　不動産登記記録について

登記することができる建物の基本的な要件（以下「建物登記の要件」という）として、定着性、外気分断性、用途性があります。

登記記録は、1筆の土地または1個の建物ごとに作成されます（不動産登記法2条1項5号）。付属建物は、表題登記がある建物に属する建物であって、当該表題登記がある建物と一体のものとして1個の建物として登記されるものをいいます（同法2条1項23号）。登記記録には、「主たる建物」「付属建物」が登記されます。この建物の個数の基準は、「効用上一体として利用される状態にある数棟の建物は、所有者の意思に反しない限り、1個の建物として取り扱うものとする。」（不動産登記事務取扱手続準則78条）とされています。登記記録には、中心的な建物を「主たる建物」その他の建物を「付属建物」として登記されます。付属建物には、「付属建物」登記をするか、独立した建物の登記をするかを選択できる建物もあれば、建物登記の要件がないもの、または効用上一体としか利用できないものは、付属建物として登記する建物があります。

区分建物の登記記録は、「1棟の建物」「専有部分の建物」（区分された建物）が登記され、区分された建物ごとに作成され、区分された建物の

数の登記記録ができます。増築して、区分所有権が成立することになった区分建物の登記手続については、①従前の建物について床面積の変更登記をした後、建物の区分の登記をする（不動産登記規則129条・130条）②従前の建物に接続して区分建物が新築されたものとして、従前の建物について区分建物になった旨の変更登記および区分建物新築の登記をする（不動産登記法48条1項・3項）があります。どちらも、従前の建物の登記記録は閉鎖され、区分建物の登記記録が作成されますが、①は区分された建物ごとにできた区分建物の登記記録のすべてに、従前の建物の登記事項が移記されます。②は区分建物の登記記録のうち、従前の建物に該当する区分建物の登記記録には従前の登記事項が移記されますが、増築部分の区分建物の登記記録には移記されません。

3 担保不動産競売手続においての登記による競売妨害

(1) 未登記の不動産について

　未登記の建物が、抵当不動産である建物に独立した建物として認定がされれば、抵当権の効力は及ばず、売却の対象にはりません。付属建物として認定されれば、抵当権の効力が及び、売却の対象になります。執行実務上も、民法87条1項規定に基づき、差押登記のされた建物に対して従属関係にあるものを付属建物とし、競売の対象としているようです（登記情報482号10頁〔上田正俊発言〕参照）。

　未登記の建物が、抵当不動産である建物の付属建物として認定されていれば、現況調査報告書および評価書に記載され、未登記付属建物の所有権も、買受人が取得します。また、抵当不動産の建物に、未登記の建物を付属建物として表題変更登記がされれば、抵当権の効力は及び、問題なく主たる建物と一体のものとして売却されます。

　しかし、差押登記後、現況調査報告書および評価書が作成された後に、未登記建物について建物登記の要件を満たすとして、抵当権設定者名義の独立した建物として表題登記がされた場合、買受人は現況調査報告書および評価書には記載のある未登記付属建物を取得できないことになります。また、差押登記前に、未登記建物について建物登記の要件を満たし、建物として表題登記がされた場合は、実体上抵当権の効力が及

ぶ付属建物と認定される建物であっても、原則、競売の対象外（以下「件外建物」という）と扱われます。建物の登記がされた場合、抵当不動産である建物の登記とは、別の登記記録になり、その登記記録には抵当権も差押登記もされていないので、買受人は所有権移転登記が受けられない問題があるからです。

差押登記時には付属建物として認定される場合に、第三者名義の建物の表示登記・保存登記がされていれば、買受人と第三者は対抗関係とされ、両者の優劣は対抗要件の有無で決せられますので（民法177条）、登記をした第三者が権利を主張されてしまいます。また、差押登記前に第三者名義の表示登記・保存登記がされていれば、抵当不動産である建物の付属建物として認定されないので、件外建物になります。

(2) 増築部分について

差押登記後、増築部分について、既存の建物の床面積の変更登記を経て、区分建物の登記がされれば、増築部分についての区分建物の登記にも差押登記は移記されますので、問題はありません。増築の床面積の変更登記を経ずに、区分建物の登記をすると、抵当権および差押登記の移記されていない区分建物の登記がなされるので、増築部分の区分建物は、件外建物として扱われます。

増築部分が実体上、第三者が所有するものであるときは、抵当権の効力は及びませんが、差押時に増築部分に抵当権が及んでいると認められる場合において、増築部分が抵当権および差押登記の移記されていない区分建物の登記が第三者名義でされていれば、増築部分に対する抵当権取得と、第三者の所有権取得は二重譲渡類似の対抗関係に該当し、したがって、この間の優先関係は登記の先後によって決せられるものと考えられます。

未登記建物や、増築部分について実体上、抵当権の効力が及んでいたとしても、登記上件外建物として扱われると、妨害となる登記について、買受人が、真正な登記名義回復を求める訴訟の提起、抵当権者が、抵当権の妨害排除請求権に基づき登記を是正の訴訟の提起、対抗問題で決せられる場合でも、登記をした第三者が背信的悪意者である等、登記

の欠欽を主張すべき正当な第三者とはいえない相手に対し、訴訟を提起等の方策はあります。このような手続が必要ということは、無用な費用と時間がかかり、競売妨害といえます。

4　予防策

　抵当権設定時に、現地調査をして、登記と現状の不一致がないかを充分調査して、不一致があれば速やかに、その旨の表題登記の変更等の現況と登記を一致させる登記をしてもらうように努めることです。また、担保設定時において、未登記建物である、経済的にあまり価値がない建物、取壊し予定の建物についても表示・保存登記をして担保にとることで、競売妨害になる登記を招かないようにすることです。

　　　　　　　　　　　　　　　　　　　　　　　　（寺本　栄）

2　債権担保

(1)　債権担保の設定

> **Q53　売掛金債権等を譲渡担保にとる場合の留意点**
>
> 売掛金債権等を譲渡担保にとるにはどのような方法があり、どのような点に留意したらいいでしょうか。
>
> **A**　売掛金債権等を譲渡担保にとるには、債権譲渡担保契約を締結する方法があります。その対抗要件の具備方法としては、民法の規定による通知または承諾（第三者対抗要件は確定日付あるもの）か、動産及び債権の譲渡の対抗要件に関する民法の特例等に関する法律による登記（第三者対抗要件は登記事項証明書の交付による通知）による方法があります。

解説

1　担保の設定方法と設定上の留意点について

　売掛金債権等の債権も担保にとることは、当事者の合意により可能です。ただし、当該債権に譲渡禁止特約が設定されており、かつ当該特約の存在について悪意または重過失である場合には、債権譲渡担保契約は無効となります（民法466条2項、最判昭和48・7・19民集27巻7号823頁）。

　金融機関が売掛金債権等の原因となった契約の開示を債務者から受けている場合には、このような譲渡禁止特約や担保設定禁止特約がないかについては確認を行う必要があります。

　また、取引慣行上、通常は、譲渡禁止特約が付いているような債権を担保にとるような場合には、契約の確認を怠った場合、重過失があると第三債務者から主張される可能性があるため、この点も留意が必要と考えられます。

2　対抗要件の具備方法と留意点について

　債権譲渡担保契約は、対抗要件を備えなければ、第三債務者および第三者に対抗することはできません。第三者対抗要件の具備方法としては、民法467条に基づく確定日付ある通知、承諾を取得するか、動産及び債権の譲渡の対抗要件に関する民法の特例等に関する法律（以下「動産債権譲渡特例法」という）による登記によるかのいずれかになります。他方、第三債務者に対する対抗要件は、民法467条による通知または承諾か、動産債権譲渡特例法による登記の登記事項証明書の交付による通知のいずれかになります。

　民法による対抗要件具備の場合には、手続が簡便であり、また登記のように存続期間が定められていないというメリットがありますが、債務者の取引関係に対する悪影響が懸念され、他方、対抗要件留保をした場合には、いざ対抗要件を具備しようとしたら債務者の協力が得られない、得られたとしても倒産法上、対抗要件否認される等のリスクやデメリットがあります。

　これに対して、動産債権譲渡特例法は、第三者対抗要件の具備は登記によるものとし、第三債務者への対抗要件は登記事項証明書の交付による通知と規定しています（同法4条）。この登記事項証明書の交付による通知は債権者（担保権者）単独でもできることとなっています。

　この方法に従えば、債務者の取引関係に配慮しつつ、第三者対抗要件を具備し、そのうえで、担保実行時は担保権者の単独行為でこれを行うことができることになります。他方、動産債権譲渡特例法による登記は登記のコストを要するほか、手続が煩瑣であることや、登記には存続期間が定められていること等がデメリットとして挙げられます。

3　その他の留意点等について

　売掛金債権等を担保による場合には、先順位の担保権者がいないことを登記等により確認すること、また、対象となる売掛金債権の存否やその金額について重要な変更がないかについてモニタリングするため、定期的な報告の提出や帳票の提出等を義務づけしておくこと等の手当てをしておくことも重要であると考えられます。

（瀧川　佳昌）

Q54　将来債権の特定の程度

将来債権も特定がされれば、担保にとることができると聞きましたが、どの程度特定されればよいのでしょうか。第三債務者を特定せずに担保にとることは可能なのでしょうか

A　将来債権については、他の債権と識別できる程度に特定されていれば足り、取引の種類や取引対象物、発生期間のみであっても他の債権との識別ができればかまいません。また、第三債務者を特定せずに将来債権を担保にとることも可能です。

解　説

1　将来債権譲渡の有効性と特定性の程度について

将来債権の譲渡の有効性については、古くは議論があったところですが、現在は、特定があれば、将来債権の譲渡も有効であるとされています（最判平成11・1・19民集53巻1号151頁）。

この特定性については、債務者の他の債権と識別できればそれでよいとするのが、判例です（最判平成12・4・21民集54巻4号1562頁）。

2　具体的な特定方法について

具体的な特定方法としては、ケースバイケースの判断にはなりますが、第三債務者が特定されている場合には、その第三債務者と債権の種類、発生年月日（発生期間）があれば足りると解されます。

第三債務者が特定していない場合には、上記では特定に欠けると判断される可能性があるため発生原因を特定しておくことが必要であると考えられます。なお、第三債務者を特定していない場合には、後述の登記によるほかないと考えられますが、登記事項としても後述のとおり、債権の発生原因が要求されています。

登記を行う場合には、特定性の問題は登記事項を具備できるかと密接に関連していることになります。

3　第三債務者を特定しない債権譲渡担保について

　第三債務者を特定しない債権譲渡についても、特定さえされていれば有効と考えられますが、実務上、通常の民法の対抗要件具備がきわめて難しいことに加え、動産及び債権の譲渡の対抗要件に関する民法の特例等に関する法律（以下「動産債権譲渡特例法」という）も平成16年の改正前は、これを許容していなかったため、実際に担保にとることは困難でした。

　平成16年の動産債権譲渡特例法の改正により、第三債務者を特定しない場合においても登記が可能となり、この立法上の手当てによって、第三債務者を特定しない債権譲渡担保も可能となりました。

4　動産債権譲渡特例法による第三債務者を特定しない対抗要件具備について

　第三債務者を特定しない登記の場合には、前述のとおり債権の発生原因も登記事項となるほか、登記の存続期間も10年と限定されています（動産債権譲渡特例法8条3項、同法施行規則9条3号）。

5　その他の留意点について

　第三債務者を特定しない場合であっても、実際の担保権実行時は第三債務者の名称等は当然必要ですから、債務者から定期的な報告の提出や帳票の提出等を義務付けしておくこと等の手当てをしておくことが特に大事と考えられます

（瀧川　佳昌）

Q55　電子記録債権に対する債権担保設定上の留意点

　電子記録債権について当事者の合意のみで担保設定を行うことはできるのでしょうか。債権担保の方法として一般的な質権の対象とすることはできるのでしょうか。

A　電子記録債権においては、電子記録を行わないと担保権が有効に発生しません。質権の対象とすることも法律上は可能ですが、質権の設定記録の可否は電子債権記録機関によって異なり、質権の記録を認めない電子債権記録機関に登録された電子債権については、質権の対象とすることはできないことになります。

解　説

1　電子記録債権について

　電子記録債権は、電子債権記録機関の記録原簿に記録することによって効力が発生する金銭債権であり（電子記録債権法3条・15条）、その内容は電子記録のみによって決まるとともに（同法9条）、抗弁の切断（同法20条）、善意取得（同法19条）等によって原因関係と切り離された独立の債権です。

　このような電子記録債権であっても、担保にとることを禁止する法律の規定はなく、担保にとることも理論上可能です。

2　電子記録債権に対する質権設定について

　電子記録債権に対する質権についてはは、電子記録債権法の36条以下に規定されています。それによれば、電子記録債権に対する質権の設定は、質権設定記録をしなければ効力が発生しないとされており（電子記録債権法36条）、したがって、当事者の合意のみで質権を設定することは不可能です。また転質についても同様であり、転質の電子記録をしなければ効力を生じないとされています。

　この電子記録は、電子債権記録機関の記録原簿に記録することになるのですが、電子記録債権法は、質権設定については、電子記録債権記録

機関が業務規程によって、その記録をしないことも認めています（同法7条2項）。

したがって、電子債権記録機関が質権設定記録を認めていない場合には、質権設定自体が不可能になってしまうため、留意が必要です。

たとえば、株式会社全銀電子債権ネットワークの「でんさいネット」では、質権設定記録は行わないこととなっています。

3 その他質権設定の留意点等について

電子記録債権の質権については、実行方法等も記録することとなっているため、明確な記録を要する点にも留意が必要です。

その他、被担保債権の譲渡に伴う質権等の移転についても変更記録が必要であり、その変更記録については被担保債権の金額の記録も要する等（電子記録債権法41条）、電子記録債権特有の規制がある点にも留意が必要です。

（瀧川 佳昌）

Q56 潜在的に過払金返還義務が伴う場合の債権担保取得上の留意点

貸金業者に融資するにあたり、貸金債権を包括的に担保にとりたいのですが、過払金返還債務を貸金業者が負担している可能性があります。担保設定に伴いこの過払金返還債務を負担してしまうことはないでしょうか。

A 債務の承継については、債務の承継の合意かそれを含む契約上の地位の合意が必要であり、このような原則論からは、過払債務は負担しないというのが理論的な帰結であると考えられます。しかし、債務引受の合意があったと判断されるリスクや契約上の地位の移転があったと判断されるリスクは否定しきれません。

> 解　説

1　債務承継について

債務の承継については、本来、債務を承継する明確な合意が必要であることや債権と債務は別のものであり、債権譲渡が原則自由であることと異なり、債務の承継や契約上の地位の移転の承継については、相手方の同意が必要であることに照らしても、担保設定によって、過払金債務まで引き受けることはないというのが理論的な帰結であると考えられます。

2　裁判例について

この点、下級審裁判例においては、形式が債権譲渡であり、債務引受の文言がなかった場合であったとしても、債権の評価額を低廉にしたことやその後の第三債務者への通知の記載や価値判断等から、実質的には債務引受の合意もあったと認定するものや（大阪高判平成21・3・5消費者法ニュース79号99頁以下）、貸金債権と不当利得返還債務は表裏一体のものであり、貸金債権の譲渡は契約上の地位の移転の性質を有すると

したもの（宇都宮簡判平成20・8・29消費者法ニュース77号92頁以下）があります。

　最高裁（最判平成23・3・22金融・商事判例1374号14頁）は、この点について、「貸金業者（以下「譲渡業者」という。）が貸金債権を一括して他の貸金業者（以下「譲受業者」という。）に譲渡する旨の合意をした場合において、譲渡業者の有する資産のうち何が譲渡の対象であるかは、上記合意の内容いかんによるというべきであり、それが営業譲渡の性質を有するときであっても、借主と譲渡業者との間の金銭消費貸借取引に係る契約上の地位が譲受業者に当然に移転すると解することはできないところ、上記のとおり、本件譲渡契約は、上告人が本件債務を承継しない旨を明確に定めるのであって、これが、被上告人とAとの間の金銭消費貸借取引に係る契約上の地位の移転を内容とするものと解する余地もない。」旨判示しています。

　このような裁判例、最高裁判例に鑑みますと、債務を承継対象から明確に除かない場合には、たとえ形式が担保設定であったとしても、実質的には債務を引き受けたと認定されるリスクは否定しきれないものと考えられますが、承継対象から明確に除外できればリスクヘッジは可能であると考えられます。

3　リスクヘッジの方策とその留意点について

　上記のとおり、リスクをヘッジする方法としては、債務を引き受けないと担保設定契約において明記するほか、第三債務者への通知やその他の対外的な発表の際に債務引受、あるいは契約上の地位の移転と評価される文言を使わないこと等が考えられます。

（瀧川　佳昌）

(2) 債権担保と対抗問題

Q57 債権譲渡担保予約契約および停止条件付債権譲渡担保契約と否認

債権譲渡担保契約締結時は正常先だったのですが、債権譲渡契約に一定のデフォルト事由を停止条件として付していた場合、債権譲渡の効力は否認されるのでしょうか。否認される場合、回避する実務上の方策はありますか。

A 　支払停止等危機時機の到来を停止条件とする債権譲渡担保契約は破産手続上否認の対象となります。これを回避するための方法としては、債権譲渡契約は確定的に行ったうえで、債務者に取立委任を行う等の方法により担保権の具体的実行は留保するといった方法が考えられます。

解　説

1　停止条件付債権譲渡担保契約と否認について

以前の債権譲渡担保契約においては、正常時における債務者の取引関係を考慮して、債務者が引き続き取引先に売掛金等を請求することができるようにするために、債権譲渡の効力発生について支払停止等の停止条件を付したものがありました。

これについては、債権譲渡担保契約自体は正常時になされているため、担保設定として適正であり否認の対象とはならないとも考えられるのですが、判例は、支払停止等の危機時機の到来を停止条件とする債権譲渡担保契約は破産法の趣旨に反し否認権行使の実効性を失わせるものであり、否認の対象となる旨判示しています（最判平成16・7・16民集58巻5号1744頁等）。

したがって、危機時期の到来を停止条件としている債権譲渡担保契約は否認の対象となるでしょうし、予約契約についても同様のことがいえます。

2 否認の回避策について

上記事態を回避しつつ、危機時機到来までは、債務者に引き続き売掛金等の債権の回収を行わせるためには、以下のような方法が考えられます。

すなわち、債権譲渡担保契約に債権譲渡の効力発生自体を留保する付款は付けずに、そのうえで、債務者には取立権を付与し、担保権の具体的な実行は留保するという方法です。

判例は、このような取立権付与は、債権譲渡の効力発生を留保する付款ではないという立場をとっており、債権譲渡は第三者対抗要件を具備している限り確定的に行われているとしているため（最高裁平成13・11・22民集55巻6号1056頁参照）、これによれば、否認を受けるリスクは回避することができると考えられます。

3 留意点について

上記2で述べたような方法をとったとしても、第三者対抗要件を具備していないと、対抗要件否認されるリスクは残ります。他方、第三債務者に通知等をすれば、債務者への弁済を危惧する第三債務者もいるでしょうから、第三者対抗要件については債権譲渡登記によることが望ましいと考えられます。

また、取立権を付与した場合、取り立てた金銭は引渡しを要さないとすることも必要であるとともに、担保の対象となった債権の現状は常に把握できるよう、適宜の報告義務を課すことも望ましいといえます。

また、取立権を付与した以上、第三債務者に自らの取立通知をするまでは、第三債務者の債務者に対する弁済は有効であると考えられますので、デフォルト事由が発生した場合には、速やかに第三債務者に通知する必要があります。

（瀧川 佳昌）

Q58　債権譲渡登記制度の概要

債権譲渡登記制度の概要を教えてください。

A　債権譲渡登記は、動産及び債権の譲渡の対抗要件に関する民法の特例等に関する法律（以下「動産債権譲渡特例法」という）に基づくものであり、民法における債権譲渡の対抗要件の特則として、登記によることとしたものです。これによれば、第三者対抗要件は登記によりなされ、債務者対抗要件は登記事項証明書を交付した通知によりなされることとなっています。

解　説

1　債権譲渡登記の実務上の要請

　債権譲渡については、民法上、第三対抗要件は確定日付ある通知または承諾とされ、債務者対抗要件は通知または承諾とされています（民法467条）。

　債務者からすれば、売掛金等を担保に資金調達を行いたいという要請がある一方で取引先に債権譲渡を知られたくないという要請があります。

　債権譲渡登記については、第三者対抗要件は、登記によるものとし（動産債権譲渡特例法4条1項）、第三債務者への個別の通知は行わないことで、この要請を充足しています。

　もっとも、債務者対抗要件については、第三債務者の安全を考慮し、登記事項証明書を交付した通知としています（同法4条2項）。

2　登記事項

　債権譲渡登記の登記事項は以下のようなものになります（動産債権譲渡特例法8条2項、同法登記規則9条）。以下から明らかなように、債務者を特定しない場合であっても債権の発生原因等を特定すれば譲渡登記が可能であり、将来債権についても譲渡登記が可能となっています。

　債権譲渡の契約においては、債権譲渡登記を行うことを前提とすれ

ば、⑨ないし⑬について取り決めを行い、特定性に欠けることがないようにしておく必要があります。

① 譲渡人の商号または名称および本店または主たる事務所
② 譲受人の氏名および住所（法人にあっては、商号または名称および本店または主たる事務所）
③ 譲渡人または譲受人の本店または主たる事務所が外国にあるときは、日本における営業所または事務所
④ 登記番号
⑤ 登記の年月日
⑥ 債権譲渡登記の登記原因およびその日付
⑦ 譲渡にかかる債権（すでに発生した債権のみを譲渡する場合に限る。10条3項3号において同じ）の総額
⑧ 債権が数個あるときは、一で始まる債権の連続番号
⑨ 譲渡にかかる債権または質権の目的とされた債権の債務者が特定しているときは、債務者および債権の発生の時における債権者の数、氏名および住所（法人にあっては、氏名および住所に代え商号または名称および本店等）
⑩ 譲渡にかかる債権または質権の目的とされた債権の債務者が特定していないときは、債権の発生原因および債権の発生の時における債権者の数、氏名および住所（法人にあっては、氏名および住所に代え商号または名称および本店等）
⑪ 貸付債権、売掛債権その他の債権の種別
⑫ 債権の発生年月日
⑬ 債権の発生の時および譲渡または質権設定の時における債権額（すでに発生した債権のみを譲渡し、または目的として質権を設定する場合に限る）
⑭ 債権譲渡登記の存続期間

3　登記の存続期間

　債権譲渡の存続期間は、原則最長50年ですが、債務者を特定しないものについては最長10年となっています（同法8条3項）。

4　その他

　なお、現在、民法について抜本的な改正議論がありますが、債権譲渡の第三者対抗要件を登記に一本化するような提案もされており、そうなった場合には、債権譲渡登記制度も抜本的な見直しがされる可能性はあると思います。

（瀧川 佳昌）

Q59　債権譲渡登記を利用する際の留意点

債権譲渡登記を利用しようとしているのですが、実務上留意すべき点があれば教えてください。

A　債権譲渡登記に誤記があった場合には、対抗要件としての効力を否定されることがあります。また、債権譲渡登記は民法上の確定日付ある通知または承諾に優先するものではないため、二重譲渡がされていることを契約時には認識できにくいというリスクがあります。

解　説

1　債権譲渡登記の誤記と対抗要件としての効力

債権譲渡登記について、たとえば原債権者と債務者欄の記載を逆に記載してしまったような誤記があった場合において第三者対抗要件として有効であるかについては問題があります。

通常の民法上の債権譲渡通知の場合には、明らかに誤記と認められる場合には、第三者対抗要件を具備していると評価される余地もあるためです。

しかしながら、登記については、裁判例上、このような誤記がある場合には第三者対抗要件としての効力は認められないとされています（東京高判平成18・6・28金融法務事情1783号44頁）。

したがって、登記事項について誤記がないよう登記申請にあたっては十分な配慮をする必要があります。

2　二重譲渡の容易性

また、債権譲渡登記は、登記をすれば、民法上の確定日付ある通知を行ったものとみなすとされているだけで（動産及び債権の譲渡に関する民法の特例等に関する法律4条1項）、民法上の確定日付ある通知等に優先するものではありません。

債権の二重譲渡がされている場合には、第三債務者に通知等をすれ

ば、第三債務者のリアクション等でそれを知ることができますが、債権譲渡登記の場合には、第三債務者が登記を見ることは稀でしょうからそのようなリアクションは期待できません。

　したがって、もし先に債権譲渡がされており、確定日付ある通知により対抗要件を具備されていた場合には、後で債権譲渡登記を経由したとしても劣後することになります。

　このような問題がありうるため、金融目的等でない債権譲渡の場合には、債権譲渡登記ではなく、通常の確定日付ある通知による方法も十分検討に値するものと考えられます。

3　その他の留意点

　通常は問題とはなりませんが、債権譲渡登記には存続期間の定めがあるため、債権譲渡登記の存続期間を短期で設定した場合には、事後の登記管理等も十分に行っておく必要があります。

（瀧川 佳昌）

Q60 将来債権譲渡と国税による差押えとの優劣

将来発生する債権を担保にとろうと思うのですが、国税等の差押えがあった場合、その債権発生の時期が法定納期限より後だと国税等の差押えが優先してしまうのでしょうか。

A 債権譲渡担保契約に債権譲渡の効力を留保する付款がなく、第三者対抗要件を具備している場合には、その第三者対抗要件の具備が法定納期限より前である限り、債権譲渡担保契約の方が優先します。

解説

1 国税徴収法について

　国税徴収法は、同法24条1項において「納税者が国税を滞納した場合において、その者が譲渡した財産でその譲渡により担保の目的となっているもの（以下「譲渡担保財産」という）があるときは、その者の財産につき滞納処分を執行してもなお徴収すべき国税に不足すると認められるときに限り、譲渡担保財産から納税者の国税を徴収することができる。」と規定し、譲渡担保権者に2次的な物的納税責任を課しています。

　他方、同条8項では、「第一項の規定は、国税の法定納期限等以前に、担保の目的でされた譲渡に係る権利の移転の登記がある場合又は譲渡担保権者が国税の法定納期限等以前に譲渡担保財産となっている事実を、その財産の売却決定の前日までに、証明した場合には、適用しない。」と規定しており、法定納期限の以前に譲渡担保財産となっている場合には、譲渡担保権者が納税義務を負担しないことを規定しています。

2 「国税の法定納期限等以前に譲渡担保財産となっている」の解釈

　将来の債権譲渡について、その効力発生時期を債権の発生時点ととらえれば、発生時点ではじめて譲渡担保財産となるため、法定納期限と債権発生時点の先後で優先関係を決めることになり、このように考えた高

裁判決もありました。

しかし、このように考えると集合債権譲渡担保による金融が躊躇されることにつながりかねず、また担保権者の合理的な期待に反することにもなりかねません。

最高裁は、この点に関し、債権譲渡の効果の発生を留保する特段の付款のない限り、譲渡担保の目的とされた債権は譲渡担保契約によって譲渡担保設定者から譲渡担保権者に確定的に譲渡され、かつその譲渡時点で第三者対抗要件も具備できるという譲渡担保権者の地位に鑑み、債権譲渡担保契約に債権譲渡の効力を留保する付款がなく、第三者対抗要件を具備している場合には、譲渡担保権者が国税の法定納期限等以前に譲渡担保財産となっているものと解すべきであると判示しました（最判平成19・2・15民集61巻1号243頁）。

したがって、将来の債権譲渡についても、効力発生に関する留保の付款がない限り、第三者対抗要件と法定納期限の先後で優劣関係が決まることになります。

3　債権譲渡の効力発生に関する留保の付款

停止条件や予約契約については、債権譲渡の効力発生に関する留保の付款ですが、債権譲渡担保の具体的実行を留保する付款はこれには当たらないと解されていますので、実務上はこのような留保を付して、債権譲渡担保契約を締結することになると思われます。

（瀧川　佳昌）

(3) 債権担保の実行

> **Q61 債権担保の実行の具体的な手順・問題点**
> 債権担保の実行について、具体的な手順を教えてください。また、各手続における問題点があれば教えてください。

A 　債権質の場合、直接取立による方法と、民事執行法に定める強制執行に準ずる方法があります。債権譲渡担保権の場合には直接取立による方法があります。債権質の場合には民事執行に準ずる方法では手続が煩雑で費用がかかる点や目的となる債権によっては直接取立の方法をとることができない点等に注意する必要があります。

解　説

　債権者が債務者から取得する債権担保としては、債権質および債権譲渡担保が考えられます。この2つの担保の実行方法についての具体的な手順と問題点は以下のとおりです。

1　債権質の手順と問題点

(1) 一般の場合

　まず、債権質の場合には、民法366条1項によれば、直接取立の方法によることができるのが原則となります。他方、民事執行法193条により、裁判所に執行を申し立て、差押命令により取り立てる方法（民事執行法145条）や、転付命令により債権譲渡を受ける方法（同法159条）、その他譲渡命令等特別な換価方法（同法161条）によることができます。

　もっとも、このような強制執行に準ずる方法による回収は、債権証書等を提出して裁判所の命令を取得することをはじめとして手続それ自体が煩雑であり、時間も費用もかかってしまいます。通常は、直接取立による方が直接的であり、簡便で費用もかからないことは明らかですので、原則として直接取立によるべきでしょう。

　例外的に強制執行に準ずる方法をとることを検討すべき場合を想定す

ると、たとえば、目的となる債権の換価額を当事者間で決めることができずに争いになる場合や、被担保債権額それ自体に争いがある場合等、当事者間に争いが存在するために裁判所の判断を仰ぐ必要がある場合であるものと思われます。

(2) 特殊な場合

ただし、たとえば、目的となる債権が知的財産権の場合、通常、質権者が当該知的財産権を実施するだけの設備等を有していないことが想定されますが、担保権の実行方法としては知的財産権の換価のほかに、第三者が使用している場合の使用料を回収する方法が考えられます。

具体的には、前者の場合には執行裁判所に差押命令を発令してもらい、差押登録を行い、現実的な換価方法としては適宜金銭的に評価されて担保権者に対する譲渡命令が発令されることになります。後者の場合には、物上代位により、使用料等請求権を差し押さえる方法によることになりますが、使用料等の支払の前に差し押さえる必要があることに注意すべきです（特許法96条、商標法34条3項、著作権法96条等）。

2 債権譲渡担保の手順と問題点

次に債権譲渡担保を取得した場合、その実行方法は直接取立によることになります。債権質にも共通する事柄ではありますが、直接取立をする場合には、債権者が有する債権額の限度で取り立てて充当することは当然ですが、たとえば、第三債務者が債務者と意思を通じる等して債権額を過少に申告する等の点には注意する必要があろうかと思われます。

（柿平 宏明）

Ⅷ 担保による回収

> **Q62 自行預金担保と相殺の関係**
> 貸付の際に債務者の自行預金について担保にとったのですが、これを実行するのと、担保をとらずに相殺をするのでは何か違いはあるのでしょうか。

A 相殺の場合は意思表示が必要となるために相手方の行方不明の場合に手間がかかる点や、他の債権者から差押えがなされた場合にその後に発生する債権については対抗できない等のリスクがあります。自行預金担保の場合、特に他の債権者からの差押えとの競合の場合に劣後するリスクや法的整理手続の際に否認されるリスクは比較的大きいものと思われます。

解　説

　自行預金債務との相殺と自行預金担保の実行とでは、債権消滅という効果において異なる点はありませんが、以下の点において相違点があります。

1　他の債権者から差押えがなされた場合の優劣

(1)　相殺の場合

　自行預金に対して他の債権者から差押え、譲渡等がなされた場合、相殺によれば、意思表示をする手間はありますが、差押時において取得している貸付債権の範囲内では特段の制限なく相殺をもって対抗することができます（民法511条）。

(2)　自行預金担保の実行の場合

　これに対し、自行預金に対する質権をもって対抗するためには、預金担保差入証に差押等の日より前の日（国税等の滞納処分に基づく差押えの場合には法定納期限等より前の日（国税徴収法15条））の確定日付があることが必要となります（民法364条）。

(3)　小　括

　以上のとおり、他の債権者から差押えがなされた場合の優劣という観

点からすれば、相殺による方が若干のメリットがあるように思われます。ただし、注意する必要があるのは、上記のように相殺によると差押時に貸付債権が発生している必要があるところ、差押以降に貸付債権が発生する場合には相殺による回収ができないことになってしまうことです。たとえば、当座貸越契約を締結している場合等は、他の債権者からの差押後に貸付債権が発生することも容易に想定されます。

ただ、自行預金に根質権を設定して、預金差入証に確定日付を入れておけば、これらのリスクを回避することが可能であると思われます。

2 法的整理手続における否認の要件

(1) 相殺の場合

貸付先が法的整理に至った場合、相殺であれば、法定の期間内であれば、支払停止後にそれを知って債権債務を取得した場合等でない限り、原則として法的手続開始後も無制限に相殺をすることができます（破産法71条1項等）。

(2) 自行預金担保の場合

他方、自行預金担保（質権）の場合には、会社更生手続以外では手続外での権利行使が可能ですが、支払不能になった後に支払停止または支払不能を知ってなした担保提供が否認されるばかりか、支払停止後にそれを知ってなした対抗要件の具備自体が否認される可能性もあります（同法162条1項・164条等）。

(3) 小 括

このような否認の要件等からすれば、若干の違いかもしれませんが、自行預金担保よりも、相殺の方がリスクは低いものと思われます。

(柿平 宏明)

VIII 担保による回収

> **Q63 譲渡禁止特約に反する債権譲渡の無効主張権者の範囲**
> 債権譲渡に際し、債務者と第三債務者との間で譲渡禁止特約が締結されている場合、原則として債権は譲渡できないが、例外的にその譲渡禁止特約は善意の第三者に対抗することができないとされています。この「第三者」とは債権譲渡を受ける者だけに限られるのでしょうか。譲渡禁止特約を知りながら債権譲渡をした者が譲渡禁止特約による無効を主張することができるでしょうか。

A 債権譲渡を受けた直接の譲受人だけでなく、転得者も含むと考えられています。また、差押え・転付命令を得た者についてはその者の善意・悪意は関係なく差押え・転付命令を取得することができます。他方、債権譲渡をした者が無効を主張することは、債務者に譲渡の無効を主張する意思が明らかであるときなど特段の事情がない限り、できないと解されています。

解説

1 譲渡禁止特約を対抗することができない善意の「第三者」の範囲

譲渡人と第三債務者間で譲渡債権について譲渡禁止特約が締結されている場合、原則として債権譲渡はできませんが、例外的に当該譲渡禁止特約は善意の第三者に対抗することができないとされています（民法468条2項ただし書）。

この対抗することができない「第三者」とは、債権譲渡を受ける直接の譲受人はもちろんのこと、転得者も含むと解されています（大判昭和13・5・14民集17巻932頁）。

たとえば、直接の譲受人が悪意であっても、転得者が善意の場合には当該転得者には対抗できないことに意味があります。逆に、直接の譲受人が善意の場合には、その時点で権利関係が確定し、転得者が悪意であっても譲渡禁止特約を理由に転得者に対して無効を主張できないものと

考えられます。

　なお、私人間の契約により差押禁止財産を作り出すことはできないことから、法定の手続により差押え・転付命令を得た者については善意・悪意関係なく差押え・転付命令を取得することができると考えられています。

2　譲渡人からの譲渡禁止特約による無効の主張の可否

　さらに、近時の判例において、譲渡禁止特約の趣旨が譲渡債権の債務者保護にあることに鑑み、自ら譲渡禁止特約に反して債権を譲渡した債権者は、債権譲渡の無効を主張する独自の利益を有しないとして、債務者に譲渡の無効を主張する意思があることが明らかである等の特段の事情がない限り、その無効を主張することは許されないと判断されています（最判平成21・3・27金融・商事判例1319号37頁）。譲渡禁止特約の趣旨に鑑みれば、妥当な結論かと思われます。

（柿平　宏明）

Q64 債権者の担保保存義務

債権譲渡担保を取得した場合に、債権者として担保保存義務を負担する場合があるのでしょうか。

A 債権者として担保保存義務を負担する場合があります。

1 担保保存義務について

たとえば、保証人等、法定代位をなしうる者が存する場合には、かかる者が法定代位をした場合にかかっていくであろう責任財産を減少させることで不測の損害を被らせないよう、債権者に担保保存義務が課せられています（民法504条）。かかる義務に反して担保を滅失させた場合、当該法定代位をなしうる者（争いはあるが、担保喪失・減少行為後に登場した法定代位権者は含まないとされている（最判平成3・9・3民集45巻7号1121頁））は、滅失した担保の範囲内で免責されることになります。

この担保保存義務の対象となる「担保」とは、一般財産を除き、法定されたものか、約定されたものかを問わずすべての人的・物的担保を含むとされています。

この担保保存義務が上記のように法定代位をする場合の期待を保護し、債権者の不注意な行動に対する制裁を課すという趣旨によるものであることからすれば、債権譲渡担保の場合にも債権者は担保保存義務を負担すると考えられます。

2 担保保存義務違反となるケース

具体的に担保保存義務違反となるのは、たとえば、担保目的物の返還、担保の放棄、登記手続を怠ったために担保不動産が第三者に登記を移転されてしまった場合等が考えられます。

ただ、たとえば、不動産を担保にとった場合に想定されるでしょうが、担保権の実行を躊躇してしまったため、当該担保目的物の価値が減少してしまった場合等については、事情により結論が分かれるものと思われます。判例上は、債権者の態度が取引の一般常識から見て著しく当を失し、法定代位権者の財産だけを目当てとする信義に反したものと見

られるような特段の事情のない限り、担保保存義務に反しないとしています（大判昭和8・9・29民集12巻2443頁等）。

3　リスクヘッジ

　かかる担保保存義務があるため、債権者として、たとえば、担保の差替えに躊躇してしまう等の弊害も考えられます。そこで、担保権設定契約の際にかかる担保保存義務をあらかじめ特約で排除しておくことも考えられます。担保保存義務を定める民法504条は任意規定であり、これに反する特約を当事者間で合意することも有効であるからです。

　ただし、かかる担保保存義務免除特約は、当然に第三者に及ぶものではありませんので、個別に法定代位権者との合意をしておく必要があるものと考えられます。

（柿平　宏明）

3　有価証券担保

> **Q65　有価証券担保の設定方法**
> 有価証券を担保にとるための具体的な方法と留意点を教えてください。
>
> **A**　有価証券を担保にとるには、担保設定契約を締結したうえ、質権設定契約の場合には当該有価証券に質入裏書を、債権譲渡担保契約の場合には裏書をして交付を受ける必要があります。ただし、譲渡担保契約の場合においても、手形上の形式と異なる法的効果が生じる場合があることに注意が必要となります。

解　説

1　有価証券に対する質権の設定

　有価証券について質権を設定する場合、当該有価証券に証される債権は、譲渡に証書を要する債権ですので、証書の交付が必要となります（民法363条）。さらに、商法上の有価証券においては、質権設定をする場合には質入裏書をする必要があります（商法519条1項、手形法19条）。

2　有価証券に対する譲渡担保の設定と留意点

(1) 担保の設定方法

　他方、債権譲渡担保契約の場合には、質入裏書をする必要はありません。通常は単なる裏書譲渡の形式をとることになります。

(2) 留意点

　しかしながら、かかる形式をとったとしても、安易に質権と異なると断ずることはできず、実体を考慮して、いわゆる隠れた質入裏書と判断される等、質入裏書と同様の法的関係になる場合がありますので、注意が必要です。

　たとえば、銀行が債務者の有する約束手形に対して譲渡担保権を設定すべく裏書をしたうえ、これを取得した場合、質権の場合に民法362

条・350条・298条において定められているのと同様、銀行は、善良な管理者の注意をもってこれを保管する責任を負い、当該手形上の権利を時効消滅させた場合には、担保提供者に対して損害賠償責任が発生すると判示した判例があります（大阪高判昭和39・7・3判例時報386号23頁）。

また、約束手形の隠れた質入裏書であると判断された場合に、被裏書人が、被担保債権額を超えて手形金額どおりの権利行使をすることができると判断された判例もあります（大阪高判昭和34・8・3判例タイムズ94号60頁等）。これは、手形取引の迅速な決済を図るという手形法理特有の要請によるものです。

なお、同判例においては被担保債権額を超えた部分については、隠れた取立委任裏書であると判断されています。

（柿平 宏明）

Ⅷ　担保による回収

> **Q66　電子化されていない株式に担保設定する場合の留意点**
> 電子化されていない株式を担保にとろうと考えていますが、どのような点に留意したらよいでしょうか。
>
> **A**　電子化されていない株式の場合、登録質、略式質、譲渡担保の３つの方法での担保設定が可能ですが、略式質の場合には、まず、物上代位権を行使する場合の差押えのタイミングや、株券を廃止する旨の定款変更を行った場合の効力に留意すべきです。また、実行の際はその実行方法、実行による回収のめどにも留意する必要があります。

解　説

1　株式の電子化

先般、社債、株式等の振替に関する法律（以下「振替法」という）の施行に伴い、株券を廃止し、株式等にかかる権利を電子的に管理する制度が創設されました。とはいえ、かかる電子化のなされていない会社も多数ありますし、電子化されていない株式に質権を設定することも当然可能です。

2　電子化されていない株式に対する質権設定の方法

質権設定の具体的な方法ですが、まず、株式に対する質権設定の方法として、株主名簿に質権者として記載されない方法による略式質（質権者に対して当該株式を交付することにより効力を生じ、質権者において株券を占有することで第三者への対抗要件を具備することになる）、および株主名簿に質権者として記載される方法である登録質の２つの方法があります。その他、株式に対して譲渡担保権を設定することもできます。譲渡担保権の設定は株券を担保権者に交付することによりますので、優先弁済を受ける方法等を除いて原則として略式質と同様に考えることができます。

3　留意すべき点

　特に実務上よく利用される略式質において、今般の法改正を踏まえて留意すべき点がいくつかあります。

　まず、あまり利用されないかもしれませんが、剰余金等株式から発生する権利について回収を図る際、登録質の場合には株券発行会社から優先的に当該株式から発生する権利の受領等をすることができますが（会社法153条・154条）、略式質の場合には株券発行会社において質権者の認識ができず、別途質権者において民法に従って目的物が会社から質権設定者に払渡し・引渡しがなされる前に差押えをしたうえで物上代位権を行使する必要があります（民法362条2項・350・304条1項ただし書）。

　さらに、会社法改正によって、株券を発行する旨の定款の定めを廃止することができるようになりましたが、定款変更決議がなされた場合には、登録質の場合には会社により株主名簿の記載等がなされますが、略式質の場合には、質権者からの請求により記録・記載がなされることになります（特例登録質と呼ばれている）。かかる請求を促すために、会社は、定款変更の効力発生日の2週間前に公告等をしますが（会社法218条1項）、かかる請求を質権者が失念した場合には、会社に対して何らの請求をすることもできないと考えられますから、別途質権設定者との間で質権設定契約を締結したうえ、株主名簿に登録質としての記載等をするほかありません。したがって、かかる定款変更の公告が行われた場合には、略式質権者は、あらかじめ株主名簿への記載を請求しておく必要があります。

　最後に、質権等の具体的な実行方法として、まず質権の場合には、株式自体に対する担保権実行の方法として、株券を発行している場合には動産執行によることができますし（民事執行法192条・190条）、株券を発行していない場合には譲渡命令等による換価ができます（同法193条2項・161条1項）。その他、任意処分として代物弁済として自己の物とするか、第三者に売却して売却代金を債権に充当するかの方法をとることもできます。その際は、たとえば、担保権設定契約の際に、あらかじめ任意処分ができる旨の合意や第三者への処分価格について異議を述べ

ない旨の合意を締結しておくことも有益でしょう。

 ただし、譲渡制限がかかっている株式の場合には流通性が低いため価格が低価になるリスクもあります（譲渡承認が得られなければ会社において買い取ることになる（会社法140条1項））。その他、剰余金の配当について物上代位により回収する方法、質権付で被担保債権を譲渡する方法も考えられますので、それぞれの実行方法による回収見込み、コスト等には留意する必要があろうかと思われます。

（柿平 宏明）

> **Q67　電子化されている株式に担保設定する場合の留意点**
> 電子化されている株式を担保にとろうと考えていますが、どのような点に留意したらよいでしょうか。

A　社債、株式等の振替に関する法律の施行に伴い、担保権設定の方法や実行の方法について、電子化されていない株式と異なる点に留意する必要があります。

解説

1　株式の電子化

Q66において概観したとおり、社債、株式等の振替に関する法律（以下「振替法」という）の施行に伴い、株式にかかる権利については、電子的に管理することができるようになりました。このため、かかる電子化された株式について担保設定をする場合には、手続的な側面から振替法に従った対応が必要となってきます。

以下、根幹となる手続を概観したうえ、実行の場面において留意すべき点についても記載します。

2　電子化された株式に対する担保設定の手続

まず、電子化された株式についての担保設定の方法としては、略式質、登録質、略式譲渡担保、登録譲渡担保があります。電子化された株式においては、質権設定の際に、振替えの申請により、質権設定者がその口座における保有欄から質入にかかる数の減少の記録を受け、質権者がその口座における質権欄に当該質入にかかる数の増加の記録（たとえば、A株100株（株主：B）等と記載される）を受けることになります（振替法141条）。

その後、株式発行会社が設定した基準日等に、証券会社等の振替機関がその時点での株主の情報を発行会社に通知する総株主通知が行われ、この総株主通知を基準に株主名簿が変更されます（同法151条1項・152条1項）。

Ⅷ　担保による回収

　そして、質権については、原則として総株主通知の際には質権設定者のみが株主として発行会社に通知され（同法151条2項2号）、株主名簿には質権者に関する事項は反映されません。したがって、振替法においては、略式質が原則となっているのです。
　他方、登録質を設定しようと思えば、質権者が質権設定者の同意のもと（同意の要否について、前田庸『会社法入門［第12版］』253頁、松井秀樹ほか「振替株式に対して設定された担保権による債権回収の留意点－剰余金配当請求権の物上代位による差押えを中心に－」金融法務事情1912号46頁等）、設定前または設定後に振替機関等に申出を行えば、発行会社に通知され、株主名簿に記載等されることになり、登録質とすることが可能です（同法151条3項）。
　譲渡担保においても、質権と同様の手続となります（ただし、譲渡担保の場合には登録譲渡担保が原則となり、略式譲渡担保の場合には別途申出が必要となる）。

3　担保権の具体的な実行方法

　次に、具体的な担保権実行の方法ですが、Q66で紹介した実行方法が基本的に妥当するといえますが、やはり振替法特有の手続的な違いや問題点があります。
　通常の担保権の実行としては株式の売却が考えられますが、その際には振替機関に対して振替申請をすることになります。その際、取引所取引であれば、担保権者からの振替申請（売却依頼）を受けた振替機関が、事務フローに従って売却手続を進めることになります。
　なお、強制執行による必要性がどこまであるかはわかりませんが、強制執行によることも可能と思われます。この点についてはむしろ担保設定していない債権者による差押手続等が問題となるため、本稿では割愛します。
　また、略式質が原則となる振替制度においても、剰余金等からの回収は一応問題となります。登録質の場合には振替制度下であっても直接受領することができるので（会社法154条1項）、特段の問題は生じませんが、たとえば、剰余金等からの回収を図ろうとして略式質から登録質に

変える際に、上記のとおり会社との間で登録質権者として効力を及ぼすためには総株主通知を待つ必要がありますから、それまでの間にタイムラグが生じる以上、その間に剰余金が配当される場合も想定されないではありません。そこで、払渡し・引渡し前の差押え等の物上代位が必要となってきます。

　実体法的な考え方はQ66と変わりありませんが、手続的な留意点を若干補足するならば、株式質に基づく物上代位には、民事執行法上「担保権の存在を証する文書」が必要となるとされるところ（民事執行法193条1項）、かかる文書については振替口座簿記録事項証明書が有用であると考えられています（松井ほか・前掲同頁以下）。

　また、担保権とともに被担保債権を譲渡する場合、担保権の随伴性により譲受人に対して担保権も移転しますが、その際も振替手続が必要となります。具体的には、譲渡人による振替申請により譲渡人の口座の質権欄の株式数の減少が記録され、譲受人の口座の質権欄の株式数の増加が記録されることになります（株式等振替制度に係る業務処理要領2－3－30(b)）。

（柿平　宏明）

> **Q68 社債券が発行されていない場合の担保設定上の留意点**
> 社債を担保にとろうと考えていますが、社債券が発行されていない場合、どのような点に留意したらよいでしょうか。

A 社債券が発行されていない場合、特にいわゆる短期社債、振替新株予約権付社債等の振替社債を担保に取得した場合には、社債、株式等の振替に関する法律所定の手続が必要となるので注意が必要となります。

解　説

1 社債に対する担保権設定

　社債を発行する際に、社債券を発行するかどうかは発行会社の自由ですので、社債券を発行しない場合もあります。そして、かかる社債を担保にとることも可能です。

　まず、社債を担保として取得する方法についてですが、意思表示により効力が生じ、新株予約権原簿（新株予約権付社債の場合）、社債原簿の名義書換えが会社その他の第三者に対する対抗要件になる方法、および振替社債となる方法があります（江頭憲治郎『株式会社法〔第2版〕』743頁）。

2 振替社債等についての留意点

　特に振替社債については振替法に基づく手続を履践する必要があるので、その点に留意する必要があろうかと思われます。すなわち、短期社債（社債の金額が1億円以上、100万円単位で、割引の方法により国内で発行されるものに限られる）や、社債発行決議において社債、株式等の振替に関する法律（以下「振替法」という）の適用を受ける旨を定めた社債については、振替法に基づき、社債券が発行されず、当該社債の権利関係については振替機関において管理することになります（振替法67条）。そして、質入等の担保設定の際には、加入者たる担保権設定者の申請により、口座上で社債の金額等が記載されることになります（同法

73条・74条)。

　また、新株予約権付社債を目的物とする場合においても、同様に留意する必要がある場合があります。すなわち、当該新株予約権の目的となっているものが振替株式である場合については、当該新株予約権付社債の発行決議において振替法の適用を受ける旨を定めることができます。そして、かかる定めがなされた新株予約権付社債を担保として取得する場合には、上記短期社債等と同様に、社債券が発行されませんし、質入れ等の際には、担保権設定者の申請により、口座上社債の金額等が記載されることになります（同法192条1項等）。

　このように、社債券が発行されていない場合には、特に振替社債等の場合に、振替法独自の手続が必要になりますので、あらかじめ担保取得の際には、担保の目的となっている社債が振替社債かどうかは確認し、留意しておく必要があります。

3　社債に対する担保権設定の実体法上の効果

　なお、実体法上の効果についても付言しますと、社債を担保として取得した場合には、実体法上、弁済期未到来の利息請求権も随伴して移転することになりますので、かかる利息請求権も担保の範囲内になります。

（柿平　宏明）

Ⅷ 担保による回収

> **Q69 上場株式担保の処分とインサイダー取引規制**
> 上場株式を担保にとったり、その担保を処分する場合、金融商品取引法上のインサイダー取引規制にかかるのでしょうか。
>
> **A** インサイダー取引規制の対象となる可能性は否定できません。

解　説

1　インサイダー取引について

　インサイダー取引についてはまさに担保権の実行として株式を売却する時に問題となることが多いものと思われます。ここに、インサイダー取引とは、公表前の重要な事実を知った場合に売買その他の有償の譲渡もしくは譲受けまたはデリバティブ取引をしてはならないとするものです（金融商品取引法166条1項）。

2　株式に対する担保設定等とインサイダー取引

　そうすると、担保取得自体は「有償の」譲受けには当たらないと考えられるのでしょうが、担保権の実行については有償での譲渡・譲受けに該当する可能性が否定できないものと考えられます（河本一郎「担保株の処分とインサイダー取引」銀行法務21・598号6頁）。したがって、株式の担保取得の際にインサイダー取引に発展するような要素がないかどうかについては常に注意しておく必要があるものと考えられます。

　このようなインサイダー取引に発展するような要素を挙げるとすれば、たとえば、当該株式の発行会社との取引関係の有無およびその内容が最たるものといえます。そして、上記のとおり、インサイダー取引に該当する可能性があるのは担保実行時ですから、担保取得時点だけでなく、担保取得後、担保実行までの間においても、インサイダー取引に該当してしまうような重要な事実を知ることとなっていないかどうか、経緯を記録化する等して注意しておくことが肝要であると思われます。

（柿平　宏明）

4 動産担保

(1) 動産譲渡担保

> **Q70 集合動産を譲渡担保にとる際の留意点**
> 集合動産を譲渡担保にとる方法と、その際の留意点について教えてください。
>
> **A** 集合動産を譲渡担保にとる場合には、対象の集合動産を特定したうえで、第三者対抗要件を具備する必要があります。集合動産の譲渡担保においては、目的物である集合動産の範囲をどのように特定するかについて問題があり、慎重な対応が求められます。

解説

1 集合動産譲渡担保とは

集合動産譲渡担保は、在庫商品や原材料など、債務者が搬入や搬出をすることによって変動する多数の動産の集合体を担保の目的とする譲渡担保です。担保に供する資産に乏しい取引先であっても担保をとることが比較的容易であり、利用しやすいといえますが、構成部分が変動し、さらに公示手段も定められていないという点に注意しておく必要があります。

2 特定性

在庫商品等のように常に変動する多数の動産の集合体を譲渡担保の対象とするためには、担保権設定契約の段階において、あらかじめ目的物たる動産の範囲を明確に特定しておく必要があります。

最高裁は、「構成部分の変動する集合動産についても、その種類、所在場所及び量的範囲を指定するなどなんらかの方法で目的物の範囲が特定される場合には、一個の集合物として譲渡担保の目的となりうる」として、集合譲渡担保の特定に関する基準を示しています（最判昭和54・

2・15民集33巻1号51頁)。そして、実際にも集合動産譲渡担保の目的物の特定性を認めています(最判昭和62・11・10民集41巻8号1559頁)。

上記昭和62年の最高裁判例は、目的物の範囲の特定の要素として、①動産の種類、②保管場所、③量的範囲の3つの指定を例示し、これらを総合的に考慮して、目的物の範囲の特定の有無を判断しています。

3　特定の程度、具体的方法

(1)　動産の種類の指定

動産の種類の指定に関して、最高裁判例では、後述の場所的指定が明確になされていれば、包括的な指定でも足りるとされており、具体的な商品名まで指定することは要求されていません。あらかじめ詳細に担保物の種類を明確に指定しておくことは、第三者との紛争を防止し担保権実行を円滑にするためには望ましいですが、担保設定後に集合体の構成物が変動することによって指定内容と実際の集合物の中身とが一致せず、担保目的物として同一性が損なわれるおそれもあります。したがって、将来の動産の種類の変動がなされる蓋然性等などの事情を考慮したうえで、どの程度まで動産の種類を指定するか決める必要があります。

(2)　場所の指定

担保目的物の場所の指定に関しては、保管されている倉庫や店舗等の建物を表示することによって特定することができます。場所の指定の際に、担保の目的物と同一の建物内にあるそれ以外の動産との混在を避けるためには、建物内の一部分を指定すること(たとえば「○○倉庫2階南側B部分」などといった指定)が必要です。このような場合には、図面を譲渡担保設定契約書に添付することによって指定場所を明確にしておいたうえで、その後の構成部分の変動に常に留意しておくべきです。

(3)　量的範囲の指定

量的範囲の指定に関しては、動産の種類および場所によって指定された動産の全部を指定する方法が最も明確であり、数量を一部に限定しない方が望ましいと考えられます。数量の一部に限定させると、担保目的物とそれ以外の動産を識別することが困難であると考えられるからです。

したがって、集合動産譲渡担保の目的物の特定は、動産の種類および場所の指定によってなされることが望ましく、実務上もかかる方法によって設定されることが多いです。

4 対抗要件

集合動産譲渡担保の対抗要件は、集合動産の占有改定によって具備することになります。したがって、占有権移転の合意のほかには、ネームプレートなど特別な公示方法は要求されません。なお、上記最高裁昭和62年11月10日判決は、対抗要件具備の効力については、当初の占有改定の後に構成部分が変動したとしても、集合物としての同一性が損なわれない限り、その後新たに構成部分となった動産を包含する集合物について及ぶと判示しています。

(中村 健三)

Ⅷ　担保による回収

Q71　動産譲渡担保と第2次物的納税責任

譲渡担保にとっていた動産に、国税の滞納処分による差押えがなされた場合にはどうすればよいでしょうか。動産譲渡担保権が国税に優先する場合を教えてください。

A　集合動産譲渡担保の場合、法定納期限後に組み入れられた動産であっても、集合物としての同一性が認められる限り、当初の譲渡担保権設定の時期が国税の法定納付期限より先である場合には国税に対して優先することになります。ただし、組み入れられた財産が当初の譲渡担保権の価額を超過する場合には、担保を新たに設定したものと扱われるため国税に劣後することになり、注意を要します。

解　説

1　譲渡担保と国税の優劣関係

　譲渡担保権と国税との優劣関係は、譲渡担保権の設定時と国税の法定納期限の先後関係によって決まります（国税徴収法24条）。すなわち、譲渡担保権者は、国税の法定納期限の前に設定された譲渡担保権であれば、国税による差押えの解除を求めることができます。もっとも、譲渡担保権者において、その事実を確定日付その他一定の方法によって証明しなければなりません。法人の動産の譲渡について、占有改定による引渡しという対抗要件に加えて、動産及び債権の譲渡の対抗要件に関する民法の特例等に関する法律により、登記による対抗要件の取得が可能（同法3条）となったため、確定日付等のほか、この登記によっても譲渡担保権の設定を証明することができるようになりました。

2　国税に劣後する場合

　譲渡担保権が法定納期限以後に設定されたような場合、担保目的物たる動産については、設定者の他の財産について滞納処分を執行してもなお徴収すべき国税に不足すると認められる場合には、国税による差押え

が譲渡担保権に優先することになります。このような場合、その譲渡担保財産から設定者の国税が徴収されることになります。

手続としては、まず、譲渡担保権者に対して物的納税責任の告知がなされます（国税徴収法24条、同法施行令8条1項、同法施行規則3条別紙1号書式）。この告知は、譲渡担保権者に対して国税債務を負わせるのではなく、譲渡担保財産に対する滞納処分を受忍すべき義務を負わせるものです。

譲渡担保権者は、滞納処分との関係では、第2次納税義務者とみなされます（国税徴収法24条）。すなわち、譲渡担保財産は、法形式においては譲渡担保権者に帰属していますが、国税については設定者の債務であることから、譲渡担保権者を第2次納税義務者とみなすことにより、譲渡担保権者に帰属する譲渡担保財産に対して滞納処分をするという形式をとることになります。

なお、譲渡担保権者は、滞納処分に関する罰則の適用についても、納税者とみなされますので、注意を要します（同法24条9項）。

3 一括支払システムにおける代物弁済条項の効力

譲渡担保権の実行がされて、完全に譲渡担保権者に財産が移転すれば、その後は設定者の財産ではないので、設定者の国税によって滞納処分をすることはできません。この点に着目し、国税が滞納処分に着手する前に実行できるように、一括支払システムにおいて代物弁済条項を定めている場合があります。

しかし、最高裁は、国税徴収法24条2項の手続がとられたことを契機にして譲渡担保権が実行された場合において、その財産がなお譲渡担保財産として存続するものとみなすこととしている国税徴収法24条5項の規定の適用を回避しようとするものであるから、その合意の効力が認められないとして、無効と判示しています（最判平成15・12・19民集57巻11号2292頁）。

4 集合動産譲渡担保の場合

なお、集合動産譲渡担保の場合、法定納期限後に組み入れられた動産であっても、集合物としての同一性が認められる限りにおいて、当初の

譲渡担保件設定の時期をもってその動産が譲渡財産となった時期とされるため、国税に対して優先することになります（国税徴収法基本通達24条の30）。

　ただし、組み入れられた財産が当初の譲渡担保権の価額を超過する場合には、担保を新たに設定したものと扱われるため国税に劣後することになるため、注意を要します。

（中村 健三）

Q72 集合動産譲渡担保の目的動産の売却処分と処分の相手方による承継取得の可否

集合動産譲渡担保の設定者が目的動産を売却処分したとき、処分の相手方がその所有権を承継取得できるのはどのような場合でしょうか。

A 集合動産譲渡担保では譲渡担保設定者が通常の営業の範囲内で目的動産を売却処分することができ、この範囲内での売却処分の相手方は確定的に所有権を取得し設定者に対して動産の引渡請求権を有します。通常の営業の範囲を超える売却処分の場合には、動産が集合物から離脱したと認められるような事情が認められない限り、売却処分の相手方は所有権を承継取得することはできません。

> 解　説

1　通常の営業の範囲内の売却処分について

　集合動産譲渡担保においては、譲渡担保設定者が通常の営業の範囲内で目的動産を売却処分することが規定されているのが一般的です。ただし、集合動産譲渡担保の目的物は、集合物としての同一性を維持しながら、構成部分については変動することが予定されていますので、譲渡担保契約に定めがなくとも集合物の性質から設定者の処分権が認められるものと解されています。

　最高裁平成18年7月20日判決は「通常の営業の範囲内で、譲渡担保件の目的を構成する動産を処分する権原を付与されており、この権限内でされた処分の相手方は、当該動産について、譲渡担保の拘束を受けることなく確定的に所有権を取得することができる」と判示しています（民集60巻6号2499頁）。

　以上については、当該動産が保管場所から搬出されているか否かを問わないものと解されています。

2 通常の営業の範囲外の売却処分について

　譲渡担保設定者が、通常の営業の範囲を超えて目的動産を売却処分した場合について、動産が保管場所から搬出された場合、動産譲渡担保の追及力は失われるという見解や処分の相手方が即時取得しない限り譲渡担保の追及力が及ぶとする見解等があり、学説には争いがありました。

　この点につき、上記最高裁判例は、「譲渡担保契約に定められた保管場所から搬出されるなどして当該譲渡担保の目的である集合物から離脱したと認められる場合でない限り、当該処分の相手方は目的物の所有権を承継取得できない」ことを示しています。したがって、占有改定によって処分をしたような場合、目的動産は集合物から離脱していないことから、処分の相手方は設定者に対して動産の引渡請求をすることができないことになります。

　もっとも、目的物が集合物から離脱した場合、処分の相手方は即時取得に限らず当然に取得できるのか、先行する譲渡担保権に対する詐害的な搬出まで認められるのか等については、判例等によって未だ明らかにされていません。

3 実務上の対応

　以上の検討からすると、実務に置いては「通常の営業の範囲内」の処分がいかなるものかにが重要な意味をもってきますので、あらかじめ譲渡担保契約において明らかにしておくことが望ましいと思われます。

　「通常の営業の範囲内」が明らかでない場合は解釈による問題となりますが、譲渡担保権の優先弁済権を侵害する目的でなされる詐害的な処分や無償による処分等については「通常の営業の範囲内」に当たらず、基本的には担保権者の把握する担保価値が損なわれたか否かという基準によって判断されることになると思われます。

（中村 健三）

> **Q73 譲渡担保にとった集合動産のモニタリング手法**
> 譲渡担保にとった集合動産について、定期的にモニタリングをすることが重要と聞きましたが、具体的なモニタリングの方法や留意すべき点としてはどのようなものがありますか。

A 　集合動産譲渡担保は、構成部分が変動する集合動産を目的物とするため、変動によって集合物としての一体性が損なわれてしまった場合、実行することができなくなります。そこで、担保権者としては、担保の価値が損なわれないように、担保目的物である集合動産について毎月の出入庫明細等を確認したうえでその報告の正確性をチェックしておくなどして、モニタリングする必要があります。

　解　説

1　モニタリングの必要性

　集合動産譲渡担保においては、担保設定者は、通常の営業の範囲内での担保物の処分が許されており、設定後に担保目的物である集合動産について、搬入および搬出が繰り返されることによって構成部分が変動することが予定されています。そして、通常の営業の範囲内で処分された動産は集合動産譲渡担保の目的物から離脱することになります。すなわち、処分された動産につき代替商品の補充がなければ、その分、担保価値は損なわれることになります。また、設定者の信用状態が悪化した場合には、設定者が担保目的物となっている在庫商品等の流動資産を処分して現金化して、資金繰りに充てることが行われるおそれが高いものといえます。

　そして、担保目的物である集合動産の種類や数量が大幅に変動すると、担保目的物たる集合物として同一性を失ってしまうおそれがあります。また、担保物の種類・数量の変動や保管場所の変更等がなされると、設定契約で特定した集合動産の内容と実際の動産の内容との間にず

れが生じてしまい、担保権の効力が実質的に消滅してしまうおそれもあります。

したがって、集合動産譲渡担保においては、担保権者が担保目的物である集合動産の状況について定期的に調査および確認をし、その担保価値を常に把握しておく必要があります。また、担保権の実行に備え、常に変動する担保物の明細、数量、価値等の内容について、正確に把握しておく必要があります。

さらに、設定契約後に搬入された動産が設定者の所有に属さない場合には、占有改定によっては即時取得ができないため、集合物譲渡担保の効力は当該動産には及ばなくなってしまいます。担保権者としては、このようなリスクに備え、搬入された動産の仕入先を確認する必要もあります。

2　モニタリングの方法

担保権者による在庫商品等の担保目的物等をモニタリングする方法としては、設定者から毎月、在庫商品の出入庫明細書を徴収したり、在庫台帳を閲覧したりすることが一般的です。もっとも、担保設定者の提出する出入庫明細書や在庫台帳自体が正確でないというおそれもありますので、実際に保管場所に行って、担保物である集合動産の現物の保管状況を確認するという方法が有効です。

このようなモニタリング方法を実効的に行うためには、あらかじめ譲渡担保設定契約書において、設定者の在庫商品についての報告義務や在庫台帳の作成・提出義務、譲渡担保権者の担保物をチェックする権限、保管場所への立入調査権、在庫台帳閲覧権等の条項を記載しておくことが必要です。

(中村 健三)

Q74　集合動産譲渡担保の実行手続

集合動産譲渡担保は、どのような手続によって実行することができるのでしょうか。

A　担保目的物たる集合動産の引渡しを受け、これを換価するか自己の所有に確定帰属させ、被担保債権の弁済に充当したうえで、担保について余剰があればその清算金を設定者に返還することになります。設定者の協力を得られない場合には、集合動産について仮処分を申し立てたうえで引渡請求訴訟の提起を検討することになります。

解　説

1　実行手続

　集合動産譲渡担保を含めて譲渡担保は非典型担保であり、実行手続について民事執行法上の定めがありませんので、いわゆる私的実行の方法によることとなります。一般的には、設定者に対して実行通知を行い、担保目的物を処分あるいは自己に確定帰属させたうえで、余剰分については清算金を支払うという方法によります。

2　実行通知

　譲渡担保権者は、担保権を実行する際、設定者に対して担保権を実行する旨の通知を行います。通知は内容証明郵便で行うことが通常ですが、急を要する場合には書面を手渡ししたり口頭で伝えたりする場合もあります。なお、実行通知によって集合物の構成部分が確定して流動性が失われ、集合動産譲渡担保が複数の個々の動産譲渡担保に替わり、設定者によって目的物の処分や補充ができなくなるものと解されます。

3　担保目的物の処分または確定帰属

　譲渡担保権者は、設定者から担保目的物の引渡しを受けて、これを自ら私的に処分して換価するという処分清算、あるいは担保目的物を自己の物に確定的に帰属させる帰属清算のいずれかによって、被担保債権の

弁済に充当させます。

4　清算金の支払

担保目的物の適正な処分価額や評価額が被担保債権額を上回って差額が生じるような場合には、担保権者は、その差額を設定者に返還して清算することになります。

5　仮処分および引渡請求訴訟

私的実行に際して、設定者の協力が得られない場合には、設定者に対して目的物の引渡請求訴訟を提起して、引渡しを受けることになりますが、提訴に際してはあらかじめ目的物の保全を図るため、占有移転禁止の仮処分、処分禁止の仮処分、引渡しの断行の仮処分等といった仮処分を申し立てておく必要があります。

占有移転禁止の仮処分は、設定者の占有を解いたうえで執行官が保管し、そのうえで債務者、債権者および執行官のいずれかが使用することになります。処分禁止の仮処分については、設定者の動産の処分を禁止するものであり、動産の場合には、通常、占有移転禁止の仮処分と併用することになります。

断行の仮処分は、目的動産を仮に担保権者に引き渡すものであり、引渡しを受けた場合に譲渡担保権者が目的動産を処分することも可能になり、本案訴訟を待たずに請求を満足することができます。もっとも、断行の仮処分の場合には、設定者が被る不利益が大きいため、要件が厳しくなり、供託すべき保証金額も高くなります。

6　設定者による搬出・隠匿への対応

担保目的物である在庫商品等の集合動産は、設定者にとって処分・現金化が容易であるため、仮処分が発令されるまでの間に、設定者において担保目的物が搬出されることを防ぐ必要があります。実行通知を発送するに伴い、保管場所に行って不当な搬出がなされないようにチェックする等の対応を検討することも考えられます。

なお、担保権者において設定者の承諾をとらずに勝手に目的物を搬出した場合には、刑事責任や民事責任を負うおそれもあるので、注意が必要です。

7　一部実行

　集合動産譲渡担保については、目的物が個々の動産に分離して独立して利用することができない場合や集合動産を一括して処分した方が高い価格で売却できる場合などを除いて、担保目的物の一部をもって被担保債権を満足することができる場合、担保権者および設定者の双方にとって目的動産の一部のみを実行した方が望ましいといえます。したがって、当事者のいずれでもこのような請求ができるものと解されます。

（中村 健三）

Ⅷ 担保による回収

> **Q75 法的倒産手続における集合動産譲渡担保の処遇**
> 法的倒産手続において、集合動産譲渡担保はどのように処遇されるのでしょうか。手続ごとに教えてください。
>
> **A** 譲渡担保権設定者の破産手続、民事再生手続および特別清算手続においては、集合動産譲渡担保権は別除権として扱われ、譲渡担保権者は倒産手続外で担保権を実行することができます。一方、会社更生手続においては、被担保債権のうち更生会社の財産の価額によって担保されている範囲の債権が更生担保権として扱われ、個別的な権利行使ではなく更生計画によって弁済を受ける必要があります。

解説

1 譲渡担保権設定者の破産

破産手続開始時において破産財団に属する財産につき特別の先取特権、質権または抵当権を有する者は、その目的財産について別除権を有するものとされ（破産法2条9項・10項）、「別除権は、破産手続によらないで、行使することができる」とされています（同法65条1項）。破産法上、譲渡担保権がいかなる処遇となるかについては明文規定はないものの、通説は別除権として処遇されると解しています。なお、破産手続開始決定前に私的実行が終了している場合には、担保権としてではなく帰属清算の場合には所有権として処遇され、譲渡担保権者には取戻権が認められます。

譲渡担保権者は、原則として破産手続外で自由に譲渡担保権を実行して債権回収を図ることができます。したがって、譲渡担保権者は、担保権に基づく優先的回収とともに、別除権行使によっても回収できない不足額を見積もったうえで債権届出を行い、債権調査等の手続を経て、別除権不足額についての配当を受けることになります。

なお、別除権者が別除権不足額について破産手続における配当を受け

ようとするときは、債権届出期間内に債権届出をする必要があり、これを怠った場合には失権するので（破産法111条）、注意を要します。

実務的には、破産管財人と別除権者が協議のうえ、目的物の処分や別除権の受戻しを同時処理的に行うことが多く見られます。

2　譲渡担保権設定者の民事再生手続開始

譲渡担保権設定者の民事再生手続が開始された場合についても、譲渡担保権の処遇について明文規定はないものの、別除権として処遇されると解されています。したがって、譲渡担保権者は、再生手続によらず、譲渡担保権を私的実行することにより優先的に回収を図ることができます。担保権者は、再生債務者との協議によって、目的物の評価額、弁済時期・方法、目的物の評価額を超える部分の担保権の放棄、別除権の不行使などを内容とした別除権協定を締結することも多く見られます。

3　譲渡担保権設定者の更生手続開始

会社更生手続においては、破産手続や民事再生手続と異なり、担保権も手続内に取り込まれることになります。更生手続開始当時において、更生会社の財産について存する担保権（特別の先取特権、質権、抵当権など）の被担保債権であって、更生手続開始前の原因に基づいて生じたもののうち、当該担保権の目的である財産の価額が更生手続開始の時における時価であるとして当該担保権によって担保された範囲のものは「更生担保権」とされ（会社更生法2条10項）、手続外での個別的権利行使ができず、更生債権と同様に原則として更生計画によらなければ弁済を受けることはできません。更生手続においては、担保権そのものを更生担保権とするのではなく、被担保債権のうち更生会社の財産の価額によって担保されている範囲の債権が更生担保権とされていることに注意が必要です。なお被担保債権のうち更生会社の財産の価額によって担保されていない部分については更生債権として扱われます。

4　譲渡担保権設定者の特別清算

譲渡担保権設定者の特別清算手続においては、破産や民事再生手続と同様、別除権として取り扱われることと解されており、手続外で行使することができます。

　　　　　　　　　　　　　　　　　　　　　　　（中村 健三）

(2) 所有権留保

Q76 所有権留保における留意点
所有権留保の設定方法と、その留意点について教えてください。

A 所有権留保は、主に動産の売買契約において広く用いられている担保の手段です。売買契約が完済されるまでの間、目的物の所有権を売主に留保する旨の条項を定めておくことにより、売買契約の目的物自体を売掛金債権の担保として利用しようとするものです。自動車や高額の機械といった耐久消費財や高額の機械設備類の売買の場合に用いられるケースが多いですが、目的物を買主が占有しているため、第三者に処分されてしまうおそれがあるという点で、担保として不確実な面があり、注意を要します。

解説

1　所有権留保とは

　動産売買における、売主は売り渡した目的物の上に動産売買先取特権（民法322条）を有し、目的物あるいはその転売した代金債権から優先弁済を受けることができます。しかし、動産売買先取特権はその証明が困難であり、必ずしも効果的な担保権とはいえず、そこで売主においてあらかじめ所有権留保という形をとるケースが多く見られます。

　この動産売買先取特権は買主に目的物の所有権が移転している場合の法定担保権であるのに対して、所有権留保は、所有権を売主に留保しておくことによって代金債権の回収を図ろうとする約定担保権です。

　所有権留保は、売買契約中に、代金完済まで所有権を売主に留保する旨とこれに関連する若干の条項を付け加えるだけで簡単に設定できること、担保権の実行も任意の換価処分によって比較的迅速に債権の満足が得られること、買主による目的物の使用に支障をきたすことが少ないことから、売買の当事者にとって利用しやすい担保権といえます。

　消費者が代金後払・分割払で自動車などの商品を購入する場合（割賦

販売、ローン提携販売、割賦購入あっせん等）や企業が高額の機械設備類を分割払で購入する場合に多く用いられています。

2　所有権留保の利用

　所有権留保の対象となる目的物は、動産・不動産などは問いません。しかし、不動産については、宅地建物取引業法によって所有権留保に対して厳格な制限が設けられており（宅地建物取引業法43条）、利用できる場面がかなり限られるため、動産の売買取引における利用が主なものとなります。したがって、以下、動産の売買を念頭において説明します。

　所有権留保の対象となる動産の種類や内容は問いませんが、中古品としても相当の価額で、かつ容易に転売の可能な商品（自動車などの耐久消費財、汎用性のある産業用機械など）が典型的な例と考えられます。

3　所有権留保の設定方法

　所有権留保は、売買契約書等に次のような条項を定めることによって設定することになります。

　「売買代金債権を担保するため、代金完済まで目的物の所有権を売主に留保する」

　「買主は、代金完済まで、売主の事前の書面による承諾なく目的物の譲渡や担保設定等の一切の処分をしてはならない」

　「買主は、代金完済まで、売主の事前の書面による承諾なく目的物の占有を第三者に移転してはならない」

　「買主は、目的物に売主が所有権を留保している旨の表示を付さなければならない」

　「買主が目的物の代金支払を遅滞した場合、あるいは資産状態が悪化したと売主が認める場合、買主に本売買契約違反等があった場合、売主は何らの催告通知を要することなく直ちに売買契約を解除し、あるいは解除を要せず残代金債権について期限の利益を喪失させ、買主に対して目的物の引渡しを請求することができる」

　「売主は、引渡しを受けた目的物を任意に他に転売処分しあるいは目的物の所有権を売主自身に帰属させて、処分代金を残代金債権に充当できる」

（中村　健三）

Ⅷ　担保による回収

> **Q77　所有権留保の実行手続**
> 所有権留保を実行するための法的手続について教えてください。
>
> **A**　所有権留保の実行は、①相手方の期限の利益を喪失させ、②被担保債権にかかる契約を解除し、③目的物の引渡しを請求して、④清算を行う方法により実行します。

解　説

1　所有権留保の手順
　所有権留保は、①期限の利益喪失、②解除、③返還請求、④清算の手順によって実行されるのが一般的です。

2　期限の利益喪失
　所有権留保条項が設けられる契約においては、当然喪失条項の期限の利益喪失約款が設けられることがよくあります。この場合、期限の利益を喪失させるために行うべきことは特段ありません。これに対し、民法の規定を根拠とする場合や期限の利益喪失約款が請求喪失である場合には、期限の利益を喪失させる意思表示を行う必要があります。かかる意思表示は、将来の紛争に備えて証拠を残すため、内容証明郵便により行われるのが通常です。

3　解　除
　所有権留保の実行について規定した約定が、解除することを前提として規定されている場合には、当然、所有権留保の実行として解除が必要になります。
　約定が所有権留保の実行として解除することを前提として規定されていない場合において解除を要するか否かについては争いがありますが、解除を要するとする見解が一般的です。かかる見解によれば、解除によって原状回復義務が生じ（民法545条）、これを根拠に目的物の返還を請求することになります。
　これに対し、近似有力な見解は、担保権の私的実行として、債務不履

行が生じた場合には、解除を要することなく、所有権を根拠に返還請求することができると考えています。

　解除を不要とする見解は、その根拠を、解除を要するとすると、少なくとも売主と買主の間においては、所有権留保を行った意味はなく、目的物が第三者に譲渡された場合にのみ意味を有することになること、また、所有権留保の被担保債権は本来解除にかかる契約上の債務であるはずにもかかわらず、解除がなされると当初の債務は損害賠償債務に転換されることになり、被担保債権が異なってくることに求めます。

　ただし、解除を不要とする見解によっても、契約上の履行として目的物を引き渡している以上、買主は、目的物を保持し、使用・収益する権利を有します。そこで、契約上、契約上の義務違反や信用不安が生じた場合には何らの意思表示なく当然に目的物を返還すべき義務が生ずる旨規定し、保持する権限をあらかじめ消滅させておくことが必要です。このような規定が存しない場合には、保持権限を消滅させるため、解除することが必要になります。

4　返還請求

(1)　請　求

　所有権留保が設定される場合には、通常、目的物は契約の相手方に引き渡しているため、契約者ないしは第三者が目的物を占有しています。そこで、目的物の占有者の協力が得られる場合には、返還を請求し、任意に引き渡すよう求めることになります。所有権留保の実行として解除を行う場合には、解除通知において、あわせて目的物を返還するよう記載するのが通常です。もっとも、このような場合に、協力的である者は少ないでしょう。

(2)　仮処分

　占有者が非協力的な場合、裁判によって返還を求めることが考えられます。もっとも、裁判によって返還を実現するまでには一定の時間が必要です。この間に占有者が目的物をさらに譲渡する可能性を否定できません。

　そこで、具体的な事案によってその必要性の程度は異なりますが、返

還請求権を保全するため保全処分を行い、目的物が譲渡される危険を回避することが考えられます。具体的には、目的物処分・占有移転禁止の仮処分や断行の仮処分です。

なお、断行の仮処分は、現状維持を目的とする目的物処分・占有移転禁止と異なり、暫定的な権利の実現を目的とすることから、裁判を待つまでもなく、目的物の返還を受けることができます。

(3) 裁　判

仮処分を行っている場合においても、最終的には裁判において、返還を請求する必要があります。裁判における目的物返還の法律構成としては、所有権に基づく目的物返還請求と契約終了に基づく目的物返還請求が考えられます。

なお、後述のとおり、留保所有権に基づいて引渡しを求めることが権利濫用とされることがありますので、注意が必要です。

5　換価・清算

所有権留保を行った場合、引き揚げた目的物を転売した代金によって債権の回収を図るのが通常です。そこで、目的物を引き揚げた場合、目的物の転売先を探すことになります。

そして、目的物が売却され、売却代金が残債務より高額である場合には、その差額を買い主に返還することにより清算を行わなければなりません。

6　所有権留保と権利濫用（最判昭和57・12・17金融・商事判例668号3頁）

(1) 事　案

自動車のディーラーが、サブディーラーに対して、営業政策として、サブディーラーがエンドユーザーに対して自動車を転売することを容認しながら、所有権留保特約付きで自動車を販売した。エンドユーザーは、自動車を購入し、代金を完済して引渡しを受けたが、サブディーラーの代金不払があったため、ディーラーは契約を解除したうえ、エンドユーザーに対して、留保所有権に基づいて自動車の返還を請求した。

(2) 判　旨

　エンドユーザーは、所有権留保特約を知らず、また、これを知るべきであつたという特段の事情なくして本件各自動車を買い受け、代金を完済して引き渡しを受けたのであって、かかる事情のもとにおいて、ディーラーが代金不払を理由として解除したうえその留保所有権に基づいてエンドユーザーに対し本件各自動車の返還を請求することは、本来ディーラーにおいてサブディーラーに対して自ら負担すべき代金回収不能の危険をエンドユーザーに転嫁しようとするものであり、かつ、代金を完済したエンドユーザーに不測の損害を被らせるものであつて、権利の濫用として許されない。

（太田　浩之）

Ⅷ　担保による回収

> **Q78　所有権留保対象物件が第三者の権利を侵害している場合における不法行為**
>
> 所有権留保の対象物件が第三者の土地上に存在するなどして、第三者の権利を侵害している場合、留保所有権者は不法行為責任や撤去義務を負うのでしょうか。

A　留保所有権者は、留保所有権者の債務者に対する債権全額について、期限の利益喪失により弁済期の経過後は目的物の撤去義務を負います。また、残債務弁済期の経過後、留保所有権者が、目的物が第三者の土地所有権の行使を妨害している事実を知ったときから、原則として、不法行為責任を負うことになります。

解　説

1　最高裁平成21年3月10日判決（民集63巻3号385頁）
⑴　事　案

　Aは、平成15年11月25日、本件自動車を購入し、信販会社であるYとの間でオートローン契約を締結した。上記契約において、AとYとは、YがAに代わって売買代金を立替払すること、本件自動車は上記契約締結日にAに引き渡されること、Aは上記立替払に基づきYに対して負担する債務を担保するため、本件自動車の所有権が上記債務を完済するまでYに留保されることを合意した。

　これに先立つ平成15年10月29日、XとAは、本件自動車の駐車場として使用する目的で、本件土地につき、本件賃貸借契約を締結した。

　Aが平成16年12月分以降本件賃貸借の賃料を支払わなくなったので、Xは平成18年3月10日にAに到達した「駐車料金支払催告書」により本件賃貸借の平成16年12月分から平成18年3月分までの賃料支払を催告したが、Aは支払わなかった。そこで、Xは、平成18年4月27日付け「通知書」により、本件賃貸借契約解除の意思表示をした。上記「通

知書」は遅くとも平成18年5月10日にはＡに到達しており、同日に本件賃貸借は解除により終了した。しかし、本件賃貸借解除後も本件土地には本件自動車が駐車していた。

このような事実関係のもと、Ｘは、本件自動車の登録事項等証明書に所有者として記載されているＹに対して、本件自動車の撤去を求めて提訴した。

(2) 争　点

動産の購入代金を立替払し立替金債務の担保として当該動産の所有権を留保した者は、第三者の土地上に存在しその土地所有権の行使を妨害している当該動産について、その所有権が担保権の性質を有することを理由として撤去義務や不法行為責任を免れるか。

(3) 判　旨

動産の購入代金を立替払した者が、立替金債務の担保として当該動産の所有権を留保する場合において、買主との契約上、期限の利益喪失による残債務全額の弁済期の到来前は当該動産を占有、使用する権原を有せず、その経過後は買主から当該動産の引渡しを受け、これを売却してその代金を残債務の弁済に充当することができるとされているときは、所有権を留保した者は、第三者の土地上に存在してその土地所有権の行使を妨害している当該動産について、上記弁済期が到来するまでは、特段の事情がない限り、撤去義務や不法行為責任を負うことはないが、上記弁済期が経過した後は、留保された所有権が担保権の性質を有するからといって撤去義務や不法行為責任を免れることはない。

なぜなら、上記のような留保所有権者が有する留保所有権は、原則として、残債務弁済期が到来するまでは、当該動産の交換価値を把握するにとどまるが、残債務弁済期の経過後は、当該動産を占有し、処分することができる権能を有するものと解されるからである。

もっとも、残債務弁済期の経過後であっても、留保所有権者は、原則として、当該動産が第三者の土地所有権の行使を妨害している事実を知らなければ不法行為責任を問われることはなく、上記妨害の事実を告げられるなどしてこれを知ったときに不法行為責任を負う。

2 判例の検討
(1) 目的物の撤去義務との関係
　判例は、残債務全額の弁済期の到来の有無を所有権留保の目的物の撤去義務の有無の判断基準としています。しかし、かかる基準をすべての場合において形式的に当てはめるのではなく、事案に応じてきめ細やかな利益考慮を行って目的物の撤去義務があるか否かを判断するべきであると考えられています。

　たとえば、期限の利益喪失約款が、留保所有権者の催告によってはじめて期限の利益が喪失する請求喪失になっている場合、留保所有権者が催告をしていないことをもって、撤去義務は負わないと考えるべきでないと解されます。なぜならば、第三者の権利を侵害してまで権利を行使しない自由を認めるべきでないと考えられるからです（民法398条参照）。

　また、残債務全額の弁済期が到来していれば、いかなる場合においても留保所有権者は目的物の撤去義務を負うとすべきかについても検討が必要です。すなわち、留保所有権者が目的物を占有・処分する権限を有する場合においても、以下のような場合には、撤去義務を負わないとする余地があるのではないかということが議論されています。

①　残債務がきわめて僅少であり、留保所有権を実行するコストに見合わない場合
②　返済交渉を行っているなど、弁済期後なお実行しないことに合理的な理由がある場合

(2) 不法行為責任との関係
　判例は、留保所有権者は、第三者の土地所有権の行使を妨害している事実を知ったときから不法行為責任を負うとしています。

　しかし、留保所有権者は、第三者の土地所有権の行使を妨害している事実を知ったとしても、妨害を除去するまでに一定の時間を要します。

　具体的には、所有権留保設定者との間の任意引渡しのための交渉に時間が必要です。また、所有権留保設定者が任意の引渡しに応じない場合、留保所有権者は、自力救済が認められていないことから、直ちに目

的物を撤去することはできず、断行の仮処分の申立や目的物引渡請求訴訟を提起し、仮処分命令や判決がなされ、これに基づき保全執行や強制執行を行って目的物を撤去するのに一定の時間が必要です。

　上記のような場合、留保所有権者が不法行為責任を負うとすることはあまりに酷であり、これらの場合にまで過失があるということができるか、具体的な事案に応じて詳細な検討がなされなければならないと解されます。

（太田 浩之）

Ⅷ　担保による回収

> **Q79　法的倒産手続における所有権留保の処遇**
> 法的倒産手続において、所有権留保はどのように対処されるのでしょうか。
>
> **A**　所有権留保は、破産・民事再生手続においては別除権、会社更生においては更生担保権として扱われます。破産・民事再生手続においては、留保所有権を行使し、目的物を任意に換価することができます。ただし、民事再生手続の場合、実行中止命令や担保権消滅許可決定がなされることがあります。会社更生においては、更生手続に従って満足を受けることになります。

解説

1　留保所有権者の倒産手続における地位

(1)　所有権留保の特徴

所有権留保は、法形式としては売主に所有権が残っていますが、法実質としては債権の担保権にすぎません。

このように、形式と実質との間に差異があることから、倒産手続において、留保所有権者に取戻権が認められるか、それとも別除権・更生担保権にすぎないのかが議論されています。

(2)　手続開始前に所有権留保の実行を終えている場合

倒産手続が開始される前に所有権留保の実行として契約を解除している場合には、留保所有権者には、取戻権が認められると考えられています。

その理由は、所有権留保をすでに実行している場合には、所有権は形式的にも実質的にも留保所有権者に帰属しているといえるからです。

(3)　手続開始前に所有権留保の実行を終えていない場合

倒産手続が開始されても、所有者は、倒産者に属しない財産を取り戻すことができるとされています（破産法62条、会社更生法64条、民事再生法52条）。

すなわち、所有権留保の法形式を重視すると、留保所有権者は目的物の所有権を有し、倒産者に属しない財産となるため、取戻権が認められることになります。他方で、所有権留保の法実質を重視すると、留保所有権者は担保権者にすぎず、財産は倒産者に属することになるため、取戻権は認められないことになります。

　この点、所有権留保と同様に非典型担保である譲渡担保について、会社更生手続において取戻権は認められないとする判断が最高裁によってなされており（最判昭和41・4・28民集20巻4号900頁）、所有権留保についても、実務上、取戻権を認めない運用が定着しています。

　したがって、倒産手続において所有権留保は担保権として扱われ、破産手続および民事再生手続においては別除権、会社更生手続においては更生担保権とされます。

2　留保所有権者の倒産手続における権利行使

(1)　破産手続

　破産手続においては、破産財団に属する財産について担保権・別除権を有する債権者は、担保権を制限されることはなく、自由にその権利を行使することができます（破産法65条1項）。したがって、留保所有権者は、目的物を売却して、その代金を返済に充てることになります。

　そして、担保権によって債権全額について満足を得られない場合には、弁済を受けることができない債権の額についてのみ、破産債権としてその権利を行使することになります（破産法108条1項）。

(2)　民事再生手続

　民事再生手続においても、所有権留保が別除権と扱われる点においては、破産手続と同様です。しかし、破産者の財産が最終的にすべて換価・清算される破産手続と異なり、民事再生手続が事業・経済生活を再生・維持し、その収益から弁済していくことを目的としているため、担保権の行使が制限されます。

　具体的には、裁判所により、別除権の実行中止命令（民事再生法31条）がなされたり、担保権消滅許可決定（同法148条）がされたりすることがあります。

ここで、実行中止命令とは、再生債権者の一般の利益に適合し、かつ、競売申立人に不当な損害を及ぼすおそれがない場合に、再生債務者の申立に基づき、裁判所が担保権の実行手続の中止を命ずるものです。所有権留保を含む非典型担保にかかる規定が適用されるか議論のあるところですが、事業・経済生活の再生を目的する手続において担保権を制約することが重要であることに鑑み、類推適用を認めるべきであると考えられています。

　また、担保権消滅許可決定とは、再生債務者の事業の継続に欠くことができない財産に担保権が存し、再生債務者が当該財産の価格に相当する金員を裁判所に納付した場合において、裁判所が担保権の消滅の許可する制度です。

(3) 会社更生手続

　会社更生法の特徴は、破産手続および民事再生手続と異なり、権利の自由な行使を認めず、担保権者を会社更生手続に参加させて権利行使を制限して、さらに更生計画の中で権利内容を変更することができる点にあります。

　したがって、会社更生手続においては、取戻権が認められず、更生担保権とされることの影響が大きく、結局、更生担保権者は更生計画に従い、その限度で満足を得ることになります。

3　双方未履行契約の規定の適用

　倒産手続開始時において、双務契約の履行が共に完了していないときは、管財人・再生債務者は、契約の解除をし、または債務を履行して相手方の債務の履行を請求することができるとされています（破産法53条1項、民事再生法49条1項、会社更生法61条1項）。

　かかる規定が所有権留保付売買契約に適用される場合、契約の解除が選択されれば物は返還されることになり、債務の履行が選択された場合には、かかる債権は、破産手続においては財団債権、民事再生手続および会社更生手続においては共益債権とされ、優先的な弁済を受けられることになります。そこで、かかる規定が適用されるかが議論されています。

この点については、目的物の所有権は、代金完済という条件付きですでに買主に移転されており、売主において行うべき積極的な義務がもはや存在しないことや、売主の倒産において、買主の条件付所有権を解除により消滅させる権利を留保させることが不当であるなどの理由から、双方未履行双務契約性を否定すべきであると考えるのが一般的です。

　ただし、自動車の売買などにおいて、買主が代金を完済した後に登記・登録を移転する契約となっている場合については、積極的な履行義務がなお残っているとして規定の適用があるとする見解が多いといえます。

4　解除条項の有効性

　所有権留保の実行は契約を解除することにより行われます。そこで、倒産手続の申立を行った場合は当然に契約が解除されるとする倒産解除特約の有効性が議論されています。

　この点、破産手続が破産者の財産がすべて換価して清算することを目的としていること、および、留保所有権者は破産手続においては別除権を行使して手続外で目的物を任意に売却できることから、破産手続との関係では、破産の申立を解除原因とすることを制限する必要は特段なく、有効であると考えられています。

　これに対して、民事再生手続および会社更生手続は事業の維持・再生を目的としており、再生債務者や更生会社の再生・更生にきわめて重要な意義を有する契約が当然に解除されることを認めることは、手続の趣旨・目的を害するものであるとして、無効であると解するのが一般的です（最判昭和57・3・30判決民集36巻3号484頁）。

　　　　　　　　　　　　　　　　　　　　　　　　（太田　浩之）

VIII　担保による回収

5　セキュリティ・トラスト

> **Q80　セキュリティ・トラスト（担保権信託）の利用**
>
> シンジケートローン等において利用拡大が見込まれる担保取得手法であるセキュリティ・トラスト（担保権信託）とは、どのような手法ですか。その利用メリットについても教えてください。
>
> **A**　セキュリティ・トラストとは、担保権を、被担保債権と分離独立して信託財産とする信託のことをいいます。これを利用することで、たとえばシンジケートローンにおいては、各参加金融機関が独立して有する債権に関して、一元的に担保を管理することが可能となるといったメリットがあり、積極的かつ多様な活用が見込まれます。

解　説

1　セキュリティ・トラストとは

　セキュリティ・トラスト（担保権信託）とは、担保権を、被担保債権と分離独立して信託財産とする信託のことをいいます。つまり、セキュリティ・トラストを設定することによって、ある債権の債権者と、その債権を被担保債権とする担保権者とを分けることができることとなります（次頁図参照）。

　このように債権者と担保権者を分けることによって、多数の金融機関等が参加することとなるシンジケートローンにおいて、各参加金融機関等がそれぞれ担保を管理するのではなく、一元的に管理することが可能となります。

　従前は、担保付社債信託法に基づいて、上記のような債権者と担保権者とを分離する方法が採用されていましたが、平成18年に改正された信託法に基づいて、一般的にセキュリティ・トラストを設定することが可能となりました（信託法3条1号・2号、55条）。

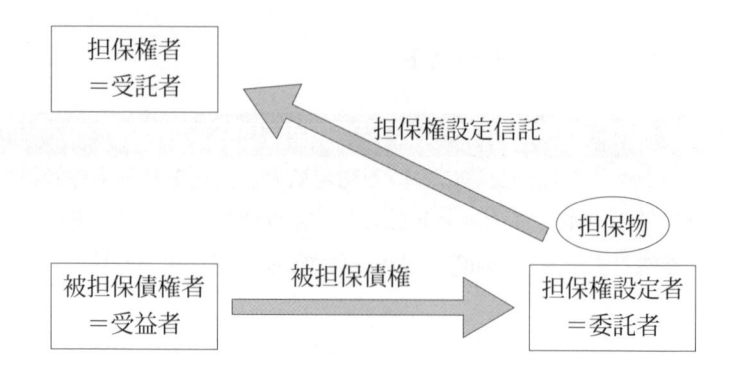

```
 ┌──────────┐
 │ 担保権者  │◄─────────────
 │ ＝受託者  │   担保権設定信託 ＼
 └──────────┘                    ＼
                                  ＼  ╭────╮
                                     │担保物│
                                      ╰────╯
 ┌──────────┐                    ┌──────────┐
 │被担保債権者│  被担保債権    →  │担保権設定者│
 │ ＝受益者  │ ═══════════════►  │ ＝委託者  │
 └──────────┘                    └──────────┘
```

2　セキュリティ・トラストの設定および実行

　上記のとおり、セキュリティ・トラストは、近時の信託法改正により一般的に導入することが可能となったものであるため、裁判例や実務上の蓄積が十分でなく、かつ信託法の条文も詳細を規定していないことから、その設定および実行に際して、法的にどのように取り扱われることとなるのかが必ずしも明確でない点が多くあります。

(1)　設定方法と債権者の同意

　セキュリティ・トラストの設定方法としては、担保権設定者が受託者に対して担保権の設定による信託をし、被担保債権者を受益者とする、いわゆる直接方式と、担保権設定者がまず債権者に対して担保権の設定をし、そのうえで債権者が当該担保権を受託者に対して信託する、いわゆる2段階設定方式の2通りの方法が考えられますが、このうち直接設定方式による場合に受益者となるべき債権者の同意が必要とされるかという点が議論されています（山田誠一「セキュリティ・トラスト」金融法務事情1811号16頁以下、井上聡編著『新しい信託30講』155頁以下）。

　通常、委託者と受益者が異なる他益信託の場合において、受益者の同意は必要とされていないところ、セキュリティ・トラストにおいても同様に、受益者たる債権者の同意を得ることなくセキュリティ・トラストによる担保権の設定をなすことができると考えてよいかという問題です。

　この点は、主に、セキュリティ・トラストにおける被担保債権の消滅

時期の問題と関連して論じられています。つまり、受託者が配当金の交付を受けた時点で被担保債権が消滅するのか、あるいは受益者が受託者から配当金の分配を受けた時点で消滅するのかという議論です。

セキュリティ・トラストによる担保権の設定について債権者の同意を必要ないと考える場合、債権者の関与しないところで被担保債権が消滅するという事態が生じてしまうという不都合を避けるためには、被担保債権は受益者が受託者から配当金の分配を受けた時点で消滅すると考えるべきということになると思われます。

しかしながら、配当金の交付によっても被担保債権が消滅しないとすると、担保権設定者にとって不利な取扱いとなってしまうことに加え、配当金請求権が信託法16条1号により信託財産たる担保権の実行に基づいて受託者が信託財産として取得することとなると考えられることからすると、やはり被担保債権は受託者が配当金請求権に基づいて配当金の交付を受けた時点で消滅すると解するのが妥当と思われます。

したがって、このように被担保債権の消滅時期を受託者が配当金の交付を受けた時点と解する以上は、直接設定方式によるセキュリティ・トラストの設定の際には、受益者となるべき債権者の同意を得ておくべきと考えられます。

(2) **担保権の実行等**

セキュリティ・トラストにおける担保権者である受託者は、信託事務として、当該担保権の実行の申立をし、売却代金の配当または弁済期の交付を受けることができることとされています（信託法55条）。

しかしながら、信託法上、セキュリティ・トラストの実行についての規定は当該条文しかないため、具体的にどのような手続に基づいて担保権実行・配当金の受領等が行われるかは解釈に委ねられている部分が多く存します。

たとえば、担保権が実行されて配当手続が実施された場合に、配当異議の申出やこれに基づく配当異議訴訟の手続等がどのようになされることとなるかといった点は明確に規定されていません。また、同様に、セキュリティ・トラストにおける被担保債権の債務者について破産手続等

が開始されることとなった場合に、別除権を実行した後の不足額の届出等について、受益者たる債権者がどのように届け出るのかといった点については不明確です。

　いずれにしても、このように法律上の明文の規定を欠き、取扱いが解釈に委ねられて不明確な点については、信託契約において明確に規定し、当事者間で疑義が生じないように取り扱うべきです。

（金澤　浩志）

6 その他

> **Q81 買戻し・再売買予約**
> 買戻しと再売買の予約の異同を教えてください。また両者の実務上の活用方法はどのようなものでしょうか。
>
> **A** 買戻しも再売買の予約も非典型担保として用いられることがあること、目的物を取り戻すことができることにおいて共通しています。再売買の予約については明文の規制はない一方、買戻しについて、民法上、期間、設定時期、効果等について法律上の規制がある点で異なります。実務上は、非典型担保として用いられる他、買戻しについては公的プロジェクトにおける不動産の利用方法限定の履行確保として用いられています

解説

1 再売買の予約と買戻しの共通点

再売買も買戻しも不動産について、契約時の特約によって所有権を復帰させることができることにおいて共通しています。

この意味で譲渡担保とも似ていますが、譲渡担保においては、不動産が第三者に処分されれば不動産自体を戻すことは困難であるのに対し、買戻しについては特約の登記を設定することで、再売買の予約については売買予約に基づく仮登記を行うことでこれを実現させる点で異なるといえます。

このような効果から、不動産を担保としたファイナンスのときに用いられることがあります。

なお、担保目的でなされる場合には譲渡担保や仮登記担保と同様、担保権者には清算義務等の義務が課されると解されることも共通しています。このような解釈をとらないと、担保権者が不当な利益を受けることにもなりかねないためです。

2　再売買の予約と買戻しの相違点

　再売買の予約は、法形式上は売買の予約にすぎないため、特別な規制は明文では設けられていません。

　これに対し、買戻しについては、期間において、最長10年と定められているほか（民法580条）、売買契約と同時に買戻しの特約を登記しないと第三者に対抗できないとされ（同法581条）、買戻しの実行方法は代金および契約の費用を提供しなければならないと定められている等（同法583条）民法上の規制が置かれています。

　再売買の予約にこのような規制がないことや、買戻しにすべき必要性も低いことから、実務的には担保目的であれば、再売買の予約を用いることの方が多いです。

3　実務上の活用方法

　両者の実務上の活用方法としては、先に述べたように、不動産を担保としたファイナンスに用いられることになります。会計上の金融認定を受けることにはなりますが、一時的に資金調達目的でリースバックを受け一定期間経過後に買い戻したいと考える場合にも用いられることになります。

　また、買戻しについては、公的プロジェクトで不動産を利用制限付きで分譲する場合等に、利用制限を遵守しないことを買戻しの実行事由とする方法で、この利用制限を確保する場合にも用いられています。

（瀧川 佳昌）

VIII 担保による回収

> **Q82 知的財産権担保を取得する際の留意点**
> 特許権を担保にとる場合、質権と譲渡担保で何か違いがあるでしょうか。また、その違いに応じて実務上どのように対応すればいいでしょうか。
>
> **A** 特許権の担保にとる場合、質権と譲渡担保権では、登録方法、登録免許税、設定後の管理方法、担保権の実行方法等に違いがあります。実務上、どちらの方法をとるかは両者の差異等を総合的に考慮して対応することは望ましいと考えられます。

解説

1 登録方法、登録免許税

特許権については、担保の設定方法としては質権、譲渡担保権ともに認められており（特許法95条・96条、譲渡担保については慣行）、いずれも効力発生要件としては登録が必要となります（同法98条）。

質権については特許原簿に質権の設定を記載することになり、譲渡担保権については特許権の移転手続をとることになります。

登録免許税については質権については債権額の0.4％、譲渡担保権については1件1万5000円とされています。

2 管理方法

上記から明らかなように、譲渡担保権については、特許原簿上は対外的には自らが特許権者となるため、特許権侵害の警告や訴訟の相手方となり、またライセンスを求めてくる対象になったりするため、特許権に関する情報把握は自ら行うことになると考えられます。

他方、質権の場合には、このような情報収集は担保権設定者に契約で義務付けさせざるを得ないため、すべての情報収集が可能かどうかについて問題があります。

したがって、このような面に着目すると、譲渡担保権の方がメリットがあることになります。

上記の反面、特許権者は、譲渡担保権設定者に対して管理上の注意義務を負担すると考えられ、特許のさまざまな管理についてはコストを要すると考えられます。他方、質権については、このような管理義務を負担することはありません。

　譲渡担保については、譲渡担保権者がどの程度の注意義務を負担するかや、ライセンス料を収受した後どのような権利関係になるか等、法的な解釈にゆだねられる部分も多々ある点も問題となります。

3　担保権の実行方法

　質権については、原則として法定手続によることになり。譲渡担保権については任意の実行が可能となります。なお、質権設定契約において私的実行を可能にすることも可能ですが、実際の実行においては権利の移転登録を要するため、やはり、設定者の協力が必要になります。

4　実務上の対応

　金融機関が担保融資を行う場合には、上記を総合的に勘案すれば、質権設定が通常であると思われますが、管理面にウェイトを置いたうえでさまざまな生じうる権利義務関係について契約で詳細を定めれば譲渡担保についても十分考慮に値するものと考えます。

（瀧川 佳昌）

IX

法的回収

1　期限の利益喪失

> **Q83　期限の利益喪失**
> 取引先について、期限の利益を喪失する事由が発生した場合は、どのように対応すべきでしょうか。また、保証人についてのみ、期限の利益を喪失する事由が発生した場合、どのように対応すべきでしょうか。

> **A**　期限の利益喪失事由が発生した場合には、期限の利益喪失の効果が発生する要件として請求等が必要であるかを確認し、必要である場合には、その手続を行う必要があります。そして、期限の利益が喪失すると、債権の回収が可能になるため、相殺、訴訟等の準備を開始するとともに、時効の進行が開始するため、時効管理に留意しなければなりません。

解　説

1　期限の利益喪失の意義

　期限とは、法律行為の効力の発生または債務の履行を将来到来することの確実な事実の発生にかからしめる付款のことをいいます。期限のうち、発生と履行に関する期限を始期と呼び、消滅に関する期限を終期と呼びます。そして、法律行為に始期が付けられると、効果が直ちに発生していないことになります。

　期限の利益とは、法律行為に始期や終期などの期限が存することによって、当事者が受ける利益のことです。そして、期限の利益喪失とは、本来期限の利益を有する場合において、一定の事由が生じたことにより、もはや期限の到来を待つことが不要となり、期限の利益が失われることを意味します。すなわち、履行について始期が設けられている場合に、期限の利益が喪失されると、債権者は債務者に対して直ちに請求することができるようになります。

2　期限の利益喪失事由

　期限の利益喪失には、民法等の法律で定められた事由により喪失する場合と、当事者間で合意した期限の利益喪失事由により喪失する場合とがあります。

　前者については、民法137条にその事由が列挙されており、具体的には、①債務者の破産手続の開始決定、②債務者による担保の喪失・損傷または減少、③債務者の担保提供義務違反が喪失事由と規定されています。これらの場合に期限の利益が喪失されるのは、このような場合であっても、期限が到来するまで請求することができないとすることが不当と考えられるからです。

　後者については、法律で定められている事由を緩和するため、契約書によってさまざまな合意がなされています。これらの当事者間の特約は、期限の利益喪失約款と呼ばれ、それが公序良俗に反しない限り、有効に成立し、それらの事由が生じた場合には、期限の利益が失われます。

3　期限の利益喪失約款

　期限の利益喪失約款は、大きく分けて2種類に分けられます。その1つが期限の利益喪失事由が生じたことにより、債権者が期限の利益を喪失させることができる類型（請求喪失）であり、もう1つが期限の利益喪失事由が生じると当然に期限の利益を喪失する類型（当然喪失）です。

　請求喪失の場合には、債権者による請求等の意思表示があってはじめて期限の利益が失われるので、債権者の意思表示がなされるまでは履行遅滞にはなりません。

4　期限の利益喪失事由が発生した場合の対応

　期限の利益が喪失されると、債権者は債権を回収することができることになります。そこで、債務者が期限の利益を失うと、債権者は回収のために具体的にどのような方法があるかを検討することになります。

(1)　保全処分

　期限の利益喪失事由が発生している場合、債務者が不動産や債権など

の財産を有していても、債権者が債権を回収する前に、債務者がこれらの財産を処分したり、債権の弁済を受けたりするおそれがあります。このリスクを回避する手段として考えられるのが、保全処分です。

すなわち、不動産・債権について、処分禁止の仮処分を行うことによって債務者による財産の処分を禁止し、仮差押えによって第三債務者による弁済を禁止することができます。

(2) **債権回収交渉**

① 債務者について、期限の利益喪失事由が発生した場合、債権者は、直ちに債務の履行を請求することができる立場になります。そのため、債権者としては、今後の対応を決めるためにも、債務者との間で、履行する意思があるのか等を含め、債権回収のための交渉を行うことになります。

② 債務に保証人が付けられている場合には、債権者は保証人に対しても請求することができます。したがって、債権者は、債務者との間の債権回収交渉のみならず、保証人との間でも債権回収交渉を行うことになります。

なお、保証人が単純保証人である場合には、保証人は先に債務者に催告すること（催告の抗弁、民法452条）、先に債務者の財産について執行するよう求めることが一定の要件のもとで法律上認められています（検索の抗弁、同法453条）。

(3) **強制的回収**

債権回収交渉が功を奏さず、任意に返済を受けることができない場合、債権者は、債務者の意思を介さない方法により債権を回収することになります。その方法としては、①相殺、②裁判、③担保権の実行などの方法が考えられます。

① 相　殺

債権者および債務者が互いに同種の目的を有する債務を負担する場合において、双方の債務が弁済期にあるときは、各債務者は、その対当額について相殺によってその債務を免れることができます（同法505条1項）。そして、期限の利益喪失事由が発生すると、債権者の債権の弁済

期が到来することから相殺が可能となります。相殺を行うためには、相殺する旨の意思表示が必要であり（同法506条1項）、この意思表示は、将来意思表示を行ったことを立証する必要が生じた場合に備え、内容証明郵便にて行うのが通常です。

② 裁　判

自力救済が原則禁止されていることから、債権者が強制的に債権を回収するためには、裁判において債務の履行を請求し、判決を債務名義として強制執行しなければなりません。債権者は、裁判において債権を有することを証拠によって立証しなければならないため、あらかじめ証拠収集を行っておくことが必要です。

③ 担保権の実行

期限の利益喪失事由が発生した債権を被担保債権とする担保権を設定している場合、債権者は担保権を実行することができます。たとえば、不動産に抵当権を設定している場合、抵当権を実行して不動産競売または不動産収益執行を行い、売却代金または収益の配当を受けることができます。

(4) サービサーへの譲渡

特定金銭債権（債権管理回収業に関する特別措置法2条1項）を有する債権者については、かかる債権を債権回収会社に委託・譲渡することができます。債権者は、債権回収会社に譲渡することによって債権を回収し、債権回収会社が債務者から回収の業務を行うことになります。

(5) 時効管理

消滅時効は、権利を行使することができると時から進行します（民法166条1項）。期限の利益喪失約款の当然喪失事由が発生すると債権者は権利を行使することができるため、消滅時効はかかる喪失事由が発生した時から進行します。通常の債権であれば10年（同法167条1項）、商事債権であれば5年（商法522条）が経過すると時効により消滅するため、債権者は気付かぬうちに債権が消滅しないよう、時効の管理をしなければなりません。

なお、民法の規定による期限の利益喪失および期限の利益喪失約款が

請求喪失の場合における時効の起算点について、最高裁は、請求がなされてから時効は進行するとの見解を前提とした判決をしています（最判昭和42・6・23民集21巻6号1492頁）。

5　保証人についてのみ期限の利益を喪失する事由が発生した場合の対応

期限の利益喪失約款において、保証人についてのみ期限の利益喪失事由が発生した場合には主債務者も期限の利益を喪失すると規定している場合には、主債務者および保証人に対して債務の履行を請求することができます。

これに対し、このような規定がない場合には、保証人について期限の利益喪事由が生じても、主債務の履行期が到来していない以上、保証人に対して履行を請求することはできません。

（太田　浩之）

Ⅸ　法的回収

Q84　増担保請求に基づく期限の利益喪失

いわゆる増担保条項に該当する事由が発生した取引先について、増担保請求をしましたが、これに応じない場合に、期限の利益を喪失させることができるでしょうか。

A　①債権保全を必要とする相当の事情が生じ、②約定後の事情の変化によって債権保全の確実性が減少したときには、期限の利益を喪失させることができます。

解　説

1　増担保請求の法的根拠

(1)　法的拘束力の根拠

当事者間の特約に基づく増担保請求権については、これを認めるのが一般的です。

これに対し、当事者間の特約に基づかない法定の増担保請求権については、従来、さまざまな学説が展開され、これが認められるかについて議論がなされていました。

しかし、現在では、債務者の行為で担保を滅失・損傷・減少させるなど債務者による抵当権侵害の場合には民法上当然に法定の増担保請求権が認められるべきであると解する見解が有力です（道垣内弘人『担保物件法　第3版』187頁）。

(2)　特約に基づく増担保請求権の要件

特約に基づく増担保請求権については、従前、減少・毀滅の原因のいかんを問わず増担保請求権を肯定する見解が一般的でした（鈴木禄弥・竹内昭夫編集『金融取引法体系　第5巻（担保・保証）』15頁）。

もっとも、現在では、増担保条項は、事情変更の原則に基づいて請求権を発生させる趣旨であると理解されています。

そして、増担保請求の発生要件としては、①債権保全を必要とする相当の事情が生じたこと、②約定後の事情の変化によって債権保全の確実

性が減少したことが必要であると考える見解が多数です（片山直也「金銭消費貸借契約書中の増担保条項に基づく増担保請求としての抵当権設定登記手続請求の可否」金融法務事情1844号30頁）。

2 増担保請求の法的効果

(1) 学説の検討

増担保請求権の法的効果については、①担保権者の意思表示によって直ちに担保権が設定されるとする見解（形成権説）、②債務者に担保権設定を承諾する義務が生じるとする見解（請求権説）、および③債務者に担保の提供に関する協議に応じる義務が生じるとする見解の学説上の争いがあります。

②の見解は、さらに、㈤債権者が指定する物件について担保設定を承諾する義務が生じるとする見解と、㈹債権者が増担保請求した場合に、債務者は、債務者が選択する物件を担保として提供する義務が生じるとする見解に分けることができるように思われます。

この点、後述の裁判例は、形成権説を否定して、請求権説のうち㈤と解釈する余地を残す判断をしています。

(2) 裁判例（東京高判平成19・1・30金融・商事判例1260号11頁）

① 事　案

Aは、Yに貸し付けた合計56億9000万円の本件債権を担保するため、本件土地に極度額50億円の根抵当権の設定を受けた。金銭消費貸借契約においては、「借主または連帯保証人について第4条に掲げる事実が発生しまたは発生するおそれがある等信用が悪化した場合、また前項により提供した担保についても滅失、もしくは価額の値下り等のため担保が不足した場合等、貴社が債権保全のため必要と認めるときは請求によってただちに貴社の承認する担保もしくは増担保を差入れ、または連帯保証人をたてもしくはこれを追加し、または債務の一部もしくは全部を弁済します。」と記載されていた。

その後、AはBに残債権（52億1956万0912円）を譲渡し、さらにBはこれをXに譲渡した。なお、根抵当権の極度額は20億円に変更されている。

本件土地に極度額20億円の根抵当権がすでに設定されていることに加え、Yは清算会社であり、本件土地以外に財産はなく、本件土地の時価は2000万円に低下していた。

そこで、XはYに対して、増担保条項に従い、仮登記仮処分決定申立事件の申立を行い、抵当権設定仮登記を命じる仮登記仮処分決定を得、これに基づいて同様の内容の仮登記を得たとして、仮登記に基づく本登記手続をすることを求めた。

② 判　旨

具体的な増担保等の対象となる物件、設定すべき担保の種類、内容等設定される増担保等を特定する事項が何ら定められていない状況で、本件約定をもって、債権者が増担保等の対象となる物件、担保の種類、内容を特定して一方的に増担保等の設定を請求する意思表示をするのみで、その請求が不相当でない限り、そのとおりの内容の増担保等が設定される形成権を債権者に与えたものと解することはできない。

所定の要件が具備した場合に、その段階での債務者の財産状況、当初の契約の被担保債権の残存状況に応じ、債権者が増担保等の設定を求める物件、担保権の種類、被担保債権の内容等必要な事項を具体的に特定して、担保権設定応諾の意思表示を請求することが可能であり、その請求の認容判決が確定することを条件とする担保権設定登記手続（請求権保全の仮登記が先行しておれば、その仮登記に基づく本登記手続）を請求することもできると解する余地がある。

(3) 検　討

増担保請求権は、当事者の合意により認められる権利であり、当事者の合意内容により、形成権を付与することも、意思表示の請求権のみを付与することも可能であると考えられます。したがって、債権者がいかなる内容の権利を有するかは、終局的には、契約条項の解釈の問題に帰着することになります。

この点、銀行取引約定書4条1項などの契約書において、増担保条項は「債権保全を必要とする相当の事由が生じたときは、請求によって、直ちに貴行の承認する担保若しくは増担保を差入、又は保証人を立て若

しくはこれを追加します」と規定されるのが一般的です。

このような記載からは、担保を提供するのか保証人を立てるのか、また、担保を提供する場合にはいかなる物件を担保として提供するのかが明らかではなく、かかる記載をもって物権的な請求権を付与する合意されたと解釈することは難しいと思われます。

このような記載がなされている場合には、債権者の請求後、債務者には、債務者に残された選択権に従い、選択された物件を担保として提供する義務が生じると解するのが自然であると思われます。

3　期限の利益喪失の根拠

期限の利益の喪失は、①民法137条を根拠とする場合と②利益喪失約款を根拠とする場合とがあります。

増担保条項または法定の増担保請求権により債務者に増担保提供義務が認められる場合には、債務者が担保を提供しなければ、債務者は、民法137条3号により期限の利益を喪失することになります。また、増担保条項が設けられている契約書の期限の利益喪失約款において、契約上の義務違反が期限の利益喪失事由として掲げられている場合には、期限の利益喪失約款を根拠に期限の利益が奪うことも可能です。

ただし、増担保請求権の法的効果について債務者に担保提供に関する協議に応じる義務が生じるにすぎないとする見解を立つと、債務者が担保を提供しなくても、協議に応じれば期限の利益が喪失されないことになります。

なお、民法137条3号または請求喪失の期限の利益喪失約款を根拠とする場合、債権者が債務者の期限の利益を奪うためには、請求が必要になります。

（太田　浩之）

2 保 全

Q85 不動産仮差押えの手続、留意点
強制執行の準備として、不動産仮差押えを利用するのは、どのような場合でしょうか。また、不動産仮差押えを利用する場合は、どのような点に留意すべきでしょうか。

A 債務者の資産を暫定的に処分できないように仮差押えを利用しますが、まずは、債務者の本社または自宅不動産など、譲渡を予定しない不動産を仮差押えの目的物とする不動産仮差押えをする運用がされています。最新の不動産の状況および権利関係を把握することに留意します。

解 説

1 不動産の仮差押えの意義
債権者が、担保権の実行としてではなく、金銭の支払を目的とする債権を強制的に回収しようと思えば、債務者の資産を強制的に換価処分する必要があります。強制執行は判決・和解調書等の債務名義に基づいて行われます。しかし、債務名義を取得するまでには時間がかかりますし、債権者が強制的な手続に出ると思えばこれを妨害すべく、資産を処分してしまうおそれは常にあります。そこで、資産を暫定的に処分できないようにするのが仮差押えです。

この仮差押えの目的物を不動産とするものを不動産仮差押えといい、不動産の処分を禁止する仮差押えと、不動産の収益を確保する仮差押えがあります。

2 手 続
(1) 仮差押え命令の申立
仮差押命令の申立は、管轄裁判所に対し仮差押命令申立書を提出することによってなされます。仮差押命令の申立は、被保全債権の存在およ

び保全の必要性を疎明しなければなりません（民事保全法13条2項）。保全の必要性については、諸事情を総合的にかつ客観的に判断されます。債務者の資産状況、負債状況、債務者が経済的に破綻を示す徴候等の具体的事実を主張し、これらの疎明できるだけの資料を添付するのが通常です。

　仮差押命令は、動産を除き、目的物について特定しなければならず（同法21条）、仮差押命令申立書の申立の趣旨の記載は、仮に差し押さえるべき物を特定しなければなりません。裁判所は、この目的物によって、債務者の損害を考慮し、保全の必要性の疎明の程度を決しています。たとえば、同種の事案であっても、仮差押えの目的物が債権、動産である場合には、不動産である場合よりも必要性の審理は慎重にされ、疎明資料も違ってきます。債務者の損害というのは、その対象の目的物が処分できなくなることの損害ですので、一般的には、流動的な資産よりは固定的な資産のほうが損害が少ないと思われています。裁判所は、仮差押えの目的物として、不動産、債権、動産という順番で選択すべきものとして運用がされています。

(2) 仮差押命令申立についての審理

　仮差押命令の申立があると、裁判所は、審理を開始します。書面審理に加えて、裁判所によって債権者審尋を必ず行うところもあれば、債権者側が特に求めない限り債権者審尋を行わないところもあります。訴訟要件（管轄等）、被保全権利の存在と、保全の必要性があるかをについて検討し認容されれば、債権者に対し、期間を定めて、あらかじめ一定の割合の担保提供を命じる決定をします。

　不動産仮差押命令の担保額の算定基準は、目的物の価額を基準とするか、請求債権を基準とするのかは裁判所によって違いますが、目的物の価額と請求金額が異なる場合は、それぞれ考慮されます。事案の内容、疎明程度、請求債権によっても異なり、確たる基準はありませんが、請求債権の2割程度が多いようです。債権者は、この期間内に担保額を供託し、または支払保証委託契約を締結すると、裁判所は、仮差押命令を発付します。供託等を行う期限は、通常、1週間程度です。

(3) 仮差押えの執行

不動産仮差押えの執行手続は、仮差押えの登記をする方法と強制管理の方法があり、またこれらの方法を併用して行うこともできます。

仮差押えの登記をする方法は、仮差押命令を発した裁判所が保全執行裁判所となり、改めて仮差押えの執行の申立書等を提出することなく、保全執行裁判所書記官が、差押えの登記の嘱託を法務局にします。仮差押えの効力はこの登記によって発生します（民事保全法47条3項・5項、民事執行法46条1項）。

強制管理の方法は、不動産の所在地を管轄する地方裁判所が保全執行裁判所となるので、仮差押命令を発した裁判所と異なることがあります。そこで、保全執行裁判所に執行申立書および、仮差押命令の申立の際に強制管理の方法により執行する旨の書面を提出したことを証する書面を添付します。保全執行裁判所は、強制管理開始決定をし、同時に管理人を選任します。

また、仮差押えの登記の嘱託を法務局にし、債務者および、債務者に給付する義務を負う者に対し、強制管理開始決定の送達をします。債務者に対しての仮差押えの効力は仮差押えの登記または、債務者への強制管理開始決定の送達されたときの、どちらか早い時期に生じます（民事保全法47条5項、民事執行法46条1項・93条）。この方法は、債権者が債務名義を取得していない段階で、債務者の使用収益権を奪うことになるので、仮差押命令の要件である保全の必要性の判断が厳しくなっています。

(4) 留意点

不動産仮差押命令申立時に、目的物件の登記簿上で債務者所有であり、所有名義をもとに仮差押命令、保全執行裁判所書記官が仮差押登記（差押登記）の嘱託を法務局に受付された時点で、所有権移転がされ債務者所有でなくなっていれば、登記は却下されてしまい、仮差押命令の効力も発生しません。よって、不動産仮差押命令を得るための担保額の準備、仮差押登記の登録免許税の準備等、申立から保全執行まで、迅速な行動が必要になります。

また、不動産仮差押えの目的不動産が建物である場合、目的建物に仮差押登記がされ、仮差押えの効力が生じたとしても、当該建物が滅失していることがあります。これは、実際建物が存在しなくても、登記簿が残っている場合がありますので、仮差押えの申立をする際には現況を確認しておく必要があります。仮差押えは、換価処分はしませんが、将来債務名義を得ても、現実に建物がなければ換価できないので、仮差押えの目的が果たせない結果になります。

　担保不動産競売開始決定に基づき差押えの登記がされている不動産、仮差押えがなされている不動産、これらの不動産を目的とする不動産仮差押申立は、いずれもでき、仮差押えをするメリットもあります。また、未登記不動産についても、債務者の責任財産であれば、仮差押えの対象となります。

3　不動産仮差押えの特徴

　登記簿を閲覧することによって、発見しやすく、所有者が明確です。

　時効管理について、判例は二転三転をしていましたが、仮差押えの登記が存続する間は、請求債権の時効中断の効力は継続するという考え方が定着しているということができ（最判平成10・11・24民集52巻8号1737頁）、本執行までの手続をせずに放置されたままも多く見られます。

　不動産仮差押えについては、請求債権金額に対して、1000分の4の登録免許税が必要になるため、債権仮差押えに比べて費用がかかります。

（寺本　栄）

Ⅸ 法的回収

> **Q86 債権仮差押えの手続、留意点**
> 債権回収をする際に、債権仮差押えを利用するのは、どのような債権があるでしょうか。また、債権仮差押えを利用する場合は、どのような点に留意すべきでしょうか。

A 　債務者が所有する不動産がない場合や、所有していても担保がついて余剰がない、不動産を仮差し押さえることが債務者にとってダメージが大きい場合、債権仮差押えを利用します。債務者が第三者に対して有する債権が、ある程度特定でき、第三債務者の住所・居所が判明し、債務者の有する債権に付着している抗弁権等がないかに留意して申立をすべきです。

解　説

1　債権の仮差押えの意義

　債権者が、担保権の実行ではなく、債権者が有する金銭債権について将来の強制執行のために債務者の責任財産を保全する点では、不動産仮差押えと同様です。

　仮差押えの目的物を、債務者が第三債務者に対して有する債権とするものを債権仮差押えといいます。

　執行の方法としては、第三債務者に対し、債務者への弁済を禁止する命令を発する方法で行われます。

2　仮に差し押さえるべき債権

　この債権とは、金銭の支払または船舶もしくは動産の引渡しを目的とする債権をいいます（民事保全法50条、民事執行法143条）。裏書の禁止されている手形・小切手のような有価証券は含まれますが、有価証券は、ほとんどが動産仮差押えになります。年金受給権、生活保護金等の特別法による差押禁止債権、および給料、退職年金等の差押禁止の範囲が決められた債権（民事執行法152条）は仮差押えも禁止されています。

　将来発生する債権、条件付債権等、近い将来における債権の発生が確

実に見込まれる債権、譲渡禁止特約が付いた債権については、いずれも仮差押えができます。

3 債権仮差押えの手続

(1) 仮差押命令の申立

　管轄裁判所に対し債権仮差押命令申立書を提出、被保全債権の存在および保全の必要性を疎明、保全の必要性について、仮に差し押さえるべき物の特定等は、不動産仮差押命令申立と同様です。仮に差し押さえるべき物の特定について、債権の種類および額その他の債権を特定するに足りる事項を記載しなければなりません。特定に欠ける場合には、不適法な申立として却下されます。

　また、不動産仮差押えである場合よりも保全の必要性の審理は慎重にされ、疎明資料は、債務者の住所地または本店所在地の土地建物の登記簿事項証明書を提出します。債務者が余剰価値のある不動産を所有していないことの疎明が要求されています。

(2) 仮差押命令の審理

　債権仮差押命令の申立があると、裁判所は、審理し担保額の決定をし、債権者が供託等しその後、仮差押命令が発せられるのは不動産仮差押と同様です。

(3) 仮差押えの執行

　債権仮差押えの執行は、債権仮差押え命令を発した裁判所が保全執行裁判所となり、改めて仮差押えの執行の申立書等を提出することなく債権仮差押命令を第三債務者および債務者に送達され、第三債務者に送達された時に仮差押命令の効力が生じます。

(4) 第三債務者に対する陳述の催告

　債権仮差押申立時には、仮に差押えすべき債権の存否、内容について疎明は要求されていません。仮差押債権者は、仮差し押さえた債権の当事者ではないので、債権の存否、内容については、詳しく把握できていないこともあります。そこで、仮差押債権者は第三債務者へ債権の存否、その債権の種類、額、弁済の意思の有無、優先する権利を有する者等（民事執行法規則135条）の陳述の催告を申し立てることができます

（民事保全法50条5項、民事執行法147条）。

　第三債務者が、この催告に対して、故意または過失により、陳述しなかったとき、または不実の陳述をしたときは、これによって生じた損害を賠償する責任があります。しかし、この陳述の記載内容について第三債務者を法的に拘束する効果はないと解されています。陳述した後、反対債権で相殺することを妨げるものではないという判例があります（最判昭和55・5・12金融・商事判例599号11頁）。

4　留意点

　債権は不動産や動産のように登記や占有されているものでないため、債務者の有する債権を探すのは容易ではありません。反対に、債務者が仮差押えの目的物である債権の仮装譲渡、虚偽の反対債権を作出して相殺することが容易です。

　また、債務者の有する債権に付着している抗弁権（第三債務者の弁済、債務不履行、手形交付等の抗弁）は調査しにくく、実質的に仮差押えの目的を果たせない危険性が高いです。

　保全執行は、保全命令（債権仮差押命令）が債権者に送達された日から2週間を経過したときはできなくなります（民事保全法43条2項）。第三債務者の住所・居所が不明により送達できなかった場合、この2週間が経過していると保全執行裁判所は改めて送達はしてくれません。債権者は第三債務者の所在を調査のうえ、新たな債権仮差押命令の申立からすることになります。

5　債権仮差押えの特徴

　登記記録の嘱託、執行官の占有などの手続、費用などがありませんので、廉価で迅速な手続です。強制執行の段階まで至ると、債権の種類によりますが、早期に現金化できる点では、不動産よりも効果的です。

　　　　　　　　　　　　　　　　　　　　（寺本　栄）

Q87　投資信託に対する仮差押え

投資信託に対する仮差押えとはどのような手続でしょうか。

A　投資信託に対する仮差押えの手続とは、振替社債等の仮差押えの方法により振替受益権を仮差し押さえる方法、あるいは債権仮差押えの方法により販売会社に対する条件付解約金支払請求権を仮差し押さえる方法をいいます。

解説

1　投資信託と投資信託受益権

　投資信託とは、専門家（信託銀行等）が個人投資家から資金を集め、専門家が投資家に代わって有価証券等に分散投資を行い、その利益を投資家が受け取るものであり、投資信託及び投資法人に関する法律（以下「投資信託法」という）に基づく金融商品です。

　投資信託には、投資信託委託会社（委託者。運用会社とも呼ばれる）が信託銀行等（受託者）に運用指図を行うもの（委託者指図型投資信託。投資信託法2条1項）と信託銀行等が自ら運用を行うもの（委託者非指図型投資信託。同条2項）の2つの形態があり、「委託者指図型投資信託のうち主として有価証券に対する投資として運用することを目的とするもの」を証券投資信託といいます（同法2条4項）。

　次に、投資信託受益権とは、投資家（受益者）は、契約の相手方に対し、信託契約に基づき、分配金請求権、解約申出権、解約金請求権等の権利を有していますが、このような投資家（受益者）としての地位に基づく権利をいいます。投資信託受益権は、均等に分割され、その分割された受益権は、委託者指図型投資信託では委託者が発行する「受益証券」をもって表示されます（同条7項・6条1項）。同信託の分割された受益権の譲渡および行使は、記名式である場合を除いて、受益証券をもってしなければなりません（同条2項）。

　このように、投資信託受益権は、財産的価値を有することから、債権

者による差押え・仮差押えの対象となりうるものです。

本問では、投資信託受益証券にかかる解約返戻金債権を差し押さえた債権者が、第三債務者である投資信託の販売会社に対して提起した取立訴訟についての最高裁判例（最判平成18・12・14民集60巻10号3914頁、以下「本判決」という）を取り上げ、投資信託にかかる解約金支払請求権の仮差押えの方法を説明します。

2　本判決の概要
(1)　事案の概要
本件は、債権者が、販売会社を第三債務者として、債務者が販売会社から購入したMMF（マネー・マネージメント・ファンド）の受益証券についての解約金支払請求権を差し押さえ、差押債権者の取立権に基づくものとして、訴状において、販売会社に対して上記受益証券について解約実行の請求を行い、一部解約金の支払を求めた取立訴訟です。

(2)　本判決の概要
本判決は、販売会社と顧客（受益者）の取引関係を規律する投資信託総合取引規定に着目し、販売会社が投資信託委託業者から解約金の交付を受けた場合には、上記取引規定に基づいて、販売会社はその顧客に対して解約金を支払うべき義務がある、つまり、受益者は、販売会社に対して、販売会社が投資信託委託業者から一部解約金の交付を受けることを条件とする一部解約金支払請求権を有する旨判示しました。

そのうえで、債権者が、顧客（受益者）の販売会社に対する条件付の一部解約金支払請求権を差し押さえた場合には、取立権の行使として、販売会社に対して解約実行請求の意思表示を行うことができ、販売会社が投資信託委託業者から一部解約金の交付を受けたときは、販売会社から一部解約金支払請求権を取り立てることができる旨判示しました。

3　投資信託に対する仮差押えの方法
平成19年1月の投資信託振替制度の開始により、投資信託について受益証券が発行されず、投資信託に関する受益権の権利の帰属は、口座管理機関における振替口座簿の記録により定めることとなったため、受益者の債権者としては、投資信託に関する受益権を振替社債等執行の方

法（民事執行規則150条の6以下）により差し押さえることができることとなりました。

　しかしながら、本判決において肯定された販売会社を第三債務者とする解約金支払請求権の債権執行の方法による場合、受益者と販売会社間の契約内容に変更がなく、解約実行請求が販売会社を通じて行う方法に限定されることに変更がなければ、引き続き差し押さえることも可能であると解されています（新家寛ほか「投資信託にかかる差押え―最一小平18.12.14の射程―」金融法務事情1807号8頁）。

　以上から、投資信託振替制度移行後における仮差押えの方法は、振替社債等の仮差押えの方法により振替受益権を仮差し押さえるか（民事保全規則42条）、あるいは債権仮差押えの方法により販売会社に対する条件付解約金支払請求権を仮差し押さえるか、いずれかの方法で仮差押えの申立を行います。

（角口　猛）

IX 法的回収

Q88 債務名義取得後の仮差押え

不動産に対する強制競売手続が無剰余を理由に取り消された後、債務名義と同一の債権を被保全債権として、さらに当該不動産に対して仮差押えを申し立てることは可能でしょうか。

A 債務名義を取得している債権者が債務者所有の不動産に対して強制競売の申立をしたが無剰余を理由に強制競売の手続が取り消された場合においては、権利保護の必要性が肯定されますので、仮差押えを申し立てることは可能です。

解説

1 債務名義を有する債権者による保全処分の必要性とは

民事保全法は、民事訴訟の本案の権利の実現を保全するための仮差押えなどについて定めています（同法1条）。仮差押命令などの保全命令を発令するための要件としては、被保全権利と保全の必要性という実体的要件（同法13条等）を具備するほかに、これに先立ち、形式的要件を備えることが必要であり、この形式的要件の1つとして民事保全制度を利用しうる正当な必要性があるかという要件（権利保護の必要性）があります。（瀬木比呂志『民事保全法（第3版）』148頁以下参照）。

債務名義を有する債権者による保全処分の必要性で問題とされる必要性とは、この権利保護の必要性であり、これが肯定される場合にはじめて問題となる同法13条の保全の必要性とは区別される概念です。

2 債権者が債務名義を有しているが直ちに執行できない場合

債権者が即時・無条件に執行可能な債務名義を有する場合には、強制執行が可能ですので、原則として権利保護の必要性はなく、民事保全の申立は許されないというのが現在の裁判実務です。しかし、債務名義を有していても、何らかの事情で直ちに執行できない場合には、権利保護の必要性を認めるのが一般的です。

従来の裁判例において、たとえば、債務名義に執行停止決定がなされ

た場合や、債務名義の内容が期限または条件付であるとか、債務名義等の送達に時間を要する場合には、権利保護の必要性が肯定され、民事保全の申立が許されます。

3 債権者が債務名義に基づいて直ちに執行できる場合

前項に対し、債務名義を有している債権者がその意思いかんによっては直ちに執行の申立が可能な場合であっても、権利保護の必要性が認められる場合があるのでしょうか。

たとえば、債務者が所有する不動産の価格が低く債権者が強制競売の申立をしても無剰余になる場合で、債権者が当該不動産の値上がりを待つために、その間仮差押えをしておきたいというような場合は、前項の場合と同様に評価することはできず、権利保護の必要性は認められません（瀬木・前掲158頁）。

4 名古屋高裁決定の要旨

近時、名古屋高裁は、債務名義を取得している債権者が債務者所有の不動産に対して強制競売の申立をしたが無剰余を理由に強制競売の手続が取り消された場合に仮差押えを申し立てることの許否について、仮差押えの申立を肯定しました（名古屋高決平成20・10・14金融・商事判例1323号55頁）。

本決定は、「仮差押の被保全債権について確定判決等の債務名義が存在する場合には、原則として、民事保全制度を利用する必要性（権利保護の必要性）は認められないが、債権者が強制執行を行うことを望んだとしても速やかにこれを行うことができないような特別の事情があって、債務者が強制執行が行われるまでの間に財産を隠匿又は処分するなどして強制執行が不能又は困難となるおそれがあるときには、債権者が既に債務名義を取得していてもなお権利保護の必要性を認め仮差押えを許すのが相当である。」とし、そのうえで、「被保全債権について債務名義を有する債権者が、債務者所有の不動産に対して強制競売の申立てを行い、強制競売手続が開始されたが、無剰余を理由に同手続が取り消された場合、当該強制競売手続が無剰余を理由に取り消されてから相当期間が経過していないなど、債権者が現時点で当該不動産に対し強制執行の

申立てをしても、無剰余を理由として強制競売手続が取り消される蓋然性が高い事情があるときには、前記の特別の事情があるとして、仮差押えの権利保護の必要性を認めるのが相当である。」と判断しました。

　本決定は、仮差押えへの被保全債権について債務名義が存在する場合は原則として権利保護の必要性は認められないが、例外的に「特別の事情」がある場合にはこれが認められるとしたうえで、本設問の場合は「特別の事情」があると判断したものであり、実務上の参考となります。

（角口　猛）

> **Q89 同一の被保全債権に基づく異なる目的物に対する仮差押え**
>
> 特定の目的物についてすでに仮差押命令を得た債権者は、仮差押命令と同一の被保全債権に基づき、さらに異なる目的物に対し仮差押命令の申立をすることができるでしょうか。

A 特定の目的物についてすでに仮差押命令が発せられた後でも、異なる目的物についての強制執行を保全しなければ当該債権の完全な弁済を得ることができないとして仮差押命令の必要性が認められるときは、さらに異なる目的物に対し仮差押命令の申立をすることは可能です。

解説

1 問題の所在

債権者が被保全債権を保全するため債務者の財産につき仮差押命令を得た後、被保全債権の一部が保全されていないなどとして、同一の被保全債権に基づき、異なる目的物に対して仮差押命令の申立をすることが許されるでしょうか。この点、東京地裁と大阪地裁とでは、消極、積極という異なる取扱いに分かれていました。このような中、最高裁平成15年1月31日決定（民集57巻1号74頁、以下「本決定」という）は、この問題について最高裁としてはじめて判断を示したものであり、債権回収の実務上、重要な意味を有しています。

2 本決定の内容

本決定は、まず、仮差押命令の申立においては、被保全債権と仮差押命令の必要性の両方が審理の対象となるとしました。

そのうえで、本決定は、「特定の目的物について既に仮差押命令を得た債権者は、これと異なる目的物について更に仮差押えをしなければ、金銭債権の完全な弁済を受けるに足りる強制執行をすることができなくなるおそれがあるとき、又はその強制執行をするのに著しい困難を生ずるおそれがあるときには、既に発せられた仮差押命令と同一の被保全債権

に基づき、更なる目的物に対し、更に仮差押命令の申立てをすることができる。」と判断しました。

ある被保全債権に基づく仮差押命令が発せられた後でも、異なる目的物についての強制執行を保全しなければ当該債権の完全な弁済を得ることができないとして仮差押命令の必要性が認められるときは、すでに発せられた仮差押命令の必要性とは異なる必要性が存在するという帰結になります。

なお、民事執行法28条1項は、「債権の完全な弁済を得るため執行文の付された債務名義の正本が数通必要であるとき」に、執行文の再度付与を認めています。すでに仮差押命令が発令された後に、さらに仮差押命令を発令することは、執行文の再度付与の場合と類似しますので、本決定も同趣旨を述べたものと理解できます。

3　実務上の影響

東京地裁と大阪地裁とで、先の仮差押命令と同一の被保全債権に基づく後の仮差押命令の申立について、消極、積極という異なる取扱いをする事態が生じていましたが、本決定によって、今後、追加の仮差押命令の申立が認められるようになったことから、与信保全上の意義は大きいといえます。

（角口　猛）

Q90 処分禁止仮処分の手続、留意点

強制執行の準備として処分禁止の仮処分をする場合がありますが、どのような手続でしょうか。

A 　強制執行の準備としての処分禁止の仮処分は、たとえば、債務者がほかに見るべき資産がないのにその唯一の不動産を第三者に贈与した場合に、当該不動産を債務者の財産に回復させる準備として、当該第三者からさらに処分されることを防止する手続です。

解説

1　詐害行為取消権保全の処分禁止仮処分

　債務者所有の不動産がすでに第三者に処分されている場合、詐害行為取消権を行使する場合がありますが、詐害行為取消権に基づく当該第三者に対する所有権移転登記抹消登記手続請求の前提として、当該第三者からさらに所有権を移転されないように、処分禁止の仮処分を申し立てることが考えられます。

　たとえば、債務者の唯一の資産と考えられる不動産が夫あるいは妻に移転されるというケースがあります。この移転が離婚に伴い財産分与としてなされたものである場合、原則として詐害行為にならないというのが判例の考え方です（最判昭和58・12・19民集37巻10号1532頁）。

　もっとも、同判例ではその分与が民法768条3項の趣旨に反して過大であり、財産分与に仮託してされた財産処分であると認めるに足りる特別の事情がある場合には別論としているので、このような事情があれば詐害行為取消権を行使する場面になります。

　処分禁止の仮処分の登記がなされると、第三者がさらなる処分を行っても仮処分との関係では無視されることになり、詐害行為取消権に基づく本案訴訟で勝訴した債権者は、所有権移転登記の抹消を実現することができます。そのうえで、債務者に対する債務名義に基づいて強制執行

を行うことになります。

2　手続

(1) 申立書・疎明資料等の準備

　疎明資料の中で重要なものは、債権者の債権内容を疎明する資料、債務者の詐害行為（①客観的に詐害行為が存在すること、②取消権者の債権の発生後に当該詐害行為がなされたものであること、③詐害行為時において債務者が無資力であること、④受益者または転得者が債権者を害すべき事実を知っていたなど等の事実）を疎明する資料、仮処分対象不動産の登記事項証明書およびその時価を疎明する資料です。

(2) 申立および担保額の決定

　裁判所によって債権者審尋を必ず行うところもあれば、債権者側が特に求めない限り、債権者審尋を行わないところもあります。

　担保額は、仮処分の対象となった不動産の価額を基準に判断され、主に固定資産税課税標準額が参考とされます。担保額は、通常不動産価額の3割前後としつつ、特に詐害行為取消権の保全の場合、詐害行為の成立に対する疎明が困難な場合が少なくないため、他の保全処分の場合よりもやや高めに設定されることが一般的です。

（角口　猛）

3　債権者代位権

> **Q91　債権回収における債権者代位権の利用**
> 業績が悪化した取引先が、売掛金の回収をせず放置しています。この売掛金から回収するにはどうしたらいいでしょうか。

> **A**　取引先が無資力であれば、債権者代位権を行使することにより、取引先の有する売掛金債権を行使して直接取引先に対する債権の弁済に充当するという方法が考えられます。

解説

1　債権者代位権の行使による回収

取引先からの債権回収の手法として、通常、法的になしうるところとしては、任意の回収ができなければ、判決等の債務名義を得て強制執行を行うことになります。通常、取引先の有する売掛金は、売掛金債権を差し押さえることにより回収することが原則になります。

2　債権者代位権行使の際の留意点

しかしながら、かかる手段は時間がかかるうえ、最終的には他の債権者と競合が生じてしまって優先的に回収することができないことも想定されます。そこで1つの手段として、債権者代位権の行使により、直接債務者の売掛先からの回収を図ることが考えられます。

債権者代位権とは、債権者が債務者に代位して債務者が有する債権を行使することです（民法423条）。債務者が無資力である場合に金銭債権の保全のために行使することができるのです。そして、理論上も、債権者代位権を行使した場合には、債権者が直接第三債務者から金銭の交付を受けることができ、かつ債務者に対するその金銭の返還債務と自己の債権を相殺することにより、事実上優先的に弁済を受けることが可能になるのです。

もっとも、現実には債務者の無資力を立証することには困難が伴い、

IX　法的回収

たとえば、第三債務者が争った場合(第三債務者としては容易に支払ってしまって万一債権者代位権の要件を満たしていなかった場合に二重払のリスクを負担することになり、抑制的になることは十分に想定される)には相応に手間を要することになることも考えられるので、現実に行使する場合には注意が必要です。

(柿平 宏明)

4　詐害行為取消権

> **Q92　特定物債権を保全するための詐害行為取消権の行使**
>
> 取引先の不動産に対して抵当権の設定を受けましたが、その登記をしないうちに、その不動産が他に売却されていることが判明しました。この場合、名義をもとに戻して、抵当権の設定登記をすることができるでしょうか。

> **A**　売却先の主観的事情等によっては詐害行為取消権の行使によって名義をもとに戻すことが考えられますが、抵当権の設定登記をすることは強制的にはできないものと考えられます。仮に抵当権の設定をするのであれば、通謀虚偽表示による無効の主張が通った場合に、別途、登記請求を行うことは可能かと思われますが、詐害行為取消請求の中では、和解等あくまでも債務者や受益者等の意思に依拠した手段とならざるを得ないものと考えられます。

解　説

1　詐害行為取消権とは

詐害行為取消権（民法424条）とは、債務者が債権者を害することを知りながら行った法律行為の取消しを裁判所に請求する権利のことをいいます。責任財産を減少させる債権者の行為を否定することで責任財産の回復を図ること、それによって最終的に強制執行に備えることに意義があります。

2　詐害行為取消権行使上の問題点

(1)　設問のような場合に、他の要件はどうあれ、端的に抵当権設定登記の被担保債権である債務者に対する金銭債権を被保全債権として不動産の所有権移転を取り消して元の状態に戻すことも考えられますが、抵当権設定登記手続請求権を被担保債権として詐害行為取消権を行使することにより、抵当権の設定までこぎつけることができるかという点がま

ず問題になります。

　この点、上記の責任財産の保全という詐害行為取消権の趣旨からすると、被保全債権はあくまでも金銭債権に限られるといえます。したがって、登記手続請求権のような、金銭債権でないいわゆる特定物債権については、原則としてそれを被保全債権として詐害行為取消権を行使することはできません。

　もっとも、特定物債権も債務不履行等に基づく損害賠償請求権という金銭債権に変わりうるものですから、そのような金銭債権に変わったのであれば、それを被保全債権として詐害行為取消権を行使することが可能です（最判昭和36・7・19民集15巻7号1875頁）。とはいえ、あくまでも損害賠償請求権に変わっており、責任財産の保全のために、債権者の共同の利益のために行使している以上は、対象となる特定物を自己の債権の弁済に充てることはできません（最判昭和53・10・5民集32巻7号1332頁）。

　そのため、仮に抵当権設定登記手続請求権を有していたとしても、詐害行為取消権の行使によっては、抵当権の設定まで実現させることはできないものと考えられます。

　(2)　ただし、たとえば、設問の所有権移転が通謀虚偽表示により無効と判断され、もとの所有者である債務者に戻った場合には特段責任財産の保全のために行使されたものでない以上は戻された所有者である債務者に対して抵当権設定登記手続請求権を行使することは可能かと思われます。もっとも、あくまでも通謀虚偽表示の要件、特に通謀という要件を満たす必要がありますので、事案によりけりといわざるを得ません。

　たとえば、贈与の場合等であれば、詐害行為取消権は対価性がないという点から認められる可能性が性質上高いものと考えられますが、実際に使用されている等の事情があれば通謀虚偽表示とまではいえないという場合も十分に想定されるところですから、詐害行為取消権よりもハードルが高くなる場合も多いといえるでしょう。

3　結　論

　結局のところ、抵当権の設定まで至らせるためには、あくまでも和解

等により債務者と受益者（本設問でいう所有権移転を受けた者）との間で売買契約の解除をする等して所有権を当事者間で債務者に移転させ、そのうえで抵当権設定登記を具備したり、受益者の所有権を認めたうえで受益者に抵当権を設定させる等、強制的ではなく、債務者らの意思に依拠した方法によるほかないものと考えられます。

（柿平 宏明）

Ⅸ 法的回収

5 強制執行

(1) 不動産競売

> **Q93 不動産競売手続の流れ**
> 不動産の競売手続とはどのような手続でしょうか。手続の概要を教えてください。
>
> **A** 不動産の競売手続には、「強制競売」と「担保権実行としての競売（担保不動産競売）」があります。いずれも債務者が金銭の支払をしないときに、執行裁判所が債務者の所有する不動産を換価し、その代金を債権者に交付することにより、債権の強制的実現を図るという手続です。その基本的な手続の流れは、大きく分けて、①申立から差押登記の嘱託までの「差押え」、②現況調査命令から代金納付による所有権移転登記の嘱託までの「換価」、③配当期日の通知から配当の実施までの「配当」の3段階です。

解説

1 はじめに

　不動産に対する競売には、抵当権を有しない債権者が債務名義（判決、和解調書、公正証書等）を取得して、それに基づいて債務者が所有する不動産に強制執行を行う「強制競売」と当該不動産に抵当権を有する債権者が抵当権の実行として行う「担保権実行としての競売（担保不動産競売）」があります。この両手続は、申立にあたって債務名義を必要とするか否かの点において性質的に異なるものですが、いずれも債権者の申立により、当該不動産を差し押さえ、そして換価して債権の回収を図ることを目的とするものであり、国家機関によって強制的に債務の履行があったのと同様の状態を実現するものです。

　民事執行法では、両手続は基本的に同一の手続で進めることにしており（民事執行法1条）、担保不動産競売手続では強制競売手続の多くの規

定を準用しています（同法188条）。

2　担保不動産競売手続の流れ

(1)　担保不動産競売の申立

　抵当権者は、競売の申立にあたり申立書を作成し、当該不動産所在地を管轄する執行裁判所の競売係に申立書、担保権を証する法定文書（登記事項証明書等）、その他の付属書類を提出して申立を行うことになります（民事執行法2条、民事執行規則1条、民事執行法181条・188条・44条）。

(2)　競売開始決定および差押え

　執行裁判所は、申立を適法と認めた場合は、競売開始決定を行い、かつ申立をした抵当権者のために当該不動産を差し押さえる旨を宣言します（同法188条・45条1項）。そして裁判所書記官は直ちに管轄登記所に対し差押登記の嘱託を行います（同法188条・48条1項）。

　なお、実務上はまず差押登記の嘱託を行い、その登記完了後に競売開始決定正本が債務者および所有者に送達されますので、差押えの効力発生時期は差押登記の完了時ということになります（同法188条・46条1項）。

(3)　配当要求の終期の公告および債権届出の催告

　裁判所書記官は、差押登記の完了を確認すると、配当要求の終期を定め、これを公告します。そして差押登記前に登記された仮差押債権者・抵当権者や公租公課庁に対し、債権の届出を催告します（同法188条・49条）。

(4)　現況調査命令と評価命令

　執行裁判所は、開始決定後直ちに地方裁判所所属の執行官に対し現況調査命令を発令し、不動産の形状、占有関係その他の現況について調査を命じます（同法188条・57条）。また不動産鑑定士である評価人に対し評価命令を発令し、不動産の評価額の鑑定を命じることになります（同法188条・58条）。

(5)　売却基準価額の決定および物件明細書の作成

　執行裁判所は、評価人作成の評価書に基づいて、売却基準価額を決定

し（同法188条・60条）、一方、裁判所書記官は、執行官作成の現況調査報告書や関係人に対する審尋結果をもとに物件明細書を作成します（同法188条・62条）。物件明細書は、買受希望者の重要な参考資料であり、不動産の現況や売却により買受人の引受けとなる権利の有無等が記載されています。

(6) 期間入札の公告と関係人への通知

裁判所書記官は、「物件明細書」、「現況調査報告書」、「評価書」のいわゆる3点セットの準備が調うと、売却の日時、場所その他売却の方法を定めた売却実施命令を発令します（同法188条・64条3項）。そして、裁判所書記官は、売却すべき不動産の表示、売却基準価額および売却実施の日時・場所を公告し（同法188条・64条5項）、さらに当事者や利害関係人に対し、入札期間・開札期日・売却決定期日などを記載した通知書を発送することになります（民事執行規則173条1項・49条・37条）。一方で3点セットを裁判所に備え置き、買受希望者の閲覧に供されることになります（民事執行法188条・62条2項、民事執行規則173条1項・31条）。

(7) 売却の実施と売却許可決定

売却の方法としては実務上、一定の期間（入札期間）を定めて、その期間内に開札を行う「期間入札」を原則とし、補充的に期間入札を実施したが売却できなかった場合に、買受可能価額以上の金額での買受申出者に先着順で売却する「特別売却」を採用しており、関係人に対し発送される通知書には「期間入札」と「特別売却」が同時に実施される旨の記載がなされています。

売却の実施は、地方裁判所所属の執行官が行い（民事執行法188条・64条3項）、開札期日での開札の結果、最高価買受申出人が決定されます。そして裁判所は、売却決定期日において、その者に売却を許すかどうかの検討をし、売却不許可事由に該当しない限り、売却許可決定がなされます（同法188条・69条）。

(8) 代金の納付

買受人は、売却許可決定が確定した後、指定された代金納付の期限ま

でに代金を納付すると(同法188条・78条)、裁判所書記官は買受人のために所有権移転登記と抵当権・仮差押え等の各抹消登記の嘱託を行います(同法188条・82条1項)。

(9) **配当の実施**

執行裁判所は、買受人から代金が納付されると、配当の手続を開始し(同法188条・84条)、裁判所書記官は、各債権者に配当期日呼出状と債権計算書提出の催告書を送達します(民事執行規則173条1項・60条)。

執行裁判所は、提出された債権計算書に基づき、各債権者の債権額および執行費用の額ならびに配当の順位および額を定め、これに基づき裁判所書記官は配当表を作成します。そして、配当期日において異議がなければ、各債権者に配当を実施することになります(民事執行法188条・84条・85条・89条)。

(角口 猛)

Ⅸ 法的回収

Q94 無剰余通知が届いた場合の対応

競売を申し立てたのですが、裁判所より剰余を生じる見込みはない旨の通知が届きました。どのように対応すればよいでしょうか。

A 差押債権者は、通知を受けてから1週間以内に、①剰余を生じる見込みがあることを証明するか、②差押債権者に優先する債権があり、かつ不動産の買受可能価額が手続費用の見込額を超える場合において、不動産の売却について優先債権を有する者の同意を得たことを証明するか、③優先債権がない場合は手続費用の見込額を超える額、優先債権がある場合は手続費用および優先債権の見込額の合計額以上の額（申出額）を定めて、自らその額で買い受ける旨の申出および申出額に相当する保証の提供等をする必要があります。

解説

1 無剰余取消制度

無剰余とは、競売不動産の買受可能価額から、差押債権者より優先する債権等を配当すると、差押債権者の債権に対する配当の見込みがない場合をいいます。

不動産競売手続は、差押債権者が自己の満足のために債務者の不動産を売却することを求める手続ですから、当該不動産を売却しても差押債権者が配当を受けられない場合は、当該不動産を売却することは差押債権者にとって意味がないうえ、そのような場合でも当該不動産を失うこととすると債務者の財産は不当に侵害される結果となります。

そこで、不動産の買受可能価額で執行費用のうち共益費用であるもの、および差押債権者に優先する債権を弁済して剰余を生ずる見込みがないと認められるときは、執行裁判所は不動産競売手続を取り消すことになります。

2 無剰余の判断

無剰余の判断は、買受可能価額を基準にし、手続費用、差押債権者の債権に優先する債権（先順位担保権者、交付要求した租税債権者等）を計算したうえ、執行裁判所が判断します。

3 無剰余通知が届いた場合の差押債権者の対応

執行裁判所が無剰余の判断をした場合には、その旨を差押債権者に通知します（民事執行法63条1項）。通知を受けた差押債権者が競売手続の続行を求める場合には、通知を受けてから1週間以内に、①剰余を生じる見込みがあることを証明するか（民事執行法63条2項ただし書）、②差押債権者に優先する債権があり、かつ不動産の買受可能価額が手続費用の見込額を超える場合において、不動産の売却について優先債権を有する者の同意を得たことを証明するか（同条同項ただし書）、③優先債権がない場合は手続費用の見込額を超える額、優先債権がある場合は手続費用および優先債権の見込額の合計額以上の額（申出額）を定めて、自らその額で買い受ける旨の申出および申出額に相当する保証の提供等をする必要があります（同条同項）。

4 剰余を生じる見込みがあることの証明

具体的には、優先債権の現存額が実際は低い、もしくはすでに債権が消滅している事実等を証明する必要があります。たとえば、優先債権について債権届出書の提出がない場合、抵当権の債権額または根抵当権の極度額に相当する債権が存在するものとして扱われますので、このような証明の余地があると考えられます。

5 売却手続を実施するために同意を得なければならない優先債権者の範囲

優先債権者の同意は、優先債権者が有する利益を放棄する旨の意思表示ですので、売却を実施することにより不利益を被る優先債権者、すなわち買受可能価額によっては債権全額の弁済を受けられない優先債権者と解されます。

一方、買受可能価額で自己の債権全額の弁済を受けられる優先債権者は売却手続が実施されることにより何らの不利益を被ることがないと考

えられますので、このような優先債権者の同意は不要です（民事執行法63条2項ただし書中の括弧書）。

6　差押債権者が競売不動産を買い受ける場合

差押債権者は、優先債権がない場合には手続費用の見込額を超える額、優先債権がある場合は手続費用および優先債権の見込額の合計額以上の額を決めて、その申出額に達する買受けの申出がないときは、自らその額で買い受けるとの申出をすることができます（民事執行法63条2項1号）。この場合には、差押債権者は申出額に相当する保証の提供をする必要があります。

7　競売不動産が農地であって買受けの資格が制限される場合

この場合には、上記申出額を決めて、買受けの申出の額が申出額に達しないときは、申出額と買受けの申出の額との差額を負担するとの申出をすることができます（民事執行法63条2項2号）。この場合にもその差額について保証の提供が必要です。

8　申立債権者の注意点

無剰余取消しの判断に際して基準となる先順位担保権者の債権額は、債権届出書に記載された債権額か、その提出がない場合には抵当権の債権額または根抵当権の極度額とみなされます。無剰余取消しの可能性を早期に把握するために、債権届出書の閲覧謄写が必要となります。また請求債権の消滅時効は無剰余取消決定の確定時から再度進行すると考えられる点には注意が必要です。

（角口　猛）

Q95　執行妨害の対応（保全処分）

民事執行法上の保全処分の種類、要件、留意点を教えてください。

A　民事執行法上の保全処分には、①売却のための保全処分、②買受けの申出をした差押債権者のための保全処分、③最高価買受申出人または買受人のための保全処分、④担保不動産競売の開始決定前の保全処分の4種類があります。保全処分の要件・留意点等については、解説を参照してください。

解　説

1　民事執行法上の保全処分

　民事執行法上の保全処分は、現在4種類が規定されています。このうち売却のための保全処分（民事執行法55条）を基本に他の3種類を位置付けると理解しやすくなります。

　そもそも、不動産に対する強制競売または担保不動産競売（以下、あわせて「不動産競売」という）の開始決定がなされ、当該不動産に対する差押えがなされたとしても、債務者（または所有者）が当該不動産を通常の用法に従って使用収益することは妨げられないのが原則です（同法46条2項）。しかし、不動産競売の開始決定がなされ競売手続が開始されているような状況下においては、債務者（または所有者）の使用収益権よりも、適正な売却を実施して当該不動産をより高額で換価するという債権者の利益が優先されるべきと考えられます。

　そこで、債務者（または所有者）が競売手続による適正な売却を妨げるような使用収益を行っている場合に、これらの行為を禁止し（不作為命令）、またはその状態を除去するために一定の行為を命じる（作為命令）ことが認められました。これが売却のための保全処分です。

2　各種保全処分の申立の方式、発令要件、申立の際の留意点
(1)　売却のための保全処分（民事執行法55条）
①　申立の方式

申立書に記載すべき事項については規則で定められています（民事執行規則27条の2第1項各号）。具体的には、(イ)当事者の氏名または名称および住所ならびに代理人の氏名および住所、(ロ)申立の趣旨および理由、(ハ)不動産競売の事件の表示、(ニ)不動産の表示を記載した書面によって申立をしなければなりません。

なお、相手方を特定しないで発する保全処分等の申立にあっては、相手方を特定することができない旨を記載すれば足ります。

②　発令要件等
　イ　価格減少行為

売却のための保全処分は、価格減少行為（不動産の価格を減少させ、または減少させるおそれがある行為をいう）があれば、当該行為による不動産の価格の減少またはそのおそれの程度が軽微であるときを除き、発令が可能とされています（民事執行法55条1項1号）。

　ロ　執行官保管の発令要件の緩和

平成15年の民事執行法改正前は、同法55条1項により発令された命令に違反または不動産の価格の著しい減少を防止することができないと認めるべき特別の事情がある場合に限り、執行官保管が認められていました（旧民事執行法55条2項）。

改正後は、このような要件が撤廃され、価格減少行為があれは、当該行為による不動産の価格の減少またはそのおそれの程度が軽微であるときを除き、発令が可能とされています（民事執行法55条1項2号ロ）。

　ハ　公示保全処分

上記改正前においても、実務上は公示保全処分が発令される運用が定着していましたが、改正法は、公示保全処分が発令できることを明文化しました（同条同項本文）。

　ニ　相手方を特定しないで発する売却のための保全処分

執行官保管の保全処分または公示保全処分を命ずる決定については、

当該決定の執行前に相手方を特定することを困難とする特別の事情があるときは、執行裁判所は、相手方を特定しないで発令することができます（同法55条の2第1項）。

　上記決定の執行がされたときは、当該執行によって不動産の占有を解かれた者が、上記決定の相手方となります（同条3項）。ただし、相手方を特定しない決定も、その決定の執行の際には相手方を特定する必要があり、その決定の執行において不動産の占有を解く際にその占有者を特定できない場合は、その決定の執行をすることはできません（同条2項）。

　③　利用可能時期

　不動産競売申立時から買受人が代金を納付するまでの間です。

(2)　買受けの申出をした差押債権者のための保全処分（民事執行法68条の2）

　①　申立の方式

　申立書に記載すべき事項については規則で定められています（民事執行規則51条の4第1項各号）。なお、2号が規定する民事執行法68条の2第2項の申出額は買受可能価額以上の額でなければなりません。

　②　発令要件

　差押債権者は、次の売却の実施において申出額に達する買受けの申出がないときは、自ら申出額で不動産を買い受ける旨の申出をし、かつ申出額に相当する保証を提供するという負担をしてまで申立をするわけですから、このような差押債権者のためにも、当該不動産の執行妨害を排除し売却を容易にする必要性が高いといえます。

　そこで、「価格減少行為」（民事執行法55条1項）とまではいえないような「不動産の売却を困難にする行為」または「その行為をするおそれがあるとき」（同法68条の2第1項）であっても、広く保全処分の発令が認められています。

　③　利用可能時期

　入札または競り売りの方法による第1回目の売却の実施から買受人が代金を納付するまでの間です（同法68条の2第1項）。

Ⅸ　法的回収

(3) 最高価買受申出人または買受人のための保全処分（民事執行法77条）

① 申立の方式

申立書に記載すべき事項については規則で定められています（民事執行規則55条の2）。また、申立人が最高価買受申出人であるときは代金相当額を執行裁判所が定めた期限までに納付し、買受人であり代金納付前であれば代金を納付しなくてはなりません。もっとも、差引納付（民事執行法78条4項）の申出をした買受人については、売却代金を納付しなくても本条による保全処分の発令を受けることができると解されています（東京地決平成4・10・21判例タイムズ802号229頁）。

② 発令要件

不動産の最高価買受申出人または買受人は、その不動産が買受申出当時の価格を維持し、かつ確実に自分に引き渡されることに利益を有していますので、価格減少行為等（不動産の価格を減少させ、または引渡しを困難にする行為をいう）または価格減少行為等をするおそれがあるときは発令が可能とされています（同法77条1項）。売却のための保全処分（同法55条1項）で規定される価格減少行為とは内容が異なることに注意が必要です。

③ 利用可能時期

最高価格での買受けの申出後、引渡命令の執行終了までの間です（同法77条1項）。代金を納付して所有者となれば引渡命令を利用できるわけですが、引渡命令に対し執行抗告がなされたような場合や、売却許可決定はなされたが代金納付期限はまだ決まっていない場合には引渡命令を申し立てることはできないため、このような場合に本条の保全処分を利用する意義があります。

(4) 担保不動産競売開始決定前の保全処分（民事執行法187条）

① 申立の方式

申立書に記載すべき事項は規則で定められています（民事執行規則172条の2第1項）。保全処分を発令する以上、担保不動産競売の開始決定をするための実体的要件（(イ)担保権の存在、(ロ)被担保債権の存在、(ハ)被

担保債権の弁済期の到来）を満たすことが必要と考えられますので、基本的に担保不動産競売申立書と同様の事項を記載することになります（同規則170条参照）。

申立書の添付書類として、㈲担保権の目的である不動産の登記事項証明書、㈹民事執行法187条3項に規定による提示文書の写し（ただし、担保権の登記のされている登記事項証明書の写しは不要（同規則172条の2第2項2号括弧内））の2つが必要です（同規則172条の2第2項）。

② 発令要件

売却のための保全処分に比べて、保全処分が発令される要件に制限が加えられています（特に必要があるとき－民事執行法187条1項）。現実に担保不動産競売手続が開始されていない状況で保全処分を発令することになるわけですから、上記のような限定がなされるのは当然のことでしょう。

また、「不動産につき担保不動産競売の申立てをしようとする者」（同条同項）のみが申立可能であり、不動産以外の担保権の実行の場合や強制競売の場合には申立ができないことに注意が必要です。

③ 利用可能時期

担保不動産競売の申立前という最も早い段階から利用が可能です。もっとも、同条による決定の告知を受けた日から3か月以内に、担保不動産競売の申立をしたことを証する文書の提出をしないと、当該決定が取り消される可能性があります（同条4項）。

3 その他

(1) 申立の相手方

平成8年の民事執行法改正前の55条・77条が文言上相手方を「債務者（所有者）」に限定していたため、「債務者以外の第三者」に対して保全処分の発令ができるかどうかの争いがありましたが、上記改正により「不動産の占有者」に対しても保全処分の発令ができることが明らかになりました。

(2) 価格減少行為

目的不動産を物理的に損壊する行為（物理的価格減少行為）のみなら

ず、事実上入札を阻害する行為（競争売買阻害価格減少行為）も含まれます。判例上、価格減少行為と認定されたものは、具体的には次のようなものです。

① 建物の取壊し（大阪地決平成3・6・11判例時報1439号144頁、東京地決平成3・10・21判例タイムズ783号267頁）

② 更地上への建物や工作物の建築、その予備的または準備的行為としての土地の整地、コンクリート基礎工事（東京地決平成3・7・25判例時報1396号101号）

③ 残土、廃材、土砂を搬入したりする行為

④ 駐車場とする行為（東京地決平成4・1・20金融法務事情1323号36頁）

⑤ 建物の内外装工事（東京地決平成4・3・13判例時報1422号111号）

⑥ 第三者への賃貸（東京地決平成4・1・20判例時報1423号107号、大阪地堺支決平成4・9・24判例時報1433号123頁）

⑦ 暴力団関係者の張り紙や立看板などによる支配の誇示（東京地決平成4・10・21判例時報1440号110頁、「不動産の引渡しを困難にする行為」民事執行法77条1項の例）

(3) 担保の要否

執行官保管の場合は、必ず担保が必要とされています（同法55条4項・68条の2第1項・187条5項）。それ以外の場合でも、実務上は担保を立てさせる運用としている裁判所が多いようです。担保の金額は数十万円程度と少額である場合が多いようです。

(角口　猛)

Q96　第三者による占有

競売手続中の物件が第三者により占有された場合、どのように対応すればよいのでしょうか。

A　民事執行法上の保全処分の申立を検討することになります。保全処分の内容として、占有者に対して価格減少行為の禁止や一定の作為を命じることができます。また執行官に保全処分の公示を行うことを命じることや、さらに執行官保管を命じることもできます。

解説

1　はじめに

抵当権は目的物の交換価値を把握する権利であって、直接物の支配を目的とする権利ではないので、物件所有者は、抵当権を設定した後も自由に物件の使用収益が可能です。しかし、不動産競売手続が開始されると、物件の換価処分に向けて手続が進められることになり、物の交換価値が確保されるべきですし、所有者による物件の使用収益を認める余地も少なくなります。

物件の交換価値を保全するという観点からは、競売手続において買受人が入札を手控えることが客観的に予測されるような事態であれば、そうした事態を排除しなければなりません。速やかに対応するためにも、普段の物件管理が重要であるといえます。

2　普段の物件の管理

(1) 物件管理の重要性

担保権実行としての不動産競売を考えると、通常、債務者の延滞が長期化し、あるいは担保不動産の任意の処分を交渉していたが、これが決裂し、いよいよ担保権の実行を債務者側に示唆した場合に、新たな賃貸借契約の締結や第三者による占有のなされるケースが多いといえます。

第三者による占有にもいろいろな形態や種類がありますが、物件の評

価や換価の難易に多少なりとも影響を与えることから、普段の物件管理が重要だといえます。

(2) 具体的調査方法

具体的には、債務者に対して法的手続に至ることを示唆する前後ならびに競売申立直前および直後の物件調査を行うことが必要です。①現場の写真撮影、②占有者の有無の確認、③付近駐車車両のナンバープレートを控える、④すでに占有を誇示するような看板がある等、占有者を推測させる情報があれば、占有者について警察に相談に行くことも考えられます。撮影対象は、占有の状況や何者も占有していない状況、付近現場、マンションの形状等です。

占有者の有無は、現場を見て確認します。居住の事実は電気等のメーターや郵便物の有無で確認できます。そのほか、「○○管理物件」等の看板の有無も参考になりますし、自動販売機が設置されている場合には、その設置者を特定することも有用です。さらに、当該管理者いかんでは、警察が情報をもっていたり内偵中だったりということもありますので、相談に行くことは意義があります。駐車車両は何度か現場に行き、いつも駐車されているかどうかを見極める必要があります。さらに、法的手続に至ることを示唆した際の対応内容を記録にとどめておく必要があります。

なお、民事執行法55条の2によれば、占有者が特定できていない場合でも売却のための保全処分の申立をすることが可能になりました。この保全処分の活用も期待されます。ただし、現実の執行にあたり占有者の特定が不可能に終わった場合には、執行ができない場合もありますので（民事執行法55条の2第2項）、これまでどおり占有者特定のための調査を行うのがよいでしょう。

3　調査結果の上申

(1) 執行官による現況調査

前記の調査は、債権者が独自に行うものであって自ずと限界があります。実際には執行官の現況調査による調査が重要です。そこで、事案によっては、事前に執行裁判所あるいは現況調査担当の執行官に対して、

書面または面談の方法により前記の調査結果を報告し、現況調査に際して留意すべき部分を伝えるといったことが工夫されるべきです。

　執行官には、物件内に立ち入ったり、電気・ガス・水道水の供給その他これらに類する継続的給付（いわゆるライフライン）を行う公益事業を営む法人に対し、必要な事項の報告を求める権限が付与されていますが、これらを用いることによって具体的に占有関係を特定することができます。

(2)　占有権原の具体的特定

　占有権原の特定に関して重要なのは、誰が占有しているのかという点と、どのような権原を主張して占有しているのかという点です。占有権原では賃借権のほか、留置権の主張が多いと思われます。

　賃借権の場合であれば、賃貸借契約締結の時期、占有開始の時期、賃料支払の事実、敷金や保証金の額、敷金や保証金の額と賃料とのバランス、譲渡転貸に関する特約、物件所有者に対する債権の有無および内容等が重要な事実です。留置権の場合であれば、物件所有者に対する債権の有無および内容のほか、不法行為によって始まった占有か否か等が重要な事実です。

4　民事執行法上の保全処分の申立

　上記各調査によって占有者を特定した後は、民事執行法上の保全処分を申し立てることになります。

　民事執行法上の保全処分には、売却のための保全処分（民事執行法55条）、買受けの申出をした差押債権者のための保全処分（同法68条の2）、最高価買受申出人または買受人のための保全処分（同法77条）、担保不動産競売の開始決定前の保全処分（同法187条）の4種類があり、これらの手続によります。

（角口　猛）

IX 法的回収

> **Q97 点検執行**
> 売却のための保全処分に基づいて、競売建物の所有者に対して、占有移転禁止の保全処分および公示保全処分を得て、その執行がなされ、競売建物に公示書が掲示されましたが、その後公示書がなくなっていることが判明しました。どのように対応したらよいでしょうか。
>
> **A** 点検執行を行い、再度公示を行う必要があります。

解説

1 点検執行とは

第1に、破棄された公示書を再度貼付する必要があります。なぜなら、公示書がはがされた状態で占有を取得した場合には占有移転禁止の仮処分の執行を知らずに占有を開始したとして同仮処分の効力が及ばない可能性があるからです（民事保全法62条1項）。

その方法は、執行官による点検執行によることになります。点検執行とは、その名のとおり、すでになした執行について、有効に存続しているかどうかの確認のために執行現場の点検をするものをいいます。そして、点検執行により公示書が破棄されていることが判明すれば、執行官により再度公示書の貼付による公示を行うことになります。

この点検執行は、執行官の職権によるという建前をとっていますが、債権者からすれば執行官に報告を行い、職権発動を促すことになります。具体的には上申書等の書面により公示書破棄の可能性等を指摘すればスムーズに点検執行において公示書の再貼付が行われることになります。

2 占有者が現れた場合の対応

なお、その後占有者が現れてしまった場合の対応ですが、占有者が仮処分の執行を知って占有を開始したのであれば仮処分の効果により、いわば占有者が仮処分執行時に確定され、その後の占有者に対しては特段

の手続なく本執行を行うことができます。そして、仮処分の執行後に当該不動産の占有を取得した者は、仮処分の執行がなされたことを知って占有を開始したものと推定されます（民事保全法62条2項）。

　破棄されたのが占有開始前なのか占有開始後なのかは確認できていれば望ましいですが、占有開始前の可能性があるならば、引渡しの際には慎重に対応する必要はあろうかと思われます。そして、仮処分執行を知らずに占有を開始した場合、前占有者からの承継による占有であれば引渡命令を行うことができるかと考えられますが（同法1項2号）、承継によらない不法占有の場合には別途不法占有者に対する明け渡しの訴訟を行う必要が生じてくるものと考えられます。

　いずれにせよ、競売価格への影響が懸念されるところですので、新たな占有者が生じた場合には可能な限り早急に退去してもらうよう交渉することも1つの手段と考えられます。

　なお、公示書の破棄については刑法96条の封印破棄罪に該当することになりますので、刑事告訴も検討できますが、あくまで退去という目的達成に直結するものではないことに注意が必要です。

（柿平　宏明）

(2) 任意売却

> **Q98 任意売却のメリット・デメリット**
> 担保不動産から債権回収を図る場合に、任意売却による場合には、競売手続と比べてどのようなメリット・デメリットがありますか。

> **A** 主要なメリットは、迅速に、より有利な債権回収が見込まれるという点で、主要なデメリットは関係者全員が合意する必要があるという点です。

解説

1 任意売却とは

　任意売却というのは、法律で明確に定められた概念ではなく、一般に、担保権の設定登記がなされたり、差押え・仮差押えの登記がなされたりしている不動産について、売却処分をするに際して、その代金の中から、担保権者や差押債権者等に対して一定の弁済を行って、担保権等の登記を抹消することをいいます。

　任意というので、強制執行に基づく強制的な売却の対義の意味合いをもっているということができると思います。強制執行の場合、目的不動産の差押え、換価、配当という一連の手続を経て、購入者（落札者）への所有権移転登記がなされ、その際、担保権や差押え、仮差押えの登記は抹消されます。任意売却の場合は、関係当事者の合意のもとで、移転登記や抹消登記あるいは弁済を実現するものということができます。

2 メリット

(1) 早期の回収

　強制執行の場合、競売を申し立てると、典型的には、競売開始決定、現況調査、鑑定評価、売却基準価額の定め、期間入札の実施、売却許可決定や配当の実施という一連の手続を経ることになります。当然のこと相応の期間を要することになります。また、執行手続に対する不服申立

がなされる等、競売手続が予想外に時間を要することもあります。この点任意売却では、関係当事者間で合意ができれば、直ちに実現するので、より早期に債権回収を実現できる可能性は高いといえます。

(2) 費　用

　強制執行の場合、収入印紙代、予納郵券代、執行予納金や登録免許税代等所要の費用をあらかじめ支払う費用がありますが、任意売却の場合、これらの費用は不要であるのが通例です。売買契約書に貼付する印紙代を売却代金から控除して債権者に配分するという場合には、その分費用が発生していると評価できますが、強制執行に際して要する費用と比較するとより低額であると考えることができます。

(3) 高額の回収

　一般には、任意売却による換価の方が、強制執行による換価よりも高額になるケースが多いと考えられています。強制執行による場合、売却基準価額は、時価よりも数十％程度減額されるケースが多いようで、買受可能価額はそれよりもさらに20％低くなることから、一般論ではありますが、債権者にとっての回収額は少なくなると考えられています。任意売却の場合、少なくとも売却基準価額あるいは買受可能価額よりも高い金額で実現することから、強制執行によるよりも高額の回収額になることが見込まれます。

　もっとも、このことはあくまでも一般論です。強制執行の場合、売却基準価額や買受可能価額以上の金額で最高価買受申出人が現れるということであって、実際には入札である以上いくらの金額での入札者が現れるかは常に不明ですから、任意売却の方が常に高額になるというわけではありません。

　また、たとえば、担保権者の側で担保不動産の評価額を独自に把握しているケースも多く、その場合にはその評価額を下回る売買代金額での任意売却は通常実現しないと思われるし、任意売却に応じるか否かは単に売却代金額のみで決まるわけではないので、不動産競売手続での売却基準価額や買受可能価額を上回る売買代金額での申出があれば、任意売却が実現するわけではないことは当然です。

3　デメリット

　強制執行による回収と比べて任意売却のデメリットを端的にいうと、関係者全員の合意が必要になる点だということができます。

(1)　全員の合意必要

　任意売却は、売主・買主はもちろんのこと、担保権者、差押債権者、仮差押債権者等登記に現れた債権者の合意が必要になり、そこでは、誰にどういう内容で売却するのか、売却代金からどういう費目でいくらを誰に支払うのか、決済はいつどういう方法で行うのかといったことが、合意の中心的な事項になります。これらについて全員が合意するのは、しばしば時間を要したり、困難であったりします。

(2)　不動産競売が並行している場合

　不動産競売が進行している場合には、任意売却の決済がなされる以上競売手続は取り下げられることになりますが、開札がなされてしまうと最高価買受申出人が現れる可能性があり、その者の同意がなければ競売は取り下げることができなくなるので、任意売却の決済には時間的な制約があることになります。多くの場合、競売手続が進行し期間入札が近づくとか、始まった段階で任意売却の話が煮詰まるというケースも多く、時間的にはきわめてタイトなものになってしまいます。このような中で、任意売却に応じるか否か、債権者としては適切な判断を求められることから、この点はデメリットといえるでしょう。なお、いつまで無条件に競売を取り下げることができるかは、個別案件毎に裁判所に確認する対応が望まれます。

　そこで、任意売却は成立するけれども決済が期間入札の時期を越えてしまうという場合には、期間入札の延期を裁判所に要請し、裁判所がこれに応じる場合があります。このような対応をするのかどうか、どのような要件のもとで期間入札の延期を認めるのか、このような要請はいつまでにするのか、どの程度の期間延期されるのか、何回延期が可能なのかといったことは、個別の裁判所に確認する必要があります。

（中光　弘）

Q99　任意売却の留意点

任意売却を行う際に留意すべき点にどのようなものがありますか。

A 　対象不動産の売却代金の妥当性、配分の妥当性、競売取下書提出の期限等に留意する必要があります。

解説

1　対象不動産の時価評価

　たとえば、担保権者の側から見ると、任意売却は一定の金額の受領と引換えに担保権を抹消することを内容にしていると考えることができます。したがって、受領する対価が適切かどうかは重要な検討事項になります。受領する対価は、まさに担保権による回収ということができるので、対象不動産の担保価値あるいは時価の検討が重要になります。

　担保権者の側では対象不動産の時価を評価することになりますが、不動産競売手続が進行している場合には、売却基準価額や買受可能価額が参考になるほか、執行裁判所に提出される現況調査報告書では、対象不動産の占有関係、利用関係について重要な情報を知ることができるので、時価の鑑定評価に際して有用な情報になると考えられます。

2　配分内容の妥当性

　売却代金は、買主から売主に支払われますが、全額が担保権者への支払に充当されるわけではなく、通常諸々の費用が控除されます。たとえば、登記手続の対応をする司法書士に支払われる費用、仲介業者がいる場合に仲介手数料等が考えられます。どのような費目の控除が可能かについて法定されているわけではないので、個別具体的に妥当性を検討することになります。

3　取下げの時期等

　買受けの申出があった後に競売を取り下げる場合には、最高価買受申出人または買受人および次順位買受申出人の同意を得なければなりませ

ん。したがって、通常、任意売却の決済は買受けの申出がなされる前に行われます。裁判所が作成する期間入札実施の通知書中に、いつまでであれば無条件に競売を取り下げることができるかが記載されている場合があり、この記載は参考になります。したがって、任意売却の決済日と期間入札の関係には留意する必要があります。

また、任意売却の決済日が、期間入札の開札日よりも後になるケースもありえます。この場合、決済がなされるかどうか未定の段階で先に競売を取り下げることは適切ではありません。決済がなされないことになっても競売取下げの事実は覆らないからです。

そこで、競売申立人の側で、裁判所に期間入札延期を要請する書類を出すと裁判所の判断で延期を認める場合があります。もっとも、延期を求める法律上の権利があるわけではなく、いつまでに書類を提出するのか、どのような場合に延期が認められるのか、何回延期が認められるのか、いつまで延期されるのかといったことは個別の裁判所の判断であって、そのつど裁判所に確認する必要があります。

（中光　弘）

Q100 任意売却における共同根抵当権の取扱い

任意売却の対象の不動産に共同抵当権が設定されている場合、異時配当の規定は適用されるのでしょうか。

A 適用されると考えられます。

> 解 説

1 共同根抵当権における異時配当

たとえば、債務者所有の甲不動産および乙不動産に、債権者Aが第1順位で極度額3000万円の根抵当権を有して、かつ同額の債権を有し、甲不動産には債権者Bが第2順位で極度額金1000万円の根抵当権を有して、かつ同額の債権を有するという場合を考え、甲不動産の時価が3000万円、乙不動産の時価が1000万円だと仮定して、この場合にAが甲不動産だけについて不動産競売を申し立てたとします。

手続費用を度外視すると、Aは3000万円全額を回収しますが、その一方でBが乙不動産から何も回収できないのでは、Aが甲不動産と乙不動産を同時に競売した場合に、Aが各不動産からその価値の按分で配当を受けると考えられるのと比較して不公平です。そこで、この場合には、Bが、Aの有した乙不動産についての根抵当権に代位することができます。この結果Bは乙不動産から1000万円の回収を行うことになります。

2 任意売却における異時配当の適用

ところで、任意売却は、関係当事者が合意によって行うものですから、当然に異時配当の規定の類推適用があるといえるかは問題があります。任意売却において担保権者に支払がなされるのはまさに弁済ということができ、しかも競売の配当とは異なり任意弁済であるから類推適用はないという立場も考えられます。また、公平の観点は競売の場合も任意売却の場合も同じであるから任意売却の場合に類推適用されるという立場も考えられます。

たとえば、Aが乙不動産の根抵当権を放棄した場合には、Aは、乙不動産の根抵当権を放棄していなかったらBが代位を主張できた限度で、甲不動産についてBに優先権を主張できない（大判昭和11・7・14民集15巻1409号）と考えられ、その趣旨からすると、任意売却に伴って担保権が放棄された場合も異時配当の規定を類推適用するのが適切であると考えられます。

　なお、Bとしては、Aの根抵当権の登記で共同担保についての記載があることから、乙不動産の存在を知りうるのであって、そのような中、自らも甲不動産上の根抵当権の放棄に応じていることは、代位権を主張しない趣旨だと考える余地はあります。また、従来、任意売却に際して、端的に代位を主張するケースはあまり見られないように思われ、代位はしないとの慣行があるもいいうるかも知れません。したがって、結局のところ、甲不動産の任意売却に際して、Bの代位についてもあらかじめ調整しておくことが望まれるといえます。

　最終的には全員の合意がなければ任意売却は成立しないことから、理論的な正当性妥当性の他に、関係者の利害調整の見地から対応を決する必要があるといえます。

（中光　弘）

> **Q101 破産財団に属する不動産について任意売却を行う場合の留意点**
>
> 破産財団に属する不動産について任意売却を行う場合の留意点は何でしょうか。通常の任意売却と異なる留意事項はあるのでしょうか。

> **A** 通常の任意売却について留意すべき点のほか、財団組入額、破産裁判所の許可に留意する必要があります。

解説

1 破産手続と任意売却

破産者所有の不動産について担保権が設定されている場合、この不動産の換価処分は破産管財人の重要な業務の1つになっているということができます。もともと別除権は、破産手続外で行使することになるので、不動産競売を申し立てることも随意ですが、任意売却にメリットがあると考えるのであれば、任意売却が進められることになります。

また、当該不動産に仮差押えや差押えを行っている債権者については、その部分について見ると別除権者ではありませんから、元来、破産配当手続の中で配当を受けるべき立場ですが、仮差押えや差押えの登記が残っていることから、迅速な換価処分を行うため、これらの登記抹消に協力してもらうという観点で、任意売却において一定の支払のなされることもあるようです。

2 任意売却の留意点

破産財団に属する財産についての任意売却においても、Q99で述べたところと同じ点に留意する必要があるといえます。もっとも、売却代金から控除される費用の中に財団組入額が出てきます。一般に売却代金の5から10％程度の金額であることが多いのではないでしょうか。いずれにしても、債権者が自己の弁済を受ける額を算出するに際しては、通常控除される費目に加えて、財団組入額を控除して検討する必要があ

ります。

　なお、Q99では述べませんでしたが、担保保存義務についてここで触れます。たとえば、ある貸金について連帯保証人がいる場合には、代位弁済したことによって、債権者の担保権（別除権）に代位する期待をもっていることから、故意・懈怠によって担保を喪失・減少させた場合に、この連帯保証人は、この担保権で償還できたはずの額について、債権者に対して免責を主張できます。これは担保保存義務に基づくものですが、金融機関はこの担保保存義務を特約で排除しています。

　判例は、この特約自体は有効と考えつつも、債権者が故意もしくは重大な過失により担保を喪失し、または担保の価値を減少させたようなときには、信義則上、特約の効果を主張できないとしています（最判平成2・4・12金融・商事判例883号14頁）。

　具体的に任意売却の場面では、売却代金や実際の回収額の妥当性を検証しておくことが肝要ということになります。

3　任意売却の際の裁判所の許可

　別除権対象不動産について任意売却を行う場合には、破産裁判所の許可が必要になります（破産法78条2項1号）。また、被担保債権の一部を弁済することになるので、受戻の許可も得るケースが一般であるように思われます（同法78条2項14号）。

4　担保権消滅許可の申立

　さらに、破産財団に属する財産については、破産管財人の側から、担保権消滅の許可の申立（破産法186条）がなされる場合もあります。これは、たとえば、通常の任意売却の交渉では、後順位担保権者の要求する弁済額で折り合わず容易に進みそうにないという場合に、有効に作用することが考えられます。

　破産管財人は、財団組入額や担保権の抹消料について合意が調わない場合であっても、担保不動産を任意売却して担保権を消滅させることが破産債権者の一般の利益に適合する場合に、破産裁判所に対して、売得金の額、組入金の額、売却の相手方等を記載した書面で、売買契約書添付の上、任意売却と担保権消滅の申立をなしうるとされています（同法

同条)。

　他方、担保権者の側では、組入金の額について破産管財人と協議の機会が確保されるとともに、許可申立に異議がある場合には競売を申し立てることができ(同法187条)、このほかにも、担保権者が、破産管財人の提示した売得金額よりも5％以上高価な金額で、自らまたは第三者が購入することとして買受けを申し出ることができることとされています(同法188条)。

(中光　弘)

(3) 債権執行

> **Q102　債権差押手続**
> 債権執行手続は、どのような特徴をもつ手続ですか。
>
> **A**　他人間の債権を差し押さえるので当該債権の特定が難しく、また現に当該債権の存否および内容が不明で、現実に回収できるかどうかわからないという面がありますが、他方、不動産執行よりも費用や時間の面で優れた手続です。

解説

1 手続の特徴

　債権執行は、担保権または債務名義に基づく強制執行のうち対象たる財産が債権であるものですが、債務者の第三債務者に対する債権という他人間の債権を差し押さえるという点に特色があるということできます。

　不動産執行の場合は、対象たる不動産が不動産登記簿によってまた現場を直接見ることで客観的に把握しやすいのと異なり、そのような債権があるのかどうか、どのような内容であるのかがわかりにくいといえます。不動産執行の場合には執行官による現況調査が予定されており、不動産の客観的状況を執行裁判所としても把握することになりますが、債権の場合にはそのような債権があるのかどうか、あるとしてどのような内容のものかを執行裁判所が客観的に把握するような制度は予定されておらず、債権者が自ら行わなければなりません。そのため債権差押命令がなされたが実際の回収には手間取るあるいは不奏功に終わるというケースも少なくありません。

　債務者の第三債務者に対する債権を差し押さえたが、第三債務者が債務者に対する債権と相殺すると主張されたところで、本当にそのような反対債権があるのかないのか債権者側では事実関係の調査に限界があるため、対抗できないというケースも起こるわけです。

他面、不動産執行に比して手続が早く進行し、費用も少なくてすむという点も特徴です。

不動産が債権回収の対象として重要であることはいうまでもありませんが、実際にはすでに金融機関に担保として差し入れられていることが大半でしょうから、担保としても債務名義による強制執行にしても、債権を対象とするケースも非常に多く、債権執行は債権回収として重要な方法であるということができます。

2　手続の概観

手続は、大きく分けて、差押えと、換価または配当に分かれます。

(1)　差押えの申立

差押えは債権者が執行裁判所に対して申立をし、執行裁判所が審査をしたうえでなされます。しかし、その審査は、差し押さえるべき債権の有無や内容などの実体関係に及ばず、管轄・執行開始の要件・差押禁止の有無等を調査するにとどまり、その後は債務者や第三債務者を審尋することなく差押命令を発令します（民事執行法145条）。債務者を審尋しないということは重要です。差押前に債務者を審尋すると対象債権を処分されてしまうおそれがあるからです。強制執行というのは、もともと密行性が必要だといえるでしょう。

(2)　換価の方法

換価の方法は、①取立、②供託および配当、③転付命令に分けることができます。このうち執行裁判所が直接関与するのは②の供託金配当だけといえます。①は債権者が第三債務者から直接取り立てるものですし、③は債権者に転付されて移転した債権を直接自らの債権として取り立てるのですから、執行裁判所は関与しません。取立や転付命令等の説明は、別稿に譲ります。

3　弁済期の到来について

債権執行に関する諸問題は別の項目でふれるとして、ここでは弁済期の到来について説明します。

(1)　弁済期到来の確認

担保権に基づく執行の申立に際しては、請求債権（あるいは被担保債

権)の弁済期が到来していることが必要です。しかし、実際には弁済期が到来しているといえるのかどうか、あるいは新たに期限の利益を付与しているのではないかについて、判断すべき場合が少なくありません。

(2) 期限の利益喪失事由の該当性

銀行取引約定書や基本約定書等では、期限の利益喪失事由を定めるのが一般です。破産等法的倒産手続申立による当然喪失や債務の履行を怠った場合の請求喪失が典型例でしょう。なお、このうち債務の履行を怠った場合というのは、当該債務者に対する債権のみならず、当該債務者が他人のために連帯保証債務を負担している場合に、その連帯保証債務について履行を怠っている場合も含まれる点に留意すべきです。

(3) 「債権の保全を必要とする事由」の適用

しかし、元本は期限一括の支払で、約定利息の支払は遅滞なく履行されているという場合には問題です。銀行取引約定書には「債権の保全を必要とする相当の事由」がある場合には請求喪失が可能である旨規定されています。しかし、どのような場合に「相当の事由」があるといえるのかは明確ではありません。およそ担保による保全に不足があれば常に「債権の保全を必要」とするでしょうから問題は相当性ということになりますが、債権者の主観では足りず、客観的なものであることを要するのはいうまでもありません。

そして、そもそも銀行取引約定書の期限の利益喪失条項に規定されている各条項はいずれも債権の保全を相当とする場合を規定しているものであり、これらには該当しないが、これらと同程度の債権の保全が必要視される場合というのはそうないものと思われるので、同条項の適用にはむしろ慎重にならざるを得ないでしょう。

(4) 差押えに対するクレームへの対応

ところで、実務上、差押えがなされると、断りなく強制執行したというので債務者との間でトラブルになるケースがあります。しかし、債務名義に基づく強制執行の場合には、債務者としては債務名義を取得された時点で強制執行の可能性を予期すべきであるし、担保権に基づく強制執行の場合には被担保債権の弁済期が到来した時点で強制執行の可能性

を予期すべきであって理由のない、いい分です。債権者としては、事前に告知する必要はないとして毅然と対応すべきでしょう。

(5) **債権者との話し合いによる交渉**

　ただ、実際には強制執行に至るまでに当事者間である程度債務の履行について話し合いのなされることが多いでしょう。債務者としても弁済期の到来している債務の全額を一度に支払うことはできないが、不誠実なことはしたくないので不定期にでも一定額を支払おうとするのが一般的だと思われます。そのような場合でも、債務の本旨に従った弁済になっていないものであるとの姿勢をきちんと示すべきでしょう。すでに弁済期が到来しているのに、支払われた金額を約定利息で徴求した場合に、新たに期限の利益を付与したとの争いを生じかねないのです。利息を徴求すれば当然に期限の利益が付与されたというように一義的に決まる問題ではありませんが、いらざる紛争を招きかねないということです。

　受領する際に発行する受領書なり内入明細書に、残元本および未収利息や損害金を督促する趣旨の文言を付加することが工夫されてしかるべきです。

（上田　泰豊）

IX 法的回収

> **Q103 債権差押えにおける当事者の特定**
> 債権差押手続では、当事者を特定する際どのような点に留意すればよいですか。
>
> **A** 差押債権は、当事者と債権の内容で特定されるので、誰の誰に対する債権が差し押さえられたというのか、的確に判断しうるような特定が求められます。

解説

1 差押えの特定

債権差押えは、債務者・第三債務者間の債権を差し押さえるものであるため、債務者・第三債務者およびその間にある債権を特定しなければなりません。しかし、他人間の権利関係ですから特定にも自ずと限界があります。これをあまり厳格に考えると、実際上差押えは不可能ということになり、実質において差押禁止債権を作り出しているのにほかならないことになりますし、他方、あまり柔軟に考えると、執行裁判所にしても差押禁止債権に当たるのか判断できませんし、第三債務者にしても誰との間のどの債務の支払が禁止されたというのか判断できないことになってしまいます。

したがって、的確な特定が必要になるわけですが、以下に主なものについてみていきます。

2 債務者の特定

(1) 差押債権の名義の確認

債務者については、債務名義の場合には債務名義上の債務者と一致している必要があり、担保に基づく場合には担保権設定契約上の債務者と一致している必要があることは当然です。

たとえば、金融機関の預金債権を差し押さえるという場合、債権差押命令申立書に債務者として表示されている名称どおりの名前で預金契約がなされているとは限りません。債務者が法人であれば、商号が変更さ

れているが、当該金融機関に変更届が提出されておらず、当該金融機関との関係では未だ旧商号での預金契約になっている場合があります。また、債務者が個人であれば、「﨑」という文字が、預金契約上は「崎」になっている場合があります。

　要するに、債務者としての同一性は維持されているけれども、第三債務者から見れば、自分が債務を負担しているところの債務者なのか、別の者の可能性があるのか判断つきかねるケースがあるということです。

(2)　商号・氏名・住所等の特定

　このような場合を想定して、当事者目録に「債務者　甲山商事株式会社（旧商号　株式会社乙商事）」と記載したり、差押債権目録に「債務者が、第三債務者に対して、山崎〇〇名義または山﨑〇〇名義で有する……」と記載したりする工夫が必要でしょう。

　また、商号・氏名での特定に加え、債務者の住所等の特定も必要です。差押申立書に記載する債務者の現住所等が債務名義上の表示と異なる場合がよくありますが、差押えの申立書に併記する場合は、債務名義上の住所等に居住していなくて現住所に居住している点の主張等が必要になります。

　手続上、住民票、戸籍付票、在留カード、登記事項証明書等の公文書で証明がされるとそれで足りますが、公文書で証明できない場合には、実際のところ、充分な証明をすることが困難な場合がよくあります。困難な場合は、債務名義上の住所等で申し立てるという方法によらざるを得ませんが（差押命令正本の送達で現住所等に転送がされて本人が受け取るとそれで足りる場合もある）、第三債務者側から見て誤認混同のないことが求められるのは同様です。

　また、登記（供託）・登録嘱託に関する請求権の差押え、たとえば供託金還付請求権の差押えの場合には、債務者の住所が供託書および差押命令で一致がないと更正決定がされない限り差押命令そのものが発令されないと考えられます。

3 第三債務者の特定

(1) 第三債務者の特定方法

　第三債務者の特定については、直接取引関係がないので困難な場合も多いでしょうが、要するに手続上の債務者が債権を有する相手方を特定することになります。

　売掛金を差し押さえるという場合であれば、債務者の売り掛けに関する伝票類が入手できればいいですが、それができなければ決算書類によって特定することになるでしょう。

(2) 賃料を差し押さえる場合

　賃料を差し押さえる場合、手続上の債務者が賃料債権を有する相手方は、賃貸借契約書で特定できるのが望ましいのですが、決算書類でもある程度判明するほか、現地調査等でもある程度判明します。具体的には現地の表札や郵便受けを見る方法があります。

　もっとも、表札や郵便受けではローマ字表示になっていたり、苗字しかわからない場合が少なくありません。また、防犯等の点から表札に記載自体がない場合も多く、限界がある調査方法です。この点、住民基本台帳の閲覧は確実性の高い調査方法です。しかし、たとえば、あるマンションに居住していれば必ず住民登録をしているとは限りませんし、賃貸借契約がいわゆる法人契約でなされていれば特定のしようがありません。また、債権者による住民基本台帳の閲覧については認めていない自治体も多く存在します。

　なお、担保権の実行としての賃料差押えの場合、同時に不動産競売手続が進んでいれば、執行官の現況調査報告書に賃貸借契約書の写しが添付されていたり、あるいは賃貸借契約の内容が記載されていたりすることがあるので参考になります。ただ、執行裁判所によっては現況調査報告書は作成されていても、ほかに鑑定評価書や物件明細書が作成されるまでは閲覧・謄写ができない裁判所もあり、この場合には第三債務者の特定に非常に時間がかかることになります。

(3) 賃貸借契約に第三者が入っている場合

　また、賃料を差し押さえるという場合、物件の所有者と現実に物件を

使用しているテナントとの間に直接賃貸借契約があるとは限らず、間に第三者が入っているケースも多くあります。この場合、所有者と当該第三者との契約関係が、一括賃貸という賃貸借契約になっているのか、物件の管理委託契約になっているのかは、不明のことも多いでしょう。このような場合には、いったんいずれかの方法で債権差押命令の申立をなし、第三債務者からの陳述回答書に記載されている結果に応じて、再度の申立を検討せざるを得ないでしょう。このような、いわば、試験的申立は本来望ましくないものですが、他人間の契約関係を特定せざるを得ない債権差押手続ではやむを得ないということになるでしょう。

(4) 転貸借契約の場合

上記の場合で一括賃貸があるという場合には、テナントに対して転貸借がなされていることになります。このように転貸借契約がなされている場合に、転貸人を手続上の債務者とし、転借人を第三債務者として転貸料の差押えが認められるかは１つの問題です。

判例は、「所有者（賃貸人）と賃借人とが実質的に同一視される場合、あるいは賃借人と転借人との転貸借が賃料に対する抵当権の行使を妨害する目的でなされ詐害的なものである場合など、所有者転借人間に直接賃貸借契約が締結されたものと評価しうる場合には、転借人の支払う転貸料についても抵当権の物上代位が及ぶものと解するのが相当である。」と判示しているものがあります（大阪高判平成10・3・12金融法務事情1526号56頁）。

また、最高裁は、民法304条１項に規定する「債務者」には、原則として、抵当不動産の賃借人（転貸人）は含まれないという判断を示しています（最決平成12・4・14民集54巻4号1552頁）。原則としてというので例外があるということになりますが、判旨によれば、抵当不動産の賃借人を所有者と同視することを相当とする場合と解され、実際上は上記大阪高等裁判所の判断基準とそれほど異ならないと解されます。

（上田　泰豊）

Ⅸ　法的回収

> **Q104　債権差押えにおいて配当を受ける場合の配当額計算の基礎とする債権額**
>
> 債権差押命令の申立書中、請求債権としての損害金は申立当日までに限られるという裁判所の取扱いがありますが、配当に至る場合に提出する債権計算書で、損害金の記載を配当当日までに拡張できないのでしょうか。

> **A**　基本的には、配当当日までに拡張できると解されますが、個別具体的には、各庁の取扱いによる項目である点留意を要します。

解説

1　最高裁平成21年7月14日判決

　債権差押えの実務上、損害金については、債権差押命令申立日までの損害金に限って計上が認められるという取扱いがあり、当該差押えについて配当に至ったときには、配当手続上、債権差押申立日までの損害金が計上されるものの申立日の翌日以降の損害金については計上されないという取扱いがされていました。

　この点、最高裁平成21年7月14日判決（民集63巻6号1227頁、以下「本件判決」という）で、「債権差押命令の申立書には請求債権中の遅延損害金につき申立日までの確定金額を記載させる執行裁判所の取扱いに従って上記命令の申立てをした債権者は、計算書で請求債権中の遅延損害金を上記の確定金額として配当を受けることを求める意思を明らかにしたなどの特段の事情のない限り、計算書提出の有無を問わず、債務名義の金額に基づき、配当期日までの遅延損害金の額を配当額の計算の基礎となる債権額に加えて計算された金額の配当を受けることができる。」と判示され、配当実務に影響が出ています。

2　取扱いの変更

　「元金100万円及びこれに対する平成○年4月1日から支払済みまで

年5％の割合による損害金」の支払を求めることができる債務名義を有する場合を例にします。このケースで、債権差押の申立に際して、①元金は100万円、②損害金は平成○年4月1日～平成○年7月31日（申立日）までを内容として申し立てたとします。そして、同内容に基づく債権差押命令がなされ、その後、差押えが競合したため債権配当手続が平成○年9月30日に実施されたとします。

　この場合、過去の実務上、上記①と②のみが配当にかかる債権として認められていました。しかし、本件判例に伴い、配当実務に影響があり、平成○年8月1日から平成○年9月30日まで計上される損害金についても、配当にかかる債権として認める庁が多くなっています。

　また、継続的給付になっている債権を差し押さえるような場合、配当が複数回実施されることもあります。このような場合、たとえば、前回の配当時に配当期日までの利息・損害金を債権計算書の記載されていた場合は、前回の配当期日から次の配当期日までの利息・損害金を前回配当後の残額に加算したうえでの利息・損害金についても配当にかかる債権として認める庁も多いようです。なお、従前の配当期日までの利息・損害金をその際の請求債権に加えるなどして、過去の配当額の充当をやり直すことは実務上認められないと解されます。

　以上はあくまでも裁判所の取扱であって裁判書毎に異なる取扱いがされている可能性もあります。この点、個別具体的には、各庁の取扱いによる項目である点、留意を要します。

（上田 泰豊）

Q105　差押債権の特定
債権差押手続では、差押債権を特定する際、どのような点に留意すればよいでしょうか。

A 執行裁判所が、差押禁止債権に当たるかどうか、第三債務者がどの債権の弁済を禁止されたというのか的確に判断しうるような特定が必要です。

解　説

差押債権特定の必要性は当事者の特定の部分で説明したとおりです。以下には主なものについて見ていきますが、問題になることが多い預金債権・継続的給付に関わる債権・将来発生する債権について説明します。

1　差押債権の特定

差押債権の特定は、執行裁判所が差押禁止債権に当たるかどうかを判断し、第三債務者が、どの債務の支払を禁止されたというのかを判断するため最も重要な点です。

要件としては、①それ自体独立して処分しうる財産で、②金銭的評価が可能な財産で、③譲渡可能な財産だということになります。

差押債権は、当事者・債権の種類・金額・発生原因・発生年月日および弁済期等によって特定するのが一般ですが、差押債権といっても多種多様にわたるので、具体的には問題になるケースが多いので、個別に検討します。

2　預金債権

(1)　複数の預金債権

金融機関の預金の場合、複数の種類の債権を併記して順位を付すという形で差押債権を特定する方法が問題になります。債権の特定からいうとこのような方法は原則として無効というべきでしょう。しかし、預金債権は債権執行上最も重要な債権の1つですが、実務上第三債務者たる

金融機関は債務者の預金の内容を守秘義務上教えないので、上記原則を貫いたのでは実際上預金の差押えはできないというのと同じことになってしまいます。そこで実務上容認されている方法だということになるでしょう。

なお、複数支店を列挙し、これに順序を付す形での申立については、別稿に譲ります。

(2) 年金等差押禁止債権が預金となっているケース

年金は法律上差押禁止債権ですが、これが受給者たる債務者の預金口座に振り込まれた場合に差押えが可能かどうか問題になります。

判例は、法的性質が年金受給者の当該銀行に対する預金債権に変わることを理由に、年金の全額を差し押さえても違法はないとしていますが（東京高決平成4・2・5金融法務事情1334号33頁）、制限する判例も現れています（東京地判平成15・5・28金融・商事判例1990号54頁）。

預金債権と化している以上、差押えを認める結論は正当だと考えられますが、その場合も結局のところ差押禁止債権の範囲の変更手続により調整が図られるものと考えられます（民事執行第153条）。

実際には、民事執行法153条1項により、債務者および債権者の生活の状況その他の事情を考慮して、差押命令の全部または一部を取り消すという方法で調整が図られることになると思われます。

3　将来発生する債権

(1) 将来債権の差押えの可否

将来発生する債権の場合、そもそも差押えの時点では具体的に発生していない債権まで差押えの対象として考えられるのかという点が問題になるのですが、①賃料債権や給料債権のように、継続的給付にかかる債権の差押えの場合と、②継続的給付にかかる債権ではないが、将来発生が相当程度確かな債権の差押えの場合には認められています。

①はもともと民事執行法151条に規定があり、差押えの後に受けるべき給付に及ぶ旨定められています。②は、すでに発生の原因となる法律関係があり、近い将来発生が確実に予測されるものについては認められています。以下に②の関係で問題になる例を挙げて説明します。

(2) 債務者が生命保険会社等との間で締結した個人年金保険契約の解約返戻金請求権

大阪高裁平成13年6月22日決定（金融・商事判例1125号19頁）は、民事執行法152条1項に定める継続的給付にかかる債権には、生命保険会社等との私的年金契約による継続的収入も含まれるが、生活維持に必要な限度で、現に年金として支給が開始されているものに限られると解するのが相当とし、本件年金保険契約は貯蓄目的の保険契約とし、さらに解約権の行使は一身専属権ではないとして、結果として差押えおよび取立権に基づく解約権の行使を認めています。

そもそも本件年金保険契約が差押禁止債権に該当するか否か議論のあるところだと思いますが、仮に差押禁止債権であったところで、必然的に解約返戻金請求権もまた差押禁止債権になるわけではないと考えられるので、本決定は正当なものだと考えられます。

(3) 医師の診療報酬債権

医師の診療報酬債権は発生するものかどうか不明であり、継続的給付にかかる債権として差押え可能かどうかという問題がありますが、札幌高裁昭和60年10月16日決定（金融・商事判例738号22頁）は特段の事情のない限り、差押命令発令の時点から将来の1年分に限り差押えの対象とできる旨判示しています。

（上田　泰豊）

> **Q106　差押債権の回収**
>
> 債権差押命令が出てその後現実の回収に至るにはどのような手続がありますか。

> **A**　取立か裁判所の配当かいずれかになり、前者は取立と転付命令に大きく分かれます。

解　説

1　債権執行の手続

　債権執行は、現実の回収の段階で、債権者自身の取立が中核となる点に特徴があります。回収方法は大きく分けて、広い意味の取立と裁判所の配当に分かれ、前者はさらに取立と転付命令に分かれます。

　配当とは、第三債務者が権利として供託し、または差押えが競合して義務的に供託した場合、執行裁判所がその供託金を配当する手続です。他方、取立とは、広い意味では差押債権者が第三債務者に対して差押えに基づき、または転付された自己の権利として直接支払を求めるものです。

2　取　立

(1)　差押えの効力

　金銭債権を差し押さえた場合、差押命令が債務者に送達されてから1週間経過すると取立が可能になります（民事執行法155条1項）。差押えの効力は、債権差押命令が、第三債務者に送達されたときに効力を生じますが（同法145条4項）、執行裁判所は、通常、第三債務者にまず差押命令を送達し、その後債務者に送達するので、第三債務者は支払を禁じられ、かつ債権者は取立ができない状態が発生することになります。

(2)　債権の取立

　債権者は、上記1週間経過後、第三債務者に対して、債権者宛に支払を依頼すべく通知を発することになります。その中では、振込による支払を依頼するのであれば送金先を示し、通常は振込手数料の控除が可能であることを通知します。また、誤って債務者に対して支払うと二重払

の危険があることも通知すべきでしょう。

(3) 取立訴訟

任意の支払がなく、供託もない場合には、取立訴訟の提起を検討します。取立訴訟は通説的見解によれば、債務者の第三債務者に対する債権を訴訟の目的たる権利とし、取立権は、債権者の原告適格を基礎付けるものだと説明されます。したがって、訴状では債務者の第三債務者に対する権利の内容を特定する必要があります。

これに対して取立権は、差押債権者が固有の地位・権利として訴訟を行うものだという考えもあり、実務的には、第三債務者が取立債権者に対して反対債権を有する場合に相殺ができるかという点で差を生じる点が重要です。通説的見解によれば、相殺はできないことになり、後者の考えでは相殺ができることになるわけです。

取立訴訟によって判決を取得すれば、当該第三債務者に対して強制執行を行い、債権の回収を図ることになります。

3 転付命令

(1) 転付命令の特性

転付命令は、金銭債権の差押えの場合、執行債権・執行費用の支払に代えて、被差押債権を券面額で差押債権者に移転させる旨の命令（民事執行法159条1項）です。債権差押命令だけでは優先的地位を取得したことになっておらず、他の債権者が配当要求をしたり、差押えが競合したりした場合には、債権額に応じて按分で配当を受けるにとどまりますが、転付命令によって債権の移転を受けると、まさに差押債権者自らの債権になるわけですから、優先的な回収が可能になります。

その反面、券面額で移転を受けた債権の分、債権者の債務者に対する請求債権は代物弁済的に消滅するので（同法160条）、後に取立が功を奏しなかった場合のリスクを負担することになるわけです。

(2) 有効な転付命令

転付命令は、①転付債権が「券面額」を有すること、②譲渡可能であること、③転付命令が第三債務者に送達されるまでに、他の差押え・仮差押えや配当要求がないこと（同法159条3項）が要件になります。

「券面額」というのは、一定の額で表示される金銭債権の名目額であり、債権の実質的な価額ではありません。どのような場合に、券面額があるといえるかについて問題になるケースがあります。

(3) 将来債権・質権が設定された債権に対する転付命令の可否

将来債権（給与債権や賃料債権等）は一般に要件を欠くとされています。また、他人の優先権の目的になっている債権について転付命令が可能かという問題があります。質権が設定されている金銭債権について転付命令が可能か問題になった事案で、最高裁平成12年4月7日決定（民集54巻4号1355頁）は、このような場合にも転付命令は可能だという判断を示しました。この考え方によれば、転付命令が確定した後質権が実行されて、転付債権者としては第三債務者からまったく支払を受けられない場合がありうることになりますが、この場合には、執行債務者に対して不当利得返還請求をすることになります（大判大正14・7・3）。

(4) 転付命令の確定

転付命令が確定すると被転付債権は執行債権者に移転し、被転付債権に付随する保証債権や担保物権（確定前の根抵当権は移転しない。民法398条の7）も移転します。執行債権者は、被転付債権を自らの債権として、訴え提起・任意の取立や譲渡処分等を自由にできることになります。

(5) 転付債権にかかる相殺の可否

取立権のところで通説的見解によれば相殺ができない場合のことを説明しましたが、転付命令によって第三債務者に対して取得するに至った債権を自働債権として、第三債務者に対して負担する債務を受働債権として相殺することは当然認められます。第三債務者の側から、差押債権と債務者に対する債権とで相殺がなされた場合には、民事執行法160条の「転付命令に係る金銭債権が存」しないことになるので、差押債権は券面額で消滅しないことになります。この結果、移転を受けたとされる券面額分、債権者の債務者に対する請求債権は代物弁済的に消滅していないことになり、再度、全額で強制執行を行うことが可能です。

（上田　泰豊）

Q107　差押禁止債権
差押禁止債権の範囲について教えてください。

A 債権の性質上差押えが禁止される債権と法令により差押えが禁止される債権とがあります。

解説

1　差押禁止債権
債権は、一般に、独立したもので財産的価値があり、性質上譲渡可能なものであれば差押えは可能です。当然、差押禁止債権がありますが、それは、このような一般的な性質に当てはまらないことから差押禁止にある債権と、法令に基づく差押禁止債権とがあります。

2　一般的な性質による差押禁止債権
独立した債権とはいいがたいものに、未発生の利息債権があります。

譲渡できない債権としての差押禁止債権には、種々のものがありますが、夫婦間の財産分与請求権などがあります。譲渡できない場合として、譲渡禁止特約が付されるケースが見られますが、これについては差押えが可能です。そうでないと、譲渡禁止特約は当事者間の合意で定められるものですが、私人間の合意によって差押債権を作出することになるからです。

3　法令に基づく差押禁止債権
上記のような制約がない債権でも、社会政策上の理由等から差押禁止債権があります。

給与・賞与やこれらの性質を有する債権については、原則として、源泉徴収される給与所得税・住民税・社会保険料を差し引いた手取額の4分の3に相当する部分の差押えは認められません。給与については、すでに、少額定期金債権の履行確保に関連して改正されています。すなわち、少額定期金債権を請求債権とする場合には、差押えの禁止範囲が2分の1に縮小されています（民事執行法152条3項）。

このほか、年金等社会保険給付請求権、公的扶助に関する請求権、労災等に関する損害賠償請求権等各種法律にわたって差押禁止の条項が見られます。

4　預金に転化した差押禁止債権

差押禁止債権が振込等で預金となっていると考えられる場合、その預金を差し押さえることは可能かという問題があります。たとえば、もっぱら年金のみが入出金されている預金口座を差し押さえたという場合には、差押禁止の趣旨を没却しているのではないかという議論も考えられるところです。

従来、判例は差押えを認める方向にあったといえますが（東京高判平成4・2・5金融法務事情1334号33頁、最判平成10・2・10金融・商事判例1056号6頁）、制限する判例も現れています（東京地判平成15・5・28金融・商事判例1190号54頁）。

預金債権と化している以上、差押えを認める結論は正当だと考えられますが、その場合も結局のところ差押禁止債権の範囲の変更手続により調整が図られるものと考えられます（民事執行法153条）。

（上田　泰豊）

Ⅸ 法的回収

Q108 振替社債等に対する強制執行
振替社債等に対する強制執行はどのような手続でしょうか。

A 振替社債等に対する強制執行は、執行裁判所が差押命令を発令し、債務者に対し振替もしくは抹消の申請または取立その他の処分を禁止し、振替機関等に対し振替および抹消を禁止する方法により行われます。債権者は、差押命令が発令された後、取立、振替社債等の譲渡、振替社債等の売却のいずれかの方法により、債権を回収することになります。

解　説

1　執行の定め
　信託会社または信託業務を営む金融機関が信託財産として所有する社債等で振替機関が取り扱うものに関する強制執行、仮差押えおよび仮処分の執行、競売ならびに没収保全に関し必要な事項は、最高裁判所規則で定めることとされています（社債、株式等の振替に関する法律280条）。これを受け、民事執行規則150条の2～150条の8において、振替社債等に関する強制執行手続が定められています。

2　強制執行手続の開始
(1)　**強制執行手続の開始**
　強制執行手続は、債権者により申立がなされ、執行裁判所により差押命令が発令されることにより開始されます（民事執行規則150条の2）。
(2)　**申立について**
　申立は、原則として、債務者の普通裁判席の所在地を管轄する地方裁判所に対して行うことになります（同規則150条の8、民事執行法144条）。そして、申立書には、債権執行を行う際の記載しなければならない事項を記載することになります（民事執行規則150条の8・133・21条）。
　もっとも、振替社債等の強制執行については、次の点に留意する必要

があります。

　まず、振替社債等に関する強制執行における当事者は、差押債権者、債務者および振替機関です。したがって、申立書における当事者目録に債務者および振替機関の両者を記載しなければならず、振替社債等の発行者を記載する必要はありません。

　また、差押えの対象となる振替社債等を特定するため、振替社債等目録を作成しなければなりません。振替社債等目録には、通常、①差押えの目的および限度、②差押えの順序、および③差押えの効力の範囲が記載されます。

　なお、東京地裁民事執行センターでは、振替社債等の銘柄に付されたコード番号により差押えの順序を定める場合には、「アルファベットは数字に遅れるものとし、また、アルファベット順にＡを若いものとする」との記載を入れることになっています（東京地方裁判所民事執行センター「振替社債等に関する強制執行等事件の概況及び留意点」金融法務事情1890号40頁）。

(3)　差押命令について

　執行裁判所は、差押命令において、振替社債等に関し、債務者に対し振替もしくは抹消の申請または取立その他の処分を禁止し、振替機関等に対し振替および抹消を禁止することになります（民事執行規則150条の3第1項）。この差押命令は、債務者、振替機関等および振替社債等の発行者の審尋を行うことなく発令され、債務者および振替機関等に送達されます（同条2項・3項）。差押命令に対しては、執行抗告することができますが、差押命令の効力は、振替機関等に送達されれば生じます（同条4項・6項）。

　振替機関等は、振替債に対する差押命令の送達を受けるなど一定の場合には、発行者に対し、差し押さえられた銘柄等の通知をしなければなりません（同条5項）。

3　換価手続

(1)　総　論

　振替社債の強制執行における換価手続として、①取立、②譲渡命令、

および③売却命令が用意されています。

(2) 取 立

振替社債等の強制執行手続は振替株式などもその対象とされており、すべての場合に取立が観念できるわけではありません。そこで、金銭債権の性質を有している振替社債等、すなわち、①振替債、②振替新株予約権付社債についての社債、③振替転換特定社債、④振替新優先出資引受権付特定社債について、取立ができるとされています（民事執行規則150条の5第1項）。ただし、上記②〜④については取立できる場合が限定されており、②のうち新株予約権の行使により社債が失われるものについては新株予約権が消滅していること、③については転換を請求することができなくなったものであること、④については新優先出資の引受権が消滅したことが求められます。

差押債権者は、債務者に属する権利であって、取立のために必要な権利を行使することが認められています（同条2項）。

(3) 譲渡命令

振替社債等の換価方法として、民事執行規則150条の7第1項は、譲渡命令および売却命令を認めています。

ここで、譲渡命令とは、当該振替社債等を執行裁判所が定めた価格で支払に代えて差押債権者に譲渡する命令です（民事執行規則150条の7第1項1号）。振替債等または新株予約券が消滅した振替新株予約権付社債について譲渡命令を発令する場合には、元本の償還期限前であるか、または取立が困難であることが要件になっています。

譲渡命令は、債務者および振替機関等に送達され（同条5項、民事執行法159条2項）、送達されるまでに命令にかかる振替社債等について差押え、仮差押えの執行、配当要求がなされたときは、譲渡命令の効力は生じません（民事執行規則150条の7第6項、民事執行法159条3項）。

また、譲渡命令に対しては、執行抗告することが認められており（民事執行規則150条の7第2項）、譲渡命令の効力は決定が確定しなければ生じません（同条3項）。

また、譲渡価格が差押債権者の債権額および執行費用を加えた額を超

える場合、執行裁判所は、譲渡命令を発する前に、差押債権者にその超過額に相当する金額を納付させなければなりません（同規則150条の7第6項・140条1項）。

なお、譲渡命令の場合、裁判所書記官が、振替機関等に対し、振替の申請をすることになるため（規則150条の7第4項）、差押債権者は、自己名義の口座をあらかじめ開設しておく必要があります。

(4) 売却命令

売却命令とは、執行官その他の執行裁判所が相当と認める者に対し、当該振替社債等を執行裁判所の定める方法により売却することを命ずる命令です（同条1項2号）。売却命令についても、振替債等または新株予約権が消滅した振替新株予約権付社債について売却命令を発令する場合には、元本の償還期限前であるかまたは取立が困難であることが要件とされています。

売却命令に対しても、執行抗告することが認められており（同条2項）、売却命令の効力は決定が確定しなければ生じません（同条3項）。売却命令により振替社債等の売却を命ぜられた者は、代金の支払を受けた後、振替機関等に対し、振替の申請をしなければなりません（同条5項）。

4 配当手続

振替社債等の強制執行手続における配当については、不動産に対する強制執行のうち、強制競売に関する規定が準用されています（民事執行規則150条の8・59条～62条、民事執行法84条・85条・88条～92条・165条）。

5 振替社債等に関する民事保全

振替社債等に関する保全については、最高裁判所規則である民事保全規則18条2項において仮差押命令申立書の記載事項の特則が定められ、民事保全規則42条において執行方法が定められています。また、仮処分の執行の方法は、民事保全規則45条に定められており、振替社債等に関する仮差押えの執行または強制執行の例によるとされています。

（太田 浩之）

Ⅸ 法的回収

> **Q109 金融機関の複数の店舗に対する預金債権差押え**
> 同一金融機関の複数の店舗を第三債務者とする預金債権の差押えを申し立てる際、店舗ごとに預金債権を特定することは難しいことが多いと思いますが、預金債権の特定や複数の店舗の特定としてどのようなことに留意すればよいでしょうか。
>
> **A** 預金債権を差し押さえる場合、金融機関および支店、種類ならびに種類間の順位を特定して申立を行う必要があります。複数店舗の預金債権を差し押さえる場合、支店ごとに金額を割り付けるのが従来からの運用です。複数の支店に順位を付して、順番に債権総額に満つるまで充当する方法で、預金債権の差押命令を申し立てることはできません。

解 説

1 差押債権の特定の必要性と程度

債権の差押えは、債務者に処分を禁止し、第三債務者に弁済を禁止するものですから、債務者および第三債務者において、他の債権との識別および実在の債権との同一性の認識ができなければなりません。そこで、債権執行の差押命令の申立書においては、「差し押さえるべき債権の種類及び額その他の債権を特定するに足りる事項並びに債権の一部を差し押さえる場合にあっては、その範囲を明らかにしなければならない」とされています（民事執行規則133条2項）。

一般的には、債権の特定は、①債権の種類、②発生原因、③発生時期、④弁済日、⑤給付内容、⑥金額等によって特定されますが、これらのうち、いずれをどの程度記載する必要があるかは、前述のとおり、第三債務者の識別可能性の観点から個別に判断することになります。

預金債権を差し押さえる場合、預金債権の特定としては、①預金者、②預金の所在・場所、ならびに③預金の種類および数額を記載するのが一般的です。

②預金の所在・場所については、第三債務者は金融機関であり、各支店は同一人格であるから、理論的には支店まで特定する必要はありませんが、金融機関が顧客を支店毎に管理するなど各支店が独立性を有し、支店間において他店における預金の存否などがわからなかったことなどから、本店と支店を特定して記載し、支店を送達場所とする運用がなされています。

　また、③預金の種類・数額については、金融機関が債務者の口座番号等の情報を教えることはなく、債権者においてこれらの情報まで特定することは不可能であることから、円建ておよび外貨建てならびに定期預金、普通預金および当座預金などの種類を記載し、これら順序を付して申し立てるのが通常です。

2　同一金融機関内における複数店舗の預金債権の差押えの留意点

　従来、同一金融機関内における複数の店舗の預金債権を差し押さえる場合、債権を按分して、支店ごとに預金債権を割り付ける方法により差し押さえる運用がなされています。

　しかし、各支店の預金総額が債権総額を上回る場合であっても、支店ごとに預金債権を割り付けたことにより、債権全額を回収し得ない事態が生じることがあります。そこで、近年、債権を按分することなく、各支店に順位を付して、順番に債権総額に満つるまで充当する方法で、預金債権の差押命令の申立がなされることがありました。

　かかる方法による預金の差押えが、債権の特定として十分であるというべきかが、第三債務者に過度の負担を与えない形で、十分に情報を有しない債権者の権利を保護するという観点から議論されていましたが、平成23年9月20日に最高裁が次のような判示をしました（民集65巻6号2710頁）。

　「民事執行規則133条2項の求める差押債権の特定とは、債権差押命令の送達を受けた第三債務者において、直ちにとはいえないまでも、差押えの効力が上記送達の時点で生ずることにそぐわない事態とならない程度に速やかに、かつ、確実に、差し押さえられた債権を識別することができるものでなければならないと解するのが相当であり、この要請を

満たさない債権差押命令の申立ては、差押債権の特定を欠き不適法というべきである。債権差押命令の送達を受けた第三債務者において一定の時間と手順を経ることによって差し押さえられた債権を識別することが物理的に可能であるとしても、その識別を上記の程度に速やかに確実に行い得ないような方式により差押債権を表示した債権差押命令が発せられると、差押命令の第三債務者に対する送達後その識別作業が完了するまでの間、差押えの効力が生じた債権の範囲を的確に把握することができないこととなり、第三債務者はもとより、競合する差押債権者等の利害関係人の地位が不安定なものとなりかねないから、そのような方式による差押債権の表示を許容することはできない。」

そして、大規模な金融機関である第三債務者らのすべての店舗を対象として順位付けをし、先順位の店舗の預貯金債権の額が差押債権額に満たないときは、順次予備的に後順位の店舗の預貯金債権を差押債権とする旨の差押えを求めたことについて、「各第三債務者において、先順位の店舗の預貯金債権の全てについて、その存否及び先行の差押え又は仮差押えの有無、定期預金、普通預金等の種別、差押命令送達時点での残高等を調査して、差押えの効力が生ずる預貯金債権の総額を把握する作業が完了しない限り、後順位の店舗の預貯金債権に差押えの効力が生ずるか否かが判明しないのであるから、本件申立てにおける差押債権の表示は、送達を受けた第三債務者において上記の程度に速やかに確実に差し押えられた債権を識別することができるものであるということはできない。そうすると、本件申立ては、差押債権の特定を欠き不適法というべきである。」と判示しました。

これにより、支店に順位を付し、順番に債権総額に満つるまで充当する方法で、預貯金債権の差押命令を申し立てることの可否に関する争いに決着がつき、これが認められないということが明らかになりました。

(太田 浩之)

(4) 財産開示

> **Q110 財産開示手続の概要と手続遂行上の留意点**
>
> 財産開示手続は、どのような特徴をもつ手続でしょうか。手続を進めるうえで、どのような留意点があるでしょうか。
>
> **A** 　強制執行手続の実効性確保のために創設・運用されている強制執行手続ですが、強制執行に至る方途そのものとしては、必ずしも有効な手続ではありません。他方、財産開示手続を端緒として、債務者との間で債務の支払交渉に至るきっかけになることもあるといえます。手続を進めるうえでの問題点の例としては下記解説2が考えられます。

解説

1 特徴

　債務者に対して債務名義を取得したが、債務者からの任意弁済はなく、具体的に強制執行の対象となるべき債務者の財産が判明しないというケースは多々あります。また、債務名義を獲得する手続中に、債務者が財産を処分したり隠したりするケースも見られ、債務名義を取得したが強制執行ができないという場合があります。このような場合にも強制執行に至る方途として、それ自体強制執行の1つで、裁判所の手続として財産の開示を求める制度が設けられています。この点、強制執行を行うに必要な情報の開示に実効性をもたせるとともに、他方で濫用的な手続を防止するために種々の工夫がなされています。

　しかし、債務者が財産開示期日に出頭しない場合が多数あるなど、開示された財産に対する強制執行の申立に必ずしもつながらないということを想定せざるを得ない手続であるという実情があります。

　その反面、財産開示手続の実施決定の送達や、財産開示期日の出頭によって、債務者との間で債務の支払交渉に至るきっかけになりうる手続ですので、この観点からの利用も一方法であるといえます。

IX 法的回収

2 手続を進めるうえでの留意点
(1) 債務名義の種類等について
　手続要件については民事執行法197条に掲げられています。執行力のある債務名義の正本に基づき申し立てることを例にしますと、確定判決やこれと同一の効力を有するもの（和解調書、調停調書等）等に基づいて申し立てることになりますが、仮執行宣言の付された債務名義、支払督促、執行証書は除外されています。この点、債権執行等の手続とは異なり、仮執行宣言の付された債務名義に加えて送達証明書を提出したとしても財産開示手続は開始しない点は留意が必要です。
　また、確定判決や確定判決と同一の効力を有するものを有する債権者であったとしても、期限が到来している等現実に直ちに強制執行を開始できる状況にあることが必要です。

(2) 手続に必要な疎明について
　民事執行法197条で、強制執行または担保権の実行における配当等の手続（申立の日より6か月以上前に終了したものを除く）において、申立人が当該金銭債権の完全な弁済を得ることができなかったとき、または知れている財産に対する強制執行を実施しても、申立人が当該金銭債権の完全な弁済を得られないことの疎明があったときという要件もあります。この疎明については、財産に関する調査報告書を申立人が提出するという実務がとられていて、具体的には、債務者の不動産、債権および動産の各財産について、可能な範囲の調査をした結果を報告するという対応になります。
　また、報告書に関連する疎明資料して、一般的には、たとえば不動産については、債務者住所地の不動産登記事項証明書、公図、住宅地図等住所地の所在がわかる資料を添付することになります。

(3) 財産開示手続が開かれない場合について
　民事執行法197条3項によると、債務者（法定代理人または法人の代表者）が、申立の日前3年以内に財産開示期日においてその財産について陳述したときは、さらに開示手続は開かれません。
　もっとも、これには例外が定められており、債務者が当該財産開示期

日において一部の財産を開示しなかったとき、債務者が当該財産開示期日の後に新たに財産を取得したとき、および当該財産開示期日の後に債務者と使用者との雇用関係が終了したときにはやはり財産開示期日が開かれることになります。

(4) 公示送達の規定の適用

財産開示手続では、債務者が出頭して財産状況を陳述することが前提の手続であることから、公示送達の規定は適用がないと解されており、債務者の住所、居所その他送達すべき場所が知れない場合は手続を進めることができないと解される点も留意が必要です。

(5) 債務者に対する質問について

執行裁判所は債務者に対する質問権を有し、申立人も執行裁判所の許可を得る必要はありますが、質問権を有します。

陳述義務には例外が定められています。債務者が期日において自己の財産について一部を開示し、申立人の同意があるか、申立にかかる債権の完全な弁済に支障がなくなったことが明らかで、執行裁判所の許可を得たときには、その余の開示義務は免除されることになります。

(6) 記録の閲覧

申立人、申立人となる要件を備える債権者、債務者または開示義務者には閲覧が認められています。2(3)述べたように、過去に財産開示手続で陳述している場合に新たな財産開示が認められないことがあるので、この閲覧権は重要な意味をもちます。

(7) 目的外利用の制限

財産開示手続によって、あるいはその記録閲覧によって財産開示に関する情報を知った者は、当該債務者に対する債権をその本旨に従って行使する目的以外の目的のために使用してはならないことになっており、これに違反した場合には罰則が定められています。財産開示手続は、裁判上の手続として債務者に自己の財産について情報を開示させる手続ですから、濫用的な行使を防止するために必要な制限だといえるでしょう。

(上田　泰豊)

(5) 物上代位

> **Q111 抵当権に基づく物上代位**
> 抵当権に基づく物上代位というのはどういうもので、どういう権利に対して行使できますか。

> **A** 担保不動産の交換価値が具体化した金銭その他請求権に対して行使することができるということができます。

解説

1 物上代位とは

「抵当権は、その担保する債権について不履行があったときは、その後に生じた抵当不動産の果実に及ぶ。」と規定されており（民法371条）、先取特権に関する民法304条が抵当権に準用されていることから（同法372条）、抵当権の目的物の売却、賃貸、滅失または損傷によって所有者が受けるべき金銭その他の物に対して行使することができると考えられます。これが物上代位です。目的不動産の交換価値が実現したといえる場合に、その金銭や物に対して抵当権の効力を及ぼすものだということもできると考えられます。抵当権が目的物の価値を把握する権利であることから、抵当権の効力は目的物の代替物にも及ぶと説明されることが多いようですが、ある権利が物上代位の対象となるかどうかについては政策的な配慮も踏まえて検討されているということができます。

2 売却代金に対する物上代位

条文上売却とあるので、目的不動産の売却代金に対する物上代位を考えてみると、抵当権には追及力があって、目的不動産が譲渡されても抵当権は依然その物に及んでいることから、ことさら売却代金の上に物上代位を認める理由に乏しいようですが、物上代位を認めるのが一般的な考え方です。もっとも、実務的には、目的不動産売却に際して物上代位を検討する場面では、いわゆる任意売却によることがほとんどだと思われ、実際に問題になるケースは少ないと考えられます。

3　賃料債権に対する物上代位

　目的不動産の賃料債権は、物上代位が行われる典型的な場合だといえます。賃料は、目的物利用の対価であって目的物の交換価値が実現したといえるかどうか疑問の余地もありますが、実務上一般に行われています。賃料とは異なり、いわゆるコインパーキングの売上げ・収益は、目的物の交換価値が実現したとはいい難いので、物上代位の対象にはならないと考えられます。

　物上代位としての賃料の差押えは、物件所有者にとって現実の賃料収入がなくなることから、目的不動産の管理を悪化させる要因になることがあります。この点、強制管理（収益執行）の場合には、必要な費用を控除した残額について配当が実施され（民事執行法106条1項）、また強制管理に先立って他の債権者が物上代位による差押えをしている場合には、その手続が停止され（同法93条の4）、強制管理の配当手続の中で調整が図られています。したがって、目的不動産の管理を維持し、ひいては目的不動産の交換価値を維持するうえでは、強制管理にもメリットがあります。もっとも、強制管理は手続に要する費用が高額になることは否めません。そこで、物上代位としての賃料差押えを行う場合には、たとえば、多数ある貸室の賃料のうち、一部の貸室に限定して申立を行うといった工夫も考えられると思います。

4　不法占有者に対する損害賠償請求権への物上代位

　賃料とは異なり、賃貸借契約がないにもかかわらず目的不動産を占有していることを理由として、目的不動産の所有者が占有者に対して有する賃料相当の損害金の請求権について、判例には抵当権に基づく物上代位を否定するものがあります（高松高判昭和44・11・25判例タイムズ243号275頁）。この判例では、「抵当不動産が不法に占拠されることによって直接に侵害されるのは、その使用価値であって、したがって、右不法占拠に基づく損害金のごときは、これをもって抵当物の交換価値を具体化した代位物とみることはできない」と指摘されています。

　一方でこの判例では、「第三者がその抵当不動産をなんらの権原なしに占有する場合においても、その第三者が抵当物自体を滅失毀損してその

価値を低減する虞がある等特段の事情のないかぎり、それによって価値権たる抵当権が侵害されたものと認めることはできない。」とも指摘されており、上記の特段の事情がある場合には別異に解する余地があるようにも読めます。そして、不法占拠がある場合には、一般に抵当不動産の価値を低減するおそれがあるといえるようにも考えられるので、賃料相当損害金に対する物上代位を認める余地はあると考えられます。

5 火災保険金に対する物上代位

　目的不動産に関する火災保険金請求権に対して物上代位による差押えのなされる場合があり、判例はこの物上代位を認めています（大判大正12・4・7民集2巻209号）。一方、実務的には、火災保険金請求権の上に質権を設定するケースが多いように思われます。そこで、抵当権に基づいて火災保険金請求権に物上代位としての差押えをしたところ、同じ火災保険金請求権に他の債権者が質権を設定していて、優劣が問題になるというケースが想定されます。

　これについては、①抵当権設定登記と質権の対抗要件具備との先後によるという考え方と、②抵当権に基づく物上代位としての差押えと質権の対抗要件具備との先後によるという考えとがあります。民法304条1項ただし書の「払渡し又は引渡し」には債権譲渡は含まないとする最高裁判所の判例（最判平成10・1・30民集52巻1号1頁）を踏まえて考えると、①の考え方になじむように思われます。目的物の交換価値が実現したといえる物に対して物上代位を認めるのであれば、まさに抵当権の効力として物上代位を認めるので①の考え方が筋だと考えます。

　もっとも、これを押し進めると何のために差押えが必要なのかという問題があります。この点、第三者との関係では抵当権の登記が対抗要件になるけれども、物上代位の対象となる債権の債務者との関係では、二重払を避けるという観点から差押えが対抗要件になると考えることができ、先の最高裁の判例以降の判例は、基本的にこの考え方によっていると考えられます（ただし、転付命令との関係についてQ116参照）。

（中光　弘）

Q112　抵当権に基づく賃料差押えにおける当事者の特定

抵当権に基づき賃料を差し押さえたいのですが、賃借人を特定するための方法を教えてください。

A　賃借人の特定は、現地調査の実施、住民基本台帳・住宅地図などを利用する方法によって行います。なお、これらの方法によっても賃借人が特定できない場合、賃料からの回収を図るのであれば、担保不動産収益執行を申し立てることも検討すべきです。

解　説

1　賃借人の特定

抵当権に基づき賃料債権を差し押さえるためには、賃料債務を負担している賃借人を第三債務者として特定することが必要です。

抵当権に基づく賃料債権の差押えを申し立てる際に、並行して担保不動産競売を申し立てることがありますが、このような場合には、担保不動産競売手続において、執行官によって担保不動産の入居者や賃貸借関係についての調査が行われますので、債権者が独自に第三債務者である賃借人を特定する必要はありません。

しかし、抵当権に基づく賃料債権の差押えと並行して担保不動産競売を申し立てない場合には、債権者が独自に賃借人を特定することが必要です。賃借人を特定するための方法としては、以下のようなものが挙げられます。

⑴　現地調査

実際に担保不動産へ赴き、表札やポストに表示されてある入居者を、賃借人として特定する方法です。

ただし、近年はオートロックが設置されてあるマンション等も多く、ポストの表示すら確認できない場合がありますし、オートロックが設置されていなくても、表札やポストが無記名である場合もあります。ま

た、たとえば、担保不動産が雑居ビルで飲食店等が営業されているが、屋号しか判明しないような場合もあります。

このように、現地調査によって賃借人を特定できない場合には、以下に述べるような方法により賃借人を特定するための調査を行うことになります。

(2) **住民基本台帳**

担保不動産が居住用マンションである等、個人入居者が大半であると考えられる場合には、同不動産が所在する市区町村の役場で、住民基本台帳を閲覧し、そこで住民登録している入居者を賃借人として特定する方法があります。

ただし、自治体によっては、第三債務者特定のための住民基本台帳の閲覧を認めない場合もあります（住民基本台帳法11条の2参照）。また、住民基本台帳の閲覧が認められる場合であっても、担保不動産が学生向けマンションである等、賃貸借契約の期間が比較的短いと考えられる場合には、そこで住民登録をしていない賃借人が多いと思われることから、住民基本台帳では賃借人を特定できない可能性があることに注意が必要です。

(3) **住宅地図**

市販されている住宅地図には、マンションの入居者やビルのテナントの一覧表が掲載されてあるものがあり、その入居者やテナントを賃借人として特定できる場合があります。ただし、住宅地図が発行された時期によっては、一覧表に記載された入居者やテナントがすでに退去している可能性があります。

(4) **賃借人が個人の場合と法人の場合の対応**

上記(1)ないし(3)の調査により、占有していると思われる個人の名前が判明したときには、その個人を賃借人として、賃料債権の差押えを申し立てることができます。賃借人が個人である場合は、賃借人の住所地を証明する書面（住民票等）の提出が求められていないからです。

他方で、賃借人が法人の場合には、賃料債権の差押えを申し立てる際に、添付書類として、商業登記事項証明書の提出が求められていますの

で、法人の商号および本店所在地を特定する必要があります。

　法人の商号および本店所在地を特定する方法としては、現地調査および住宅地図による調査で得られた情報を基に、インターネット等により調査することになります。

　また、法人が小売業を営んでいる場合には、現地調査を行う際に、そこで物品を購入し、領収書から法人の商号等を特定できる場合もあります。

2　担保不動産収益執行

　担保不動産収益執行とは、不動産から生ずる収益を被担保債権の弁済に充てる方法による不動産担保権の実行のことをいいます（民事執行法180条2号）。この場合、執行裁判所により選任された管理人が占有者および占有権原の調査を行うことから、債権者が賃借人を特定する必要がありません。

　したがって、債権者において賃借人の特定が困難である場合では、担保不動産収益執行を申し立てることも検討すべきです。

（平山 浩一郎）

IX 法的回収

> **Q113 抵当権に基づく転貸賃料の差押え**
> 賃借人が目的不動産を転貸しているのですが、抵当権に基づき転貸賃料債権を差し押さえることはできるのでしょうか。
>
> **A** 抵当権に基づき転貸賃料債権を差し押さえることはできないのが原則です。もっとも、担保不動産の賃借人を所有者と同視することができるような場合には、例外的に差し押さえることができます。

解 説

1 抵当権に基づく転貸賃料債権の差押えの可否

抵当権に基づく転貸賃料債権の差押の可否については学説の対立がありましたが、最高裁(最決平成12・4・14民集54巻4号1552頁)は、原則としてこれを否定しました。

否定する理由として、上記最決は、「民法372条によって抵当権に準用される同法304条1項に規定する『債務者』には、原則として、抵当不動産の賃借人(転貸人)は含まれないものと解すべきである。けだし、所有者は被担保債権の履行について抵当不動産をもって物的責任を負担するものであるのに対し、抵当不動産の賃借人は、このような責任を負担するものではなく、自己に属する債権を被担保債権の弁済に供されるべき立場にはないからである。同項の文言に照らしても、これを『債務者』に含めることはできない。また、転貸賃料債権を物上代位の目的とすることができるとすると、正常な取引により成立した抵当不動産の転貸借関係における賃借人(転貸人)の利益を不当に害することにもなる。」と判示しています。

もっとも、上記最決は、「所有者の取得すべき賃料を減少させ、又は抵当権の行使を妨げるために、法人格を濫用し、又は賃貸借を仮装した上で、転貸借関係を作出したものであるなど、抵当不動産の賃借人を所有者と同視することを相当とする場合には、その賃借人が取得すべき転貸

<u>賃料債権に対して抵当権に基づく物上代位権を行使することを許すべきものである。</u>」とも判示し、例外的に抵当権に基づき転貸賃料債権を差し押さえることができる場合を認めました（注：下線筆者）。

2　抵当権に基づく転貸賃料債権の差押えができる場合
(1)　要　件
　上記最高裁決定によれば、「担保不動産の賃借人を所有者と同視することを相当とする場合」と認められることが、抵当権に基づく転貸賃料債権の差押えの要件となりますが、どのような場合に転貸賃料債権に対する債権差押命令が発令されるのかについては、東京地裁民事執行センターが以下のような事例の分類基準を設けていますので、参考になります（東京地方裁判所民事執行センター実務研究会『民事執行の実務（債権執行編）（上）〔第2版〕』203頁以下）。

　①　人的同視型
　たとえば、所有者が自然人で、賃借人が法人の場合であれば、同法人の代表者が所有者またはその家族等であるとき、所有者および賃借人の双方が法人の場合であれば、両法人の主たる役員が共有しているときなどが挙げられます。

　②　濫用型
　濫用型は、(イ)賃借権の設定時期（競売による差押後に新たに転貸借契約が設定された場合等）、(ロ)原賃料額と転貸賃料額との差額（差額が極端に大きい場合等）、(ハ)賃借人を権利者とする担保権設定登記等の有無、(ニ)所有者と賃借人との関係（所有者の一般債権者が、所有者が経済的に破綻した時期に、所有者と従前の賃借人との間に割り込み、賃借人兼転貸人となって、債権回収を図る割込型の事例は、債権回収目的の濫用型の典型）等の事情を総合的に判断したうえで、執行潜脱目的、債権回収目的等が認定できる場合です。

　③　債務者型
　賃借人が、抵当権の債務者である場合です。この場合に転貸賃料債権に対する債権差押命令を発令することとされたのは、自ら債務不履行をしながら転貸賃料の甘受が保障されるとするのは著しく正義に反すると

考えられるからです。①人的同視型との複合形態として、賃借人が、抵当権の債務者と実質的に同一であると評価できる場合も含まれるとされています。

(2) 「担保不動産の賃借人を所有者と同視することを相当とする場合」の主張立証

抵当権に基づく転貸賃料債権の差押えを行う場合には、同差押えの要件である「担保不動産の賃借人を所有者と同視することを相当とする場合」を基礎付ける具体的事実を申立書または上申書に記載して主張する必要があります。

同具体的事実の立証方法としては、住民票、戸籍謄本、商業登記事項証明書、不動産登記事項証明書、原賃貸借契約書、転貸借契約書、所有者または賃借人からの聴取報告書、債権者からの報告書等を書証として提出することが考えられます。

(平山 浩一郎)

Q114 抵当権に基づく賃料の差押えの及ぶ範囲

抵当権に基づき賃料債権を差し押さえたのですが、賃料の消費税や共益費も差し押さえることができるのでしょうか。

A 賃料の消費税は、賃料の一部であるとして、抵当権に基づき差し押さえることが認められています。しかし、共益費は、賃貸物件の維持、管理のための費用であり、賃料とは別個に金額を明示して約定されてある場合には、賃料として差し押さえることはできません。

解説

1 消費税

居住用ではない建物等の賃貸借には消費税が課せられますが、この消費税の性質について、「消費者が消費税相当分として事業者に支払う金銭はあくまで商品ないし役務の提供の対価としての性質を有する」(東京地判平成2・3・26判例時報1344号115頁)と考えられています。

この考え方に従えば、賃借人が賃料の消費税相当分として賃貸人に支払う金銭は、賃料としての性質を有することから、賃料債権差押えの効力は、内税方式、外税方式の区別なく消費税に及び、差押債権者は、消費税相当分も賃料として差し押さえることができることになります。

執行実務上も、賃料債権差押の効力は賃料の消費税に及ぶとされています。

2 共益費

共益費については、「賃料とは別に共益費の支払が約定され、それが建物の維持管理の費用の実質を有する場合(通常の共益費はこれに当たる)には、建物の抵当権者は物上代位によりこれを差し押さえることができない」とされています(東京高決平成5・12・27金融法務事情1379号34頁)。

共益費は、賃貸物件の維持、管理のための費用であって、賃料とは別

個に金額を明示して約定されている場合には、賃料の実質をもつものとは認められないからです。

　なお、共益費が賃料とは別個に金額を明示して約定されていない場合には、債権執行手続で共益費の性質を的確に判断することは困難であることから、全体に対して債権差押命令を発令せざるを得ないものと解されています。

（平山 浩一郎）

Q115　賃料債権の譲渡

抵当権に基づく物上代位により賃料債権を差し押さえたら、賃料債権が譲渡されていたことが判明しました。このような場合、賃借人に賃料を請求することはできないのでしょうか。

A 抵当権設定登記より先に賃料債権が譲渡されて第三者対抗要件が具備された場合でない限り、抵当権者は賃借人に賃料を請求することができます。

解　説

1　最高裁平成10年1月30日判決

賃料債権の譲渡と抵当権に基づく物上代位の優劣については学説の対立がありましたが、最高裁は、物上代位の優先を認めました（最判平成10・1・30民集52巻1号1頁）。

物上物上代位の優先を認めた理由として、上記最高裁判決は、「(1)民法304条1項の払渡し又は引渡しという言葉は当然には債権譲渡を含むものとは解されないし、物上代位の目的債権が譲渡されたことから必然的に抵当権の効力が右目的債権に及ばなくなるものと解すべき理由もないところ、(2)物上代位の目的債権が譲渡された後に抵当権者が物上代位権に基づき目的債権の差押えをした場合において、第三債務者は、差押命令の送達を受ける前に債権譲受人に弁済した債権についてはその消滅を抵当権者に対抗することができ、弁済をしていない債権についてはこれを供託すれば免責されるのであるから、抵当権者に目的債権の譲渡後における物上代位権の行使を認めても第三債務者の利益が害されることとはならず、(3)抵当権の効力が物上代位の目的債権についても及ぶことは抵当権設定登記により公示されているとみることができ、(4)対抗要件を備えた債権譲渡が物上代位に優先するものと解するならば、抵当権設定者は、抵当権者からの差押えの前に債権譲渡をすることによって容易に物上代位権の行使を免れることができるが、このことは抵当権者の利益

を不当に害するものというべきだからである。」と判示しています。

また、上記最高裁判決は、抵当権に基づく物上代位における差押えの趣旨について、「二重弁済を強いられる危険から第三債務者を保護するという点にあると解される。」と判示し、いわゆる第三債務者保護説に立つことを明らかにしています。

2 賃料債権の譲渡と抵当権に基づく物上代位の優劣

したがって、賃料債権が譲渡されて第三者対抗要件が具備された後であっても、同第三者対抗要件具備より抵当権設定登記が先であれば、物上代位を対抗することができ、賃借人が債権譲受人に弁済する前の賃料債権については、抵当権に基づく物上代位により賃料債権を差し押さえて、賃借人に賃料を請求することができます。

3 一般債権者による差押えと抵当権に基づく物上代位の優劣

なお、一般債権者の申立による差押命令が賃借人に送達された後であっても、上記最高裁判決と同様、同送達より抵当権設定登記が先であれば、物上代位を対抗することができます（最判平成10・3・26民集52巻2号483頁）。ただし、転付命令の場合については結論が異なり、これについてはQ116で解説します。

（平山 浩一郎）

Q116 物上代位と転付命令との優劣

抵当権に基づく物上代位により賃料債権を差し押さえたところ、一般債権者が賃料債権を差し押さえて転付命令が賃借人宛て送達されていたことが判明しました。このような場合、賃借人に賃料を請求することはできないのでしょうか。

A 既発生の賃料については、賃借人に請求できません。

解説

1 転付命令

転付命令とは、差押債権を差押債権者の債権および執行費用の弁済に代えて、券面額で差押債権者に移転させることを命ずる裁判であり、転付命令が確定すると、転付命令が第三債務者に送達された時に遡ってその効力が発生します（民事執行法159条5項・160条）。

転付命令が第三債務者に送達される時までに、転付命令にかかる金銭債権について、他の債権者が差押え・仮差押えの執行または配当要求をしたときは、転付命令は、その効力を生じません（同法159条3項）。

なお、将来の賃料債権については、被転付適格を有しませんので（大判大正14・7・10民集4巻629頁）、物上代位との優劣が問題となるのは、既発生の賃料債権に限られます。

2 転付命令と物上代位

一般債権者が賃料債権を差し押さえて転付命令が賃借人宛て送達された後、抵当権者が抵当権に基づく物上代位により賃料債権を差し押さえた事例において、最高裁は、物上代位の優先を認めませんでした（最判平成14・3・12民集56巻3号555頁、以下「平成14年判決」という）。

転付命令が優先する理由として、上記最高裁判決は、「転付命令は、金銭債権の実現のために差し押さえられた債権を換価するための一方法として、被転付債権を差押債権者に移転させるという法形式を採用したものであって、転付命令が第三債権者に送達された時に他の債権者が民事

執行法159条3項に規定する差押等をしていないことを条件として、差押債権者に独占的満足を与えるものであり（民事執行法159条3項、160条）、他方、抵当権者が物上代位により被転付債権に対し抵当権の効力を及ぼすためには、自ら被転付債権を差し押さえることを要し（最高裁平成13年（受）第91号同年10月25日第一小法廷判決・民集55巻6号975頁）、この差押えは債権執行における差押えと同様の規律に服すべきものであり……同法159条3項に規定する差押えに物上代位による差押えが含まれることは文理上明らかであることに照らせば、抵当権の物上代位としての差押えについて強制執行における差押えと異なる取扱いをすべき理由はなく、これを反対に解するときは、転付命令を規定した趣旨に反することになる」と判示しています（注：下線筆者）。

したがって、抵当権に基づく賃料債権の差押え前に、一般債権者の転付命令が賃借人宛て送達されれば、既発生の賃料については、物上代位を対抗することができず、賃借人に請求できないということになります。

3 平成10年判決との整合性

Q115で解説したとおり、賃料債権の譲渡と抵当権に基づく物上代位の優劣について、最高裁平成10年1月30日判決（民集52巻1号1頁、以下「平成10年判決」という）は、抵当権に基づく物上代位における差押えの趣旨について、「二重弁済を強いられる危険から第三債務者を保護するという点にあると解される。」と判示し、いわゆる第三債務者保護説に立ったうえで、物上代位の優先を認めました。

そして、抵当権の効力が物上代位の目的債権について及ぶことが抵当権設定登記により公示されていると見ることができることについては、転付命令も債権譲渡と異なるところがありません。

したがって、転付命令より物上代位が優先するという結論が平成10年判決と整合するといえますが、平成10年判決が民法304条1項の解釈を説いているのに対し、平成14年判決は、民事執行法159条・160条の解釈を説いたものであり、物上代位権行使の執行手続上の問題から転付命令を優先させたものであることから、両判決は矛盾するものではないとされています。

（平山 浩一郎）

> **Q117　敷金および貸金等と賃料との相殺と物上代位**
> 抵当権に基づく物上代位により賃料債権を差し押さえたのですが、賃借人は、賃貸人に対する貸金債権をもって相殺を主張できるのでしょうか。敷金との相殺は主張できますか。

> **A**　抵当権者が抵当権に基づく物上代位により賃料債権を差し押さえた後は、賃借人は、賃貸人に対する貸金債権が抵当権設定登記の前に発生した場合でない限り、同貸金債権をもって相殺を主張できません。賃貸借契約が終了して目的物が明け渡された場合には、賃借人は、相殺するまでもなく、賃料債務が敷金の充当によりその限度で当然に消滅したことを主張できます。

解説

1　物上代位と相殺

通常の差押えと相殺の優劣については、自働債権が差押えの前に存在していれば、相殺が優先します（最判昭和45・6・24民集24巻6号587頁）。

しかし、物上代位による差押えと相殺の優劣が問題となった事例について、最高裁は、「抵当権者が物上代位権を行使して賃料債権の差押えをした後は、抵当不動産の賃借人は、抵当権設定登記の後に賃貸人に対して取得した債権を自働債権とする賃料債権との相殺をもって、抵当権者に対抗することはできないと解するのが相当である。けだし、物上代位権の行使としての差押えのされる前においては、賃借人のする相殺は何ら制限されるものではないが……物上代位により抵当権の効力が賃料債権に及ぶことは抵当権設定登記により公示されているとみることができる……。」と判示しました（最判平成13・3・13民集55巻2号363頁）。

上記最高裁によれば、①抵当権者が抵当権に基づく物上代位により賃料債権を差し押さえる前に相殺がなされていれば相殺が優先しますが、②相殺の前に同差押えがなされた場合は、抵当権設定登記と賃借人の自働債権取得の先後により優劣が決まることになります。

2　物上代位と敷金

　敷金返還請求権は、建物が明け渡された時に発生しますので、上記1で説明した物上代位と相殺の構成によると、相殺前に物上代位による賃料債権の差押えがなされれば、抵当権設定登記の前に建物が明け渡されている場合を除いて、敷金返還請求権をもって相殺を主張できないことになります。

　しかし、敷金返還請求権による相殺について、一般的な債権の場合と同列に論じてよいかという問題があります。敷金とは、賃貸借存続中の賃料債権のみならず、賃貸借終了後家屋明渡義務履行までに生ずる賃料相当損害金の債権その他賃貸借契約により賃貸人が貸借人に対して取得することのあるべき一切の債権を担保し、賃貸借終了後、家屋明渡しがなされた時において、それまでに生じた上記の一切の被担保債権を控除しなお残額があることを条件として、その残額につき敷金返還請求権が発生するものであるからです（最判昭和48・2・2民集27巻1号80頁）。

　最高裁は、このような敷金返還請求権の特殊性を重視し、敷金の充当による未払賃料等の消滅は、敷金契約から発生する当然の効果であるとして、「敷金が授受された賃貸借契約に係る賃料債権につき抵当権者が物上代位権を行使してこれを差し押さえた場合においても、当該賃貸借契約が終了し、目的物が明け渡されたときは、賃料債権は、敷金の充当によりその限度で消滅する」と判示しています（最判平成14・3・28民集56巻3号689頁）。すなわち、賃貸借契約終了による目的物明渡後には、敷金額を超える賃料債権が存在しない限り、物上代位の対象債権が存在せず、賃借人は、相殺するまでもなく、賃料債務が敷金の充当によりその限度で当然に消滅したことを主張できます。

　なお、上記最高裁判例は、抵当権者の物上代位による差押後、同抵当権者が取立または転付命令に基づく弁済を受ける前に賃貸借契約が終了し、目的物が明け渡された場合における敷金の賃料への充当が上記物上代位権の行使によって妨げられるか否かについて判示したものであり、賃貸借契約が終了して目的物が明け渡されていない場合には、その射程が及ばないものと考えられます。

（平山　浩一郎）

Q118　物上代位と他の抵当権者との優劣

抵当権に基づく物上代位により賃料債権を差し押さえる前に、他の抵当権者が物上代位により賃料債権を差し押さえました。当該債権差押事件に配当要求することはできるのでしょうか。

A　先順位抵当権者であっても、当該債権差押事件に配当要求することはできません。配当要求の終期までに、自ら重ねて賃料債権を差し押さえる必要があります。

解説

1　抵当権に基づく物上代位相互間の優先順位

抵当権に基づく物上代位相互間の優先順位を決する基準については、抵当権に基づく物上代位における差押えの趣旨とも関連して見解が分かれるところですが、最高裁平成10年1月30日判決（民集52巻1号1頁）、最高裁平成10年3月26日判決（民集52巻2号483頁）等の判例は、差押えの意義について、「二重弁済を強いられる危険から第三債務者を保護するという点にあると解される。」と判示し、いわゆる第三債務者保護説に立つことを明らかにし、その対抗要件を抵当権設定登記に求めています。

そこで、実務においては、抵当権設定登記の順位により、抵当権に基づく物上代位相互間の優先順位が決められています（東京地方裁判所民事執行センター実務研究会『民事執行の実務（債権執行編）（下）〔第2版〕』127頁）。

2　配当要求の可否

(1)　先順位抵当権者による差押え

民法372条が準用する民法304条1項ただし書は、物上代位権行使の要件として、債務者への払渡し・引渡し前の差押えを要求しています。

他方で、民事執行法193条は、「担保権を有する者」が物上代位権を行使する場合の手続として、担保権の存在を証明する文書を提出して、債

務者が第三債務者から受けるべき金銭その他のものについて差押命令の申立（民事執行法143条以下）をすることを定めています。

そして、抵当権に基づく物上代位相互間の優先順位が、抵当権設定登記の順位により決せられることは、上記1で解説したとおりです。

したがって、先順位の抵当権に基づく物上代位権を行使しようとする賃料債権が後順位の抵当権に基づく物上代位によりすでに差し押さえられている場合に、先順位抵当権者が、配当要求の終期（第三債務者の供託等、民事執行法165条1号）までに、物上代位権の行使として重ねて差し押さえれば、民法および民事執行法の要件を満たすので、賃料債権から優先的に回収することができます。

それでは、先順位抵当権者は、差押えの方法によらずに、後順位抵当権者の債権差押事件に配当要求して、優先弁済を受けることができるのでしょうか。

(2) 配当要求と物上代位

配当要求とは、自らは金銭執行（担保権実行を含む）の申立をすることなく、他人の申立によって開始された金銭執行における配当に参加する方式のことをいい、民事執行法154条は、文書により「先取特権」を有することを証明した債権者は配当要求をすることができると規定しています。

したがって、配当要求の方法で抵当権の物上代位権を行使しうるという結論を法文上根拠付けるためには、民事執行法154条1項の先取特権者に、抵当権に基づき物上代位権を行使する債権者が含まれ、かつ、物上代位権行使の要件である「差押え」（民法304条1項ただし書）に民事執行法上の配当要求が含まれることが必要といえます。

(3) 配当要求の方法で物上代位を行使することの可否

抵当権に基づく物上代位を配当要求の方法で行使することの可否について、学説は肯定説と否定説が鋭く対立していましたが、最高裁は、「抵当権に基づき物上代位権を行使する債権者は、他の債権者による債権差押事件に配当要求をすることによって優先弁済を受けることはできないと解するのが相当である。けだし、民法372条において準用する同法

304条1項ただし書の「差押」に配当要求を含むものと解することはできず、民事執行法154条及び同法193条1項は抵当権に基づき物上代位権を行使する債権者が配当要求をすることは予定していないからである。」と判示して（最判平成13・10・25民集55巻6号975号）、否定説に立つことを明らかにしました。

したがって、先順位抵当権者は、後順位抵当権者が差し押さえた賃料債権から配当を受けるためには、配当要求の終期（第三債務者の供託等、民事執行法165条1号）までに、物上代位権の行使として重ねて差し押さえる必要があります。

（平山 浩一郎）

IX 法的回収

> **Q119 土地収用補償金に対する物上代位**
> 抵当不動産が公共事業により収用されることとなりました。所有者に支払われる補償金に対して、抵当権に基づく物上代位により差し押さえることはできるのでしょうか。

A 抵当権に基づく物上代位により差し押さえることができます。

解説

1 土地収用

土地の収用とは、土地収用法3条に掲げられている公共の利益となる事業で土地が必要となる場合に、所有者等の意思にかかわらず、その土地の所有権を強制的に取得する制度のことをいいます。

2 抵当権の消滅

土地が収用される場合、権利取得裁決において定められた権利取得の時期において、起業者は、当該土地の所有権を取得し、当該土地に関する抵当権等の権利は、消滅します（土地収用法101条1項）。

3 補償金に対する物上代位

抵当権が消滅することにより、抵当権者は損失を被ることになりますので、土地収用法においては、抵当権者等の関係人にも補償しなければならないとされており、その補償は、土地所有者と関係人に各人別にしなければならないとされています（土地収用法68条・69条）。

しかし、抵当権そのものの価値と土地の価値とを別に算定することは困難であるため、抵当権者に対する補償金は、一括して算定され、その総額が所有者に支払われることになります。

そこから回収を図るため、抵当権者は、当土地の収用によって債務者が受けるべき補償金に対し、抵当権に基づく物上代位権を行使することができます（同法104条）。

4　差し押さえることができる補償金

　抵当権に基づく物上代位により差し押さえることができる補償金の範囲としては、土地の収用に対する補償金（土地収用法71条）のほか、土地の使用に対する補償金（同法72条）、収用後の残地に対する補償金（同法74条）、土地上の物件移転に対する補償金（同法77条）についても及ぶとされています。

（平山 浩一郎）

Ⅸ　法的回収

> **Q120　動産売買先取特権に基づく物上代位**
> 商品の買主が代金を支払いません。その買主はすでに当該商品を転売しているようですが、何かよい債権回収方法はありますか。
>
> **A**　動産売買先取特権に基づく物上代位により、買主が転売先に対して有する転売代金債権を差し押さえる方法があります。

解説

1　動産売買先取特権に基づく物上代位

　動産の売買によって生じた債権を有する者は、債務者の特定の動産について先取特権を有します（民法311条6号）。そして、先取特権は、その目的物の売却等によって債務者が受けるべき金銭等に対しても、行使することができます（物上代位、同法304条1項）。すなわち、販売した商品を買主が転売した場合には、売主は、転売代金債権について、動産売買先取特権に基づく物上代位により、差押えをすることができるのです。

　なお、動産売買先取特権は、破産法および民事再生法においては別除権とされ、破産手続外または民事再生手続外で実行することが可能です。

2　要件・立証

　動産売買先取特権に基づく物上代位には、①売買契約の成立、②弁済期の到来、③売主から買主に販売された動産が転売先に転売されていることが要件とされており、同物上代位により転売代金債権を差し押さえるには、これらの要件を立証する必要があります。

　このうち②弁済期の到来の立証は容易であるといえますが、①売買契約の成立と③売主から買主に販売された動産が転売先に転売されていることは、どのように立証していけばよいのでしょうか。

(1) 売買契約の成立

　個々の売買契約書が存在すれば、それが直接証拠になります。しかし、大量かつ継続的な売買において、個々の取引ごとに売買契約書を作成するのは稀であるといえます。

　そこで、個々の売買契約書が存在しない場合には、基本契約書のほか、買主から売主に対する発注書、売主から買主に対する受注書、請求書等により、売買契約の成立を立証していくことになります。

(2) 売主から買主に販売された動産が転売先に転売されていること

　この要件の立証はきわめて困難であるといえます。買主と転売先との間の売買契約について、通常、売主は関知しないからです。特に、売買の目的物が種類物である場合、目的物の同一性の立証は困難を極めます。これについては、売買契約と転売契約の書類を対比して、商品名、形式、商品の参照番号、数量、単価等から立証していくことになります。

3　仮差押え

　上記2で述べたとおり、動産売買先取特権に基づく物上代位には、立証が困難であるという問題があり、他方で、転売代金債権について支払がなされる前に差し押さえる必要があるという時間的制約が存在します。

　そこで、動産売買先取特権に基づく物上代位の要件の立証は可能ながら、資料の収集に相応の時間を要し、転売代金債権について支払がなされる前に差し押さえることが困難であると予測されるような場合には、転売代金債権について仮差押えをすることも検討すべきです。

　　　　　　　　　　　　　　　　　　　　　　　（平山　浩一郎）

Ⅸ　法的回収

> **Q121　輸入商品に対する譲渡担保権に基づく物上代位**
> 輸入業者から輸入商品について動産譲渡担保の設定を受けていますが、輸入業者はすでに当該商品を売り渡しています。輸入業者が延滞したのですが、何かよい債権回収方法はありますか。
>
> **A**　動産譲渡担保権に基づく物上代位により、輸入業者が有する売買代金債権を差し押さえる方法があります。

解　説

1　譲渡担保権の法的構成

譲渡担保とは、債権担保の目的で、債権者に対して財産を譲渡する形式をとるもので、民法に明文はありません。

譲渡担保権の法的性質については、大きく分けて、所有権的構成と担保権的構成があり、所有権的構成に立てば物上代位権の行使を否定する傾向になり、他方、担保権的構成に立てば、抵当権の場合に準じて物上代位を認めやすいといえます。学説においては、担保的構成がほぼ確立したものと見られています。

判例は、大審院時代には所有権的構成に立つものと理解されていましたが、現在の判例は、担保目的に必要な範囲内で所有権が移転するという思考様式を採用しているものと考えられます。すなわち、所有権が譲渡担保権者に移転していることを前提としつつ、所有権移転が担保目的によるものであることを踏まえ、設定者との対内的関係や、対外関係の一部（目的物上の抵当権者、不法占拠者との関係や、会社更生手続との関係）においては、担保目的による制約を重視した考え方に立っているとされています（会社更生手続が開始された場合に譲渡担保権者の権利を取戻権ではなく更生担保権と解した最判昭和41・4・28民集20巻4号900頁、目的物の不法占拠者に対する関係で特段の事情のない限り譲渡担保設定者からの目的物の返還請求を認めた最判昭和57・9・28金融・商事判例661号33頁等）。

337

2 物上代位の本質論

物上代位とは、担保物権の目的物が売却、賃貸、滅失、または毀損によって法律上または事実上形を変えたときに、担保物権がその変形したもの（代金請求権、賃料請求権、保険金請求権等）のうえに効力を及ぼすことをいいます。

物上代位の本質論に関しては、価値権説（＝特定性維持説、目的物の交換価値の把握を目的とする価値権的性質に物上代位権の特質を求める見解。伝統的通説）と特権説（＝優先権保全説、物上代位権を担保権者保護のために認められた特権であるとする見解）の対立があり、価値権説に立てば、譲渡担保権にも物上代位を認める結論に結び付きやすく、特権説に立てば、明文のない以上、譲渡担保権については物上代位を否定するという結論に結び付きやすいといえます。

判例は、大審院時代から特権説を採用しているとされていましたが（大連判大12・4・7民集2巻209頁）、その後は、ある事案では特定性維持を強調し（最判昭和59・2・2民集38巻3号431頁等）、またある事案では第三債務者保護の視点に立ち（最判平成10・1・30民集52巻1号1頁）、そして最決平成22・12・2民集64巻8号1990頁では価値権説に親和的な説明をするなどしており、物上代位の本質論に関する判例法理は必ずしも明確でないと考えられます。

3 動産譲渡担保権に基づく物上代位

(1) 学　説

動産譲渡担保権に基づく物上代位の可否について、学説では、譲渡担保の法的性質について担保権的構成をとり、あるいは、物上代位の本質論について価値権説をとることを前提として、物上代位を肯定するものが圧倒的多数を占めているといわれています。

(2) 最高裁

動産譲渡担保権に基づく物上代位の可否について、最高裁は、輸入商品である動産につき譲渡担保の設定を受けた銀行による、設定者の第三者に対する商品売買代金債権に対する物上代位権の行使の可否が争点となった事例において、特に理由を明示することなく、「信用状発行銀行

……は、輸入商品に対する譲渡担保権に基づく物上代位権の行使として、転売された輸入商品の売買代金債権を差し押さえることができ……」と判示し（最決平成11・5・17民集53巻5号863頁）、物上代位権の行使を認めました。

　上記最高裁決定は事例決定ではありますが、その後、最高裁（最決平成22・12・2民集64巻8号1990頁）は、集合物譲渡担保の目的である集合動産を構成するに至った動産が滅失した場合にその損害をてん補するために譲渡担保設定者に対して支払われる損害保険金にかかる請求権に対する物上代位権の行使の可否が争点となった事例において、①「構成部分の変動する集合動産を目的とする集合物譲渡担保権は、譲渡担保権者において譲渡担保の目的である集合動産を構成するに至った動産（以下「目的動産」という。）の価値を担保として把握するものであるから、その効力は、目的動産が滅失した場合にその損害をてん補するために譲渡担保権設定者に対して支払われる損害保険金に係る請求権に及ぶと解するのが相当である。」②「もっとも……譲渡担保権設定者が通常の営業を継続している場合には、目的動産の滅失により上記請求権が発生したとしても、これに対して直ちに物上代位権を行使することができる旨が合意されているなどの特段の事情がない限り、譲渡担保権者が当該請求権に対して物上代位権を行使することは許されないというべきである。」と判示し、営業が廃止されていた事案において物上代位権の行使を認めています。

（平山 浩一郎）

(5) 担保不動産収益執行

> **Q122　担保不動産収益執行の手続**
> 担保不動産収益執行の手続とはどのような手続をいうのですか。抵当権に基づき賃料債権を差し押さえる物上代位による場合と比較して、メリットとデメリットはどのようなことが挙げられますか。

> **A**　担保不動産収益執行とは、不動産から生じる収益（賃料等）を被担保債権の弁済に充てる方法による不動産担保権の実行をいい、裁判所が選任する管理人が、賃料等を回収し、債権者に配当することになります。物上代位による場合と比して、賃借人の特定が不要であり、管理人によって管理もなされるので物件の荒廃や賃借人の減少のリスクが軽減されるというメリットがある反面、管理人の報酬や諸費用を支払う必要があるため、コストが高くなるというデメリットがあります。

解説

1　担保不動産収益執行

　担保不動産収益執行の手続とは、抵当権等の不動産担保権に基づき、担保不動産の収益価値から優先的な満足を得るための手続をいい、民事執行法180条1項2号では「不動産から生じる収益を被担保債権の弁済に充てる方法による不動産担保権の実行」と定義されています。

　手続の流れとしては、以下のとおりです。

(1)　担保権者による担保不動産収益執行の申立

　担保権者（先取特権者、抵当権者、質権者）が、担保権の存在を証する書面等の法定の文書（民事執行法181条）を提出して、申立を行います。申立書の雛形は、裁判所のホームページ等でも取得できます。

(2)　執行裁判所による開始決定と管理人の選任

　開始決定と同時に管理人が選任され、開始決定においては、債権者の

ために不動産を差し押さえる旨が宣言されるとともに、賃借人等に対しその給付の目的物を管理人に交付すべき旨が命じられることなります（民事執行法188条・93条・94条1項）。

(3) 管理人による管理

管理人は、強制管理の開始決定がされた不動産について、管理ならびに収益の収取および換価をすることができるとされており（民事執行法188条・95条1項）、賃料等の回収や、場合によっては新たな賃貸借契約の締結等も行うことになります。また、管理人が当該不動産の管理を行うにあたって、それがマンション等の共同住宅である場合には、管理会社と管理委託契約を締結し（すでに管理会社と所有者との間で管理委託契約が存在する場合には、当該契約を引き継ぐか検討することになる）、管理会社を管理人の補助者として管理業務を行わせることも行われています。

(4) 配　当

管理人は、収益等から不動産に対して課される租税その他の公課および管理人の報酬その他の必要な費用を控除した残余について、執行裁判所の定める期間ごとに、配当等（同法84条3項）を実施することになります（同法188条・107条・109条）。

配当を受けることができる者は、
① 配当期間の満了までに、強制管理の申立をした差押債権者
② 配当期間の満了までに、一般の先取特権の実行として担保不動産収益執行の申立をしたもの
③ 配当期間の満了までに、担保不動産収益執行の申立をしたものであって、当該申立が最初の強制管理の開始決定にかかる差押えの登記前に登記がされた担保権に基づくものであった差押債権者
④ 配当要求の期間の満了までに、強制管理の申立をした仮差押債権者
⑤ 配当期間の満了までに配当要求をした債権者
⑥ 先行する債権差押命令等の手続における、差押命令の差押債権者、当該差押命令の効力が停止するまでに配当要求をした債権者および仮差押命令の債権者

⑦　配当期間満了までに交付要求をしたもの

です（同法188条・107条4項・105条・93条の4第3項）。

　なお、差押えの登記前に登記された担保権の担保権者は配当要求もできないため、配当に参加するためには別途配当期間満了までに担保不動産収益執行の申立を行う必要があります。

2　物上代位による場合との比較

　担保権者が担保不動産の収益から回収を図る方法としては、担保不動産収益執行のほかに物上代位による賃料の差押えが挙げられます。

　なお、賃料への物上代位が認められるか否かについては従前議論があったものの、最高裁においてこれを認める判決が出されました（最判平成元・10・27民集43巻9号1070頁）。しかし、現状では、かかる物上代位を肯定せざるを得ないとしながら、理論的・政策的には否定すべきとする見解も見られ（内田貴『民法Ⅲ　債権総論・担保物権〔第3版〕』407頁）、賃料への物上代位を廃止して、収益執行制度のみとする制度も立法論としては考えられるところではあります。もっとも、実務的には、担保不動産収益執行については、後述する費用面での負担が大きく、費用面を考慮すると物上代位によるほかないケースも多いため、現状で賃料への物上代位の制度を廃止することは困難でしょう。

　物上代位による賃料の差押えと比較して担保不動産収益執行には、主に以下のメリット、デメリットがあります。

(1)　メリット

①　賃借人が不明な場合でも申立が可能であること

　物上代位による賃料差押えの場合には、第三債務者である賃借人の特定が必要となるため、賃借人の入れ替わりが激しい担保不動産の賃料を対象とする場合には、空振りに終わる可能性があります。この点、担保不動産収益執行による場合には、開始決定後、管理人が賃借人を調査することなるため、申立段階で賃借人を特定する必要はありません。

②　担保不動産の荒廃のリスクの軽減

　物上代位による賃料の差押えが行われた場合、賃貸人の賃料収入が絶たれることになるため、賃貸人は、担保不動産の維持管理の費用を支出

できないという事態が生じる可能性が高くなります。したがって、差押えが長期間となる場合には、維持管理に費用が回らず、物件が荒廃し、担保不動産の価値が低下することも考えられます。この点、担保不動産収益執行による場合には、前述のとおり、管理人がかかる維持管理も行うことになるため、物件が荒廃し、物件の価値が低下するリスクは軽減されます。

③　賃借人減少のリスクの軽減

物上代位による賃料差押えの場合には、担保不動産について、賃貸借契約を締結する権限はあくまで賃貸人にあるため、空室が存在する場合でも、新たな賃借人を入居させるかどうかは賃貸人次第ということになります。

この点、担保不動産収益執行の場合には、管理人が賃貸借契約を締結する権限も有するため、空室がある場合には、管理人によって新たな賃借人を入居させることが可能となります。ただし、担保不動産競売手続も並行しているような場合には、管理人が新たに締結した賃貸借契約は買受人に対抗できないため（ただし、民法395条の6か月間の明渡猶予期間は存在する）、実際には新規の賃貸借契約の締結によって賃借人を入居させることは困難です。

(2)　デメリット

上記のとおり、担保不動産収益執行は、管理人の権限が大きい反面、さまざまなコストが生じることになります。これらのコストとしては、管理人の報酬はもちろん、管理会社に管理を委託する場合には委託手数料、何らか修繕等が必要となる場合にはその費用、空室について不動産会社を通じて入居者を募集する場合にはそれに伴う費用、担保不動産に対して課される固定資産税等の税金等が考えられます。

担保不動産収益執行においては、担保不動産からの収益から、かかるコストを控除した残余について配当がなされることになるため、収益の額が少ない場合には、十分な配当が期待できません。

他方、物上代位による賃料差押えの場合には、上記のようなコストは不要となります。

（古川　純平）

Q123 現に収益を生じていない物件（ホテル）の執行対象財産性

ある物件（ホテル）に担保不動産収益執行を行うことを考えています。当該物件は、後に収益が生じる可能性はあるのですが、現時点では収益は生じていません。このような状態でも担保不動産収益執行を行うことは可能でしょうか。

A 担保不動産収益執行は、一般に担保不動産の所有者が収益権を有しない不動産または収益の生じる見込みのない不動産をその対象とすることはできませんが、収益の生じる見込みのある不動産である以上、現に収益を生じている必要がありません。したがって、設問の担保不動産収益執行も可能です。ただし、担保権設定者が取得する収益が、「不動産から生じる収益」といえる必要があるところ、この点、ホテルの運営管理を担保権設定者が行わずに第三者に委託していたケースでは、「不動産から生じる収益」と評価できるとしても、ホテルを担保権設定者自身が運営管理しているような場合には、ホテル営業の対価であり、「不動産から生じる収益」とはいえず、理論的には困難であると思われます。

解説

1　裁判例

設問のような事例で争いとなった裁判例として、福岡高裁判平成17年1月21日判決（判例タイムズ1181号170頁）があります。

当該裁判例の事例を簡略化すると以下のとおりです。

①　債権者Xは、債務者Yの所有するホテルについて抵当権を有している。

②　Yは、Zとの間で、ホテル管理委託契約を締結している。同契約の内容としは、Yがホテルおよびその所有の家具、什器備品等付帯設備一切をZに提供し、Zがこれを使用してホテルの運営管理のための一切

の業務を行うこと、Zが行う業務内容はホテル営業の運営管理全般に及んでおり、特に、Yに代わって金銭出納管理等収支業務を行うことも含まれていること、ホテルの収益についてはYに帰属するが、YはZに対して委託業務上必要なる人件費、再委託先の業務委託料およびその他Zが必要と認めた費用を支払う、という内容である。

③　Xは、当該ホテル運営管理委託契約を前提に、担保不動産収益執行を申し立てたところ、執行裁判所は、給付請求権の内容を「本件建物について、YとZとの間で締結されたホテル運営管理委託契約に基づき、YがZから支払を受ける運営管理委託料」として、本件土地建物について、担保不動産収益執行開始決定をしたが、執行抗告の申立がなされたため、執行裁判所は、再度の考案により、上記給付請求権の内容を「本件建物についてYとZとの間で締結されたホテル運営管理委託契約に基づき、YがZから支払を受けるホテルの総収入から、YがZに支払うべき人件費並びに再委託先への業務委託料及びその他の必要な費用を差し引いた金銭の引渡請求権」と改める旨の更正決定をした。

④　YおよびZが、上記更正決定について、給付請求権の内容として表示されている給付請求権が、手続的にも実体的にも、担保不動産収益執行の目的である不動産から生ずる収益（法定果実、民事執行法180条2号・93条1項・2項）に当たらないとして、その取消を求めて執行抗告を行った。

2　争　点

担保不動産収益執行において、「不動産から生じる収益」として典型的に想定されているものは、賃料です。しかし、本件では賃料ではなく、ホテル営業において生じる収益であり、場合によっては赤字となり、収益が発生しないことも考えられますし、また、かかる収益は必ずしもホテルという建物自体を使用することから生じる収益のみではありませんが、このようなものまで、「不動産から生じる収益」といえるのか問題となります。

3　判決内容

上記裁判例の判決では、まず、現に収益を生じている必要があるか否

かについて、担保不動産収益執行の性質上、対象不動産について「収益の生じる見込みのある不動産である以上、現に収益を生じている必要がないことはいうまでもない。」とし、本件で、対象となったホテルについて、「その性質上、一般にその所有者である抗告人債務者が収益権を有しない不動産又は収益の生じる見込みのない不動産とはいえず、他に、担保不動産収益執行の開始決定の要件の一つである本件建物の執行対象財産性に欠けるところは何らない」と判示しています。

また、建物自体を使用することから生じる収益といえるかどうかについても、「このホテル営業の基盤が本件建物にあることはいうまでもないから、その収益の中に、抗告人債務者が担保不動産である本件建物を抗告人給付義務者に使用させた対価が少なからず存在することは容易に想定されるところである。そして、これが担保不動産収益執行の対象となる収益としての法定果実、すなわち、担保不動産たる本件建物の使用の対価ないし使用利益に当たることはいうまでもない。」と判示し、「収益の給付請求権として、『本件建物について、抗告人債務者と抗告人給付義務者との間で締結されたホテル運営管理委託契約に基づき、抗告人債務者が抗告人給付義務者から支払を受けるホテルの総収入から抗告人債務者が抗告人給付義務者に支払うべき人件費並びに再委託先への業務委託料及びその他の費用を差し引いた金銭の引渡請求権』と特定したことには、何ら違法な点はな」く、特定性という観点からしても、「開始決定の段階における給付請求権は、上記の程度に特定されていれば足りるものと解するのが相当」と判示しました。

4 検 討

本件は、ホテルの運営管理を担保権設定者が行わずに第三者に委託していたケースの判例ですから、自身でホテルの運営管理を行っている場合にはどのような判断がなされるかは明確に述べているわけではありません。

しかし、ホテルを担保権設定者自身が運営管理している場合には、担保権設定者が取得する収益は、ホテル営業の対価であり、「不動産から生じる収益」といはいえず、理論的には困難であると思料されます。ま

た、給付義務者がその時々の顧客ということになり、給付義務者を特定するに足りる事項の記載が可能であるか疑問であるうえ、管理人が運営管理を行うとなれば、管理人が収益性を生み出す経営を行うことができるのかや、管理人の報酬や費用も大きくなる等という問題があり、現実的にも難しいと思われます。

(古川 純平)

Q124　担保不動産収益執行と賃借人からの相殺

抵当権を設定していたマンションについて、担保不動産収益執行の申立を行い、開始決定の効力が生じました。その後、マンションの賃借人より、「開始決定後の賃料と賃貸人に対し抵当権設定登記前に貸し付けた金員とを相殺する」との書面が賃貸人宛に届いたのですが、このような相殺は認められるのでしょうか。

A　マンションについて、担保不動産収益執行の開始決定がなされたとしても、当該マンションの賃借人は、開始決定後の賃料債権と、賃貸人に対して抵当権設定登記前に取得した債権とを、賃貸人に対する意思表示でもって相殺することは可能です。

解　説

1　判例および争点

設問のような事例で争いとなった裁判例として、最高裁平成21年7月3日判決（民集63巻6号1047頁）があります。

本判決の争点としては以下のとおりです。

① 担保不動産収益執行の場合、開始決定後の賃料債権は管理人に帰属するか（帰属するとなれば、賃借人の賃貸人に対する債権と相殺適状とならない）

② 賃貸人は、相殺の意思表示を受領する資格を有するか

③ 相殺を管理人に対抗できるか

2　管理人の地位

上記争点を検討する前提として、担保不動産収益執行の「管理人」という地位について理解しておく必要があります。管理人の地位については、香川保一『注釈民事執行法(4)』431頁以下（要確認）で次のように説明されています。

「管理人は、執行補助機関であって、債務者の代理人ではないが、その地位に基づき債務者の使用・収益権を行使するものであって、不動産

の使用・収益に関する第三者との関係は、債務者の権原を管理人が代わって行使するものとみることができる。その意味で、管理人の手続上の地位は破産手続の管財人に類似するものといえる。しかし、破産管財人の権限が処分権を含む包括的なものであるのに対して、管理人の権限は収益を目的とする不動産の管理の範囲に限られている。」

　管理人はかかる地位に基づき、不動産の管理ならびに収益の収取および換価（民事執行法188条・95条1項）を行い、場合によっては新たな賃貸借契約の締結や、不法占有者に対する明渡請求等もすることになりますが、賃料債権が誰に帰属するのかや、誰に対する引渡義務の履行を求めることになるのかは明確に定められていません。

　本判決では、以下のとおり、賃料債権の帰属は担保権設定者であると判示しています。そして、かかる判決からすれば、不法占有者に対する明渡請求も、担保権設定者に対する引渡義務の履行を管理人が請求するという理解になると考えられます（この場合、管理人によって賃料請求訴訟や明渡請求訴訟がなされた際の効果は、民事訴訟法115条1項2号で担保権設定者に及ぶことになる）。

3　判決内容

　本判決では、上記争点①、②について、「担保不動産収益執行の趣旨及び管理人の権限にかんがみると、管理人が取得するのは、賃料債権等の担保不動産の収益にかかる給付を求める権利（以下「賃料債権等」という。）自体ではなく、その権利を行使する権限にとどまり、賃料債権等は、担保不動産収益執行の開始決定が効力を生じた後も、所有者に帰属しているものと解するのが相当であり、このことは、担保不動産収益執行の開始決定が効力を生じた後に弁済期の到来する賃料債権等についても変わるところはない。そうすると、担保不動産収益執行の開始決定の効力が生じた後も、担保不動産の所有者は賃料債権等を受働債権とする相殺の意思表示を受領する資格を失うものではないというべきであるから（最高裁昭和37年(オ)第743号同40年7月20日第三小法廷判決・裁判集民事79号893頁参照）」との理由で、本件で、賃貸人は、「本件開始決定の効力が生じた後も、本件賃料債権の債権者として本件相殺の意思表示を受領

する資格を有していたというべき」と判示し、賃料債権はあくまで賃貸人に帰属し、賃貸人は相殺の意思表示を受領する資格を失うものではないとしています。

なお、本判決は、相殺の意思表示を受領する資格が管理人にあるか否かは判示していません。しかし、本判決を解説している金融・商事判例1340号55頁では、「最三小判昭39.10.27民集18巻8号1801頁、判タ170号119頁、金判529号188頁によれば、差押債権者が差押債権の取立命令を得た場合に第三債務者が差押前に債務者に対し取得した反対債権をもって差し押さえられた債権と相殺するには上記差押債権者に対しても相殺の意思表示をすることができると解されており、本判決が管理人の相殺の意思表示の受領資格の有無について何ら言及していないことに照らせば、本判決は、担保不動産の所有者が相殺の意思表示を受領する資格を有することを認めたにとどまるものであり、それ以上に、管理人の相殺の意思表示の受領資格を否定するものではないと思われる。」とされています。

また、上記争点③については、「被担保債権について不履行があったときは抵当権の効力は担保不動産の収益に及ぶが、そのことは抵当権設定登記によって公示されていると解される。そうすると、賃借人が抵当権設定登記の前に取得した賃貸人に対する債権については、賃料債権と相殺することに対する賃借人の期待が抵当権の効力に優先して保護されるべきであるから（最高裁平成11年（受）第1345号同13年3月13日第三小法廷判決・民集55巻2号363頁参照）、担保不動産の賃借人は、抵当権に基づく担保不動産収益執行の開始決定の効力が生じた後においても、抵当権設定登記の前に取得した賃貸人に対する債権を自働債権とし、賃料債権を受働債権とする相殺をもって管理人に対抗することができるというべき」と判示し、本件で相殺が管理人に対し対抗できることを認めました。

（古川 純平）

(7) 抵当権と賃借権

> **Q125　賃貸中の建物の競売**
> 賃借人がいる状態の建物について担保不動産競売の申立を行う予定です。抵当権者と賃借人との関係はどのような関係に立つのでしょうか。
>
> **A**　賃貸借契約の成立時点が平成16年３月31日以前であるか、同年４月１日以降であるかによって以下のとおり異なります。
>
> （平成16年３月31日以前に成立した賃貸借契約の場合）
> ①民法602条を超えない期間の短期賃貸借契約（建物であれば３年以内か期間の定めがない賃貸借）であり、②賃借権の登記または借地借家法上の対抗要件を具備した場合には、濫用的な短期賃貸借契約でない限り、賃借人はその賃借権を対抗できます。
>
> （平成16年４月１日以降に成立した賃貸借契約の場合）
> 抵当権の設定登記より後に賃貸借契約に基づく引渡しを受けた賃借人は、原則として賃借権を抵当権者に対抗できません。したがって、賃借建物について担保不動産競売手続がなされ買受人が当該建物を買い受けた場合、抵当権者に対抗できない賃借人は、買受人に当該建物を引き渡す必要があるが、買受けの時から６か月間は引渡しが猶予されます。

> 解　説

1　旧民法の規定

「担保物件及び民氏執行制度の改善のための民法等の一部を改正する法律」が平成16年４月１日に施行されたことによって、旧民法395条が廃止され、現在の民法395条の規定が新設されました。そして、上記改正法附則５条（平成15年８月１日法律第134号）で、「この法律の施行の際現に存する抵当不動産の賃貸借（この法律の施行後に更新されたものを

含む。）のうち民法第602条に定める期間を超えないものであって当該抵当不動産の抵当権の登記後に対抗要件を備えたものに対する抵当権の効力については、なお従前の例による。」とされたため、改正法施行後であっても、施行の際に存在していた賃貸借契約については、旧民法395条の要件を満たす限り、旧民法395条の適用があり、抵当権者に対抗できることとされました。

　旧民法395条は、「第602条ニ定メタル期間ヲ超エサル賃貸借ハ抵当権ノ登記後ニ登記シタルモノト雖モ之ヲ以テ抵当権者ニ対抗スルコトヲ得但其賃貸借カ抵当権者ニ損害ヲ及ホストキハ裁判所ハ抵当権者ノ請求ニ因リ其解除ヲ命スルコトヲ得」との規定であり、要するに①民法602条を超えない期間の短期賃貸借（建物であれば3年以内、最判昭和43・9・27民集22巻9号2074頁によれば期間の定めのない建物賃貸借も短期賃貸借に含まれる）であること、②賃借権の登記または借地借家法上の対抗要件（「登記」とは賃借権の登記公示を必要とするという趣旨であり、借地借家法上の対抗要件でも認められる（谷口知平ほか編『新版注釈民法(9)物件(4)』645頁〔高木多喜男〕））を具備した場合に、先立つ登記を有する抵当権者への対抗を認めています（ただし、買受人との関係では、借地借家法の更新の規定までは適用されません（谷口編・前掲同頁））。

　したがって、平成16年3月31日以前に成立した建物賃貸借契約については、原則として①および②を満たす限り、担保不動産競売の買受人に対抗できる（賃貸借契約の賃貸人の地位が買受人に承継される）ことになります。

　なお、かかる短期賃貸借の制度は、濫用的に利用されることが多く、制度としての合理性が疑問視されていたこと等から、前述の改正法によって廃止され、改正法施行以後の賃貸借契約については適用がなくなりました。

　賃借人が旧民法395条の適用を主張するが、実際には濫用的短期賃貸借である事例に対して、抵当権者としては、抵当権に基づく妨害排除（実務上これを行うことにはさまざまな問題があるが、本事例では触れない、最判平成17・3・10民集59巻2号356頁）や、競売手続の中での引渡命令

(民事執行法188条、83条1項)・保全処分（同法188条・55条1項）等によって対応することになります。

2　平成16年4月1日に施行された新民法の規定

新民法では、抵当権の対抗要件（登記、民法177条）と建物賃貸借の対抗要件（建物の引渡し、借地借家法31条1項）の先後で原則として優劣を決することになります。その例外として、①賃貸借の登記を備え、その登記前に登記をした抵当権を有するすべての者の同意を得て、かつ、その同意の登記がある場合には、当該賃貸借は抵当権に対抗できるとする制度がありますが（民法387条）、抵当権者の同意が得がたく、実務上利用されることは少ないです。

そして、賃借建物について、抵当権の設定登記後に賃貸借契約に基づく引渡しを受けた賃借人は、抵当権者に対抗できない結果、当該建物について、担保不動産競売手続が行われ、競落されると、賃借人は、買受人に当該建物を引き渡す必要が生じます。

しかし、賃借人が買受後すぐに買受人に当該建物を引き渡さなければならないとするのであれば、賃借人は突然の退去によって大きな不利益を被ることになり、結果として抵当権が設定された建物について賃借することに大きなリスクを伴い、賃貸借の利用が阻害されることになるため、引渡しについて6か月の猶予期間を設けました（民法395条1項）。

（古川　純平）

Q126　建物明渡猶予期間中の法律関係

民法395条の建物明渡猶予の制度に関し、当該猶予期間中の法律関係について説明してください。

A　民法395条1項は、抵当権者に対抗できない賃借人に対し、一定の要件を満たす場合に、6か月間は、買受人に対する明渡義務を猶予する規定であって、占有権限を認めるものではありません。明渡義務を猶予されているにすぎない賃借人による猶予期間中の建物使用については、買受人との関係で不当利得になるため、当該賃借人は買受人に対して建物使用の対価を支払う必要が生じます。

解　説

1　建物明渡猶予期間中の法律関係

　民法395条1項は、賃借権が抵当権に対抗できないことを前提に、当該占有者が、①競売手続の開始前から使用または収益をする者であるか、②強制管理または担保不動産収益執行の管理人が競売手続の開始後にした賃貸借により使用または収益をする者である場合には、「引き渡すことを要しない」と規定しています。すなわち、同条項は、賃借権を抵当権に対抗できない以上、当該占有者は買受人に対して建物の明渡義務を負うが、①または②の要件を満たす限り、6か月間はかかる義務の履行を猶予するということを規定しています。したがって、猶予期間中は買受人と占有者との間に賃貸借関係が成立することはなく、あくまで占有者の買受人に対する明渡義務が猶予されているにすぎません。

　この点、猶予期間中は一種の賃貸借に類似した法律関係が賃借人と買受人の間に成立したと見るべきとする少数説（藤井俊二「短期賃貸借保護制度の廃止と残された問題」判例タイムズ1128号60頁）もありますが、あまりに条文の文言と離れた解釈であり、法が予定していない効果を与えることになるため、採用できないと考えます。

2　賃料について

　上記のとおり、猶予期間中に賃貸借関係が成立しているわけではないので、賃料は発生しません。しかしながら、占有者は猶予期間中は買受人との関係で建物を使用して利得を得ていることになるため、当該占有者は買受人に対して建物使用の対価を支払う必要が生じます。あくまで建物使用の対価であるため、従前賃料と同様である必要はありませんが、従前賃料が1つの目安とはなるでしょう。

　なお、かかる対価について、買受人が占有者に対し相当の期間を定めてその1か月分以上の支払の催告をし、その相当の期間内に履行がない場合には、建物明渡猶予制度の適用がなくなるため（民法395条2項）、買受人は直ちに引渡命令（民事執行法83条1項）を行うことができます。

3　引渡命令について

　買受人は、買受人に対抗できる占有権限を有しない占有者が対象物件に存在する場合には、引渡命令を申し立てることが可能ですが（民事執行法83条1項）、代金納付日から6か月以内に申立を行う必要があります（同法83条2項）。ただし、建物明渡猶予制度の適用がある場合には、猶予期間中は申立をすることができない関係で、申立期間が代金納付日から9か月以内と伸長されています（同法83条2項）。

　なお、猶予期間後ではなく、代金納付後に、代金納付から6か月を経過したときを始期とする期限付き引渡命令を発令できるか否かについては議論がされており、肯定説・否定説いずれも存在します。

　この点、東京地裁民事執行センターでは、平成15年改正法で、明渡猶予制度の適用がある賃借権について引渡命令申立期間が9か月とされた趣旨、将来給付を求める必要性の有無に関する主張立証を行うことは、簡易迅速な引渡命令手続の趣旨に反するおそれがあること、従来の実務において、短期賃貸借期間経過前の引渡命令を発令することなく、期間経過後に発令していたこととの整合性等を考慮して、明渡猶予期間中の始期付引渡命令発令については、否定説に立って運用されています（東京地方裁判所民事執行センター実務研究会編『民事執行の実務－不動産執行編（上）〔第2版〕』320頁）。

（古川　純平）

Q127　敷金返還請求権、明渡猶予期間中の費用償還請求権

民法395条の建物明渡猶予の制度に関し、当該猶予期間中に占有者が必要費や有益費を負担した場合には、占有者はその償還を求めることができますか。また、賃借人（占有者）は敷金の返還を誰に求めることになるのでしょうか。

A　占有者が猶予期間中に必要費や有益費を支出した場合、占有者と買受人間には賃貸借関係は存在しないものの、民法196条によって明渡しの際にその償還を求めることができます。ただし、かかる償還請求権を担保するための留置権は認められません。敷金については、敷金返還債務が買受人に承継されるわけではないため、旧賃貸人に対して敷金の返還を求めることになります。

解説

1　建物明渡猶予期間中の必要費、有益費

Q126で記載のとおり、民法395条1項の建物明渡猶予制度の適用がある場合でも、当該猶予期間中は買受人と占有者との間に賃貸借関係が成立するようなことはなく、占有者の買受人に対する明渡義務が猶予されているにすぎません。

したがって、買受人において、賃貸人の修繕義務（民法606条）が生じることはなく、また、占有者において、賃借人の必要費の償還請求権（同法608条1項）、有益費の償還請求権（同法608条2項）が認められることもありません。

しかしながら、買受人に対する明渡義務を猶予されている占有者も、民法196条の占有者に該当するため、明渡しの際に支出した必要費の償還を求めることができ（同法196条1項）、有益費についても、価格の増加が現存する限り、支出した金額はまたは増加額を償還させることができる（同法196条2項）と解します。

2　留置権の成否

上記償還請求権を担保するための留置権が認められるかについては、肯定説、否定説で分かれています（肯定説として、藤井俊二「短期賃貸借保護制度の廃止と残された問題」判例タイムズ1128号60頁。否定説として、山野目章夫「特集＝担保・執行法制改正要綱－概要と留意点－　①要項の概要―主として担保法制に関する事項」金融法務事情1667号12頁）。

この点、費用償還請求権を担保するための留置権を認めるのであれば、費用を支出した短期賃貸借制度を廃止し、抵当権に対抗できない賃借人については、一定の要件を満たす場合に限り例外的に6か月間の明渡猶予を認めることとした法改正の経緯からすれば、否定説が相当であると思料します。

また、最高裁昭和46年7月16日判決（民集25巻5号749頁）では、建物の賃借人が、債務不履行により賃貸借契約を解除され、権限のないことを知りながら建物を占有しているケースで、有益費を支出した場合に民法295条2項の類推適用により、費用償還請求権につき建物留置権を主張することはできないとしていますが、建物明渡猶予制度において、猶予期間中は明渡義務の履行を猶予されているだけで、占有権限がないと解する以上、かかる判例の射程が及ぶと解することも可能です。

3　敷　金

建物明渡猶予制度においては、買受人が賃貸人の地位を承継するわけではなく、単に占有者の買受人に対する明渡義務が猶予されるにすぎないため、占有者の敷金返還請求の相手方は旧賃貸人です。

この点、オーナーの経営が逼迫した結果、賃貸物件が競売されてしまうと、賃借人は明渡しを余儀なくされるうえ、敷金も返されない可能性が高い（所有物件について競売がなされるようなオーナーの支払能力は乏しいことが想定される）という不利な状態に置かれることになります。しかも、賃貸マンション等の多くは抵当権が設定されている現状においては、賃借人保護のために敷金返還請求権を保護すべく何らかの手当てを行うべきとする見解もありえます。

もっとも、かかる見解も踏まえ、改正法では、あえて特別な手当てを

用意しなかったのですから、賃借人としては敷金返還請求権を買受人に行使できないという事態は甘受せざるを得ません。

　なお、強制管理または担保不動産収益執行の管理人が競売手続の開始後にした賃貸借に基づき、敷金が差し入れられた場合については、敷金分は収益とせずに敷金返還引当金として管理人が管理することになるとされているため（執行官実務研究会編『執行官実務の手引』509頁〔椿浩二〕）、差し入れた敷金は返還されることになると考えます（もっとも実務的には、担保不動産収益執行手続において、敷金関係の紛争を回避する等の目的で、管理人がそもそも敷金を預からないというケースも存在しています）

（古川 純平）

IX　法的回収

> **Q128　抵当権者の同意の登記がある場合の賃借権の対抗力**
> 抵当権者の同意によって、賃貸借に対抗力を与える制度があると聞きましたが、どのような制度でしょうか。
>
> **A**　①賃貸借の設定登記、②①の登記前に登記をした抵当権を有するすべての者の同意、③②の同意の登記、④抵当権を目的とする権利を有する者や抵当権者の同意によって不利益を受けるべき者がいる場合にはその者の承諾がある場合には、抵当権設定登記後の賃貸借も抵当権に対抗できるとする制度です。

解説

1　抵当権者同意制度の意義

賃貸用物件を建設する場合や、既存の賃貸用物件を購入する場合、当該物件（底地も所有する場合は底地も）に抵当権を設定して建築費用や取得費用の融資を受けるケースが多く見られます。かかるケースにおいては、賃貸用物件を賃借しようとする者にとっては、常に先行する抵当権が存在するため、当該物件について競売がなされると買受人に対して明渡義務を負担することになります（ただし、民法395条1項の建物明渡猶予制度は存在する）。

したがって、かかる物件については、賃借人が賃借を躊躇する可能性もあり、その結果、当該賃貸用物件の収益が低下するのであれば、抵当権者にとっても望ましいとはいえない事態が生じることになります。

そこで、賃借人に賃借を促し、当該物件の収益性を高めるべく、抵当権者の同意等の一定の要件を満たす場合には、先行する抵当権への賃借権の対抗を認めることとしたのです。

2　抵当権者同意制度の要件

先行する抵当権への対抗が認められるための要件としては以下の4つです。

①　賃貸借の設定登記

②　①の登記前に登記をした抵当権を有するすべての者の同意
　③　②の同意の登記
　④　抵当権を目的とする権利を有する者や抵当権者の同意によって不利益を受けるべき者がいる場合にはその者の承諾

3　問題点

　最も大きな問題は、実際に当該制度が活用されるのかという点です。抵当権者にとって、賃借権が設定されていることは、競売等の際に当該建物の価値を下落させる方向に働くことが多く、また、いったん同意すると解除や撤回が困難（解除条件附きの同意とすることも考えられますが、あまりに広い解除条件とするのであれば、賃借人が予期せぬ退去を求められるリスクが生じることになり、本制度の意義が失われる）であるため、実際に先行する抵当権者が同意することがありうるのかは疑問が残ります。

（古川 純平）

(8) 借地上建物に対する抵当権設定

> **Q129 賃料不払による借地契約の解除と借地上建物の抵当権**
> 土地を建物所有目的で賃貸している者が、賃借人が賃料を払わないので解除をするようです。当行は、当該建物建築費用を賃借人に貸し付けており、その際、当該建物に抵当権を設定していますが、当行と、土地の賃貸人とはどのような法律関係に立つのでしょうか。

> **A** 本件の場合、土地賃貸人によって賃貸借契約が債務不履行解除されると、当該賃貸人は、抵当権者と無関係に建物の収去等が可能になります。そこで、かかる事態を防ぐべく、抵当権者としては、賃料を代払し、早急に強制競売の申立を検討することになります。なお、賃貸人が解除前に抵当権者に催告すべき義務は存在しないため、抵当権者としては、自身の知らない間に解除されることを防ぐために、抵当権設定時に、いわゆる「地主の承諾書」を徴求しておくことが望ましいといえます。

解説

1 土地賃貸人と、建物の抵当権者との関係

本件事例のケースにおいて、土地賃貸人が賃貸借契約を債務不履行解除が認められるとすると、土地賃貸人は賃借人に対し、建物を収去して土地を明け渡すことを請求でき、賃借人がこれに応じない場合には、債務名義を得て強制執行を行うことが可能になります。そして、賃借人がかかる建物収去手続において、抵当権者の同意等は必要とされていません。

したがって、建物の抵当権者の場合には、自身の関与し得ないところで、土地賃貸借契約が解約され、抵当権の対象建物が収去されるという事態が生じるリスクが存在することになります。

2　リスク回避の方策

上記のリスクを回避するために、抵当権者としては以下の方策が考えられます。

(1)　賃料の代払

抵当権者としては、上記のリスクを回避するためには、土地賃貸人による債務不履行解除がなされる前に賃料を代払することが肝要です。

この点、民事執行法上は、建物に対し強制競売の開始決定がされた場合、その建物の所有を目的とする賃借権について債務者が地代を支払わないときは、執行裁判所は、申立により、抵当権者がその不払の地代を債務者に代わって弁済することを許可することができるとされています（民事執行法188条・56条1項）。したがって、競売手続中に未払賃料を代払するためには、裁判所に代払許可の申立を行うことになります。

なお、これによって代払を行った場合には、民事執行法上、共益費用として優先配当を受けることができるため（同法188条・56条2項・55条10項）、抵当権者としては、できる限り速やかに建物について担保不動産強制競売の申立を行う必要があります。

他方、競売手続開始以前に未払賃料を代払する場合には、特段裁判所等の許可は不要です。なお、前述のとおり、土地賃貸借契約が解除されると、抵当権者は対象建物を収去されるリスクを負担するため、かかる抵当権者は、土地賃貸借契約に基づく賃料の支払に利害関係を有するといえます。したがって、賃借人の意思に反してでも、抵当権者は賃借人に代わって賃料の支払を行うことは可能です（民法474条2項）。

(2)　抵当権者への催告

抵当権者が、賃借人兼設定者の賃料未払の事実を認識することができるのであれば、(1)のとおり、代払を行い、賃貸人の解除を回避することも可能です。しかしながら、賃料未払の事実を認識し得ないようなケースでは、先に賃貸人の解除がなされる場合も想定されます。そこで、抵当権者にとってみれば、賃料未払の事実はきわめて重大な事項であるから、賃貸人が解除を行うのであれば、抵当権者に代払の機会を与えるべく、賃貸人は事前に抵当権者に催告を行うべき義務があるとの見解も考

えられるところです。

　しかし、この点について争われた裁判例（東京高判昭和56・9・24判例タイムズ455号105頁）は存在するものの、「借地上の建物の（根）抵当権者は、借地契約の当事者でないのはもちろん、土地の賃借人に代わって地代を弁済すべき義務を負うものでもなく、また、土地の賃貸人も、通常、そのような（根）抵当権者の存在を予定し、その者から地代を収取し、ないしは地代の支払を事実上担保してもらうことを計算に入れて賃貸借契約を締結するわけのものではなく、賃貸借契約締結後、賃借人が借地上の建物に（根）抵当権を設定しても、賃貸人が借地上の建物の（根）抵当権者を完全に知ることは至難であるから、賃借人の地代不払を理由に賃貸借契約を解除しようとする土地の賃貸人に、賃借人に対する催告のほかに借地上の建物の（根）抵当権者に対する地代の支払いの催告をなすべきことを求めることは相当ではなく、信義則を根拠に催告義務を認める合理的理由はない」として、賃貸人の催告義務を否定しています。

　一般的な催告義務は認められないものの、抵当権設定時に、土地賃貸人から、賃貸借契約を解除する前にあらかじめ抵当権者に通知する旨の約定が含まれるいわゆる「地主の承諾書」を取得することができれば、一定の効果あるため（詳細はＱ131に譲るが、少なくともこれに地主が違反すれば損害賠償は認められ、場合によって解除の効力が否定されることもある）、抵当権者として、設定時に土地賃貸人から同承諾書を徴求しておくことが望ましいといえます。

（古川 純平）

> **Q130 借地契約の合意解除と借地上建物の抵当権**
>
> 土地を建物所有目的で賃貸している者が、賃借人と合意によって借地契約を解除しようと考えているようです。当行は、当該建物建築費用を賃借人に貸し付けており、その際、当該建物に抵当権を設定していますが、当行と、土地の賃貸人とはどのような法律関係に立つのでしょうか。

> **A** 借地契約の合意解約は、借地上の建物に抵当権を設定している抵当権者に対抗することはできないとされています。したがって、本件でも、抵当権者が抵当権を実行した場合には、買受人は借地権付建物を取得することができます。

解説

1 抵当権の及ぶ範囲

借地上の建物に抵当権を設定した場合、抵当権の効力が借地権にまで及ぶかについては、最高裁は、「建物を所有するために必要な敷地の賃借権は、右建物所有権に付随し、これと一体となって一の財産的価値を形成しているものであるから、建物に抵当権が設定されたときは敷地の賃借権も原則としてその効力の及ぶ目的物に包含されるものと解すべき」としてこれを肯定しています（最判裁昭和40・5・4民集19巻4号811頁）。

したがって、借地上の当該建物が競落された場合、当該建物の所有権とともに、借地権も買受人に移転することになります。

では、事前に借地契約が合意解除されていた場合にまで、抵当権の効力は借地権に及ぶのでしょうか。

2 借地権の合意解除が借地上の建物の抵当権者に対抗できるか

Q129で記載のとおり、土地賃借人兼抵当権設定者の債務不履行違反に基づく解除の場合には、かかる解除は抵当権者に対抗可能であり、その結果、賃貸人は抵当権者と無関係に建物の収去等が可能になります。

しかし、抵当権者にとって、借地権にまで抵当権の効力が及ぶか否かはきわめて重大な事項であり、土地賃借人兼抵当権設定者に落度があった場合はともかくとして、それ以外の場合にも、賃貸人と賃借人の合意によって、いつでも借地権を消滅させることができ、それを抵当権者に対抗することが可能となれば、建物の抵当権というものは、利用価値の乏しいものとなります。

　この点、判例では、合意解除の場合には抵当権者に対抗できないとし（大判大正14・7・8法律新聞2463号14頁）、その理由として、このように解さなければ、土地と建物の所有者を異にする場合に建物に抵当権を設定することが実際上困難となってしまい、建物のみに抵当権を設定することを認めた立法の趣旨に沿わないこと、民法398条等の趣旨からもそのように推察できることを挙げています。

　また、放棄の場合にも、判例上、やはり抵当権者に対抗できないとされており（大判大正11・11・24民集1巻738頁）、民法398条の原則が適用される場面であるとしています。「地上権又は永小作権を抵当権の目的とした地上権者又は永小作人は、その権利を放棄しても、これをもって抵当権者に対抗することができない。」とする民法398条は、権利の放棄は本来自由であるものの、当該権利が第三者の権利の目的とされている場合で放棄によって第三者が不測の損害を被る場合には、かかる放棄を制限すべきとの考えに基づくものであり、合意解除や放棄の場合にも同様の考え方で、抵当権者に対抗できないとすることは合理的であると考えます。

（古川 純平）

> **Q131 借地上建物の抵当権設定時における地主の承諾書**
> 借地上の建物に抵当権を設定する際に、当該抵当権設定について地主から承諾をもらうことの意義について説明してください。
>
> **A** 買受人への借地権の移転をあらかじめ承諾してもらうという意義と、当該承諾書に、借地契約を解除する前にあらかじめ抵当権者に通知する旨の約定が含めることで賃料未払等によって、抵当権者の知らない間に借地契約が債務不履行解除されることを防ぐ（代払の機会を得る）という意義があります。

解　説

1　抵当権の及ぶ範囲

　借地上の建物に抵当権を設定した場合、抵当権の効力が借地権にまで及ぶかについて、最高裁は、「建物を所有するために必要な敷地の賃借権は、右建物所有権に付随し、これと一体となって一の財産的価値を形成しているものであるから、建物に抵当権が設定されたときは敷地の賃借権も原則としてその効力の及ぶ目的物に包含されるものと解すべき」として、これを肯定しています（最判昭和40・5・4民集19巻4号811頁）。

　したがって、借地上の当該建物が競落された場合、当該建物の所有権とともに、借地権も買受人に移転することになります。

2　借地権の移転についての賃貸人の承諾

　上記のとおり、抵当権の効力が賃借権に及ぶ結果、借地権も買受人が取得することになるものの、借地権の譲渡については賃貸人の承諾が必要とされており（民法612条1項）、無断譲渡は借地契約の解除事由となっています（同条2項）。

　したがって、事前に地主から、買受人への賃借権の移転について承諾をとることができていなければ、競落後、地主から契約解除がなされるリスクが生じることになり、それゆえ、買受が躊躇されることが想定され、その結果、対象物件の価値が低下するという事態が生じます。

この点、借地借家法上、「第三者が賃借権の目的である土地の上の建物を競売又は公売により取得した場合において、その第三者が賃借権を取得しても借地権設定者に不利となるおそれがないにもかかわらず、借地権設定者がその賃借権の譲渡を承諾しないときは、裁判所は、その第三者の申立てにより、借地権設定者の承諾に代わる許可を与えることができる。」（借地借家法20条1項第1文）とされていることからして、仮に事前に地主の承諾がなくとも、かかる規定により承諾に代わる許可を取得できる場合も存在します。

しかし、かかる規定による場合であっても、当該許可を取得するまでに一定の費用と時間が必要となりますし、また、かかる許可の際に、裁判所より財産上の給付や借地条件の変更を求められる可能性もあります（同法20条1項第2文。実務上はかかる財産上の給付が求められることが多いであろう）。したがって、かかる規定はあっても、事前の地主の承諾がなければ買受けが躊躇される事態は想定されるため、地主から事前の承諾を取得することには一定の意義があるといえます。

3　賃料未払によるリスク回避

Q129でも記載したとおり、賃料未払等によって土地賃貸人によって賃貸借契約が債務不履行解除されると、当該賃貸人は抵当権者と無関係に建物の収去等が可能になります。

したがって、かかる事態を防ぐべく、抵当権者としては、賃料を代払する必要がありますが、賃貸人が解除前に抵当権者に催告すべき一般的な義務は存在しません。そこで、自身の知らない間に解除されることを防ぐために、地主の承諾書には、抵当権設定時に、土地賃貸人から、賃貸借契約を解除する前にあらかじめ抵当権者に通知する旨の約定を入れておく必要があります。

なお、土地賃貸人が、上記の承諾書を差し入れているにもかかわらず、かかる通知を怠って賃貸借契約を解除した場合、その解除に効力が認められるか否かは争いがあり、それでも解除を認める裁判例が多いです（東京地裁平成11・6・29　判例タイムズ1020号183頁、大阪地裁平成7・10・5判例タイムズ922号232頁等）。解除を認めない裁判例もあるも

のの、当該裁判例でも通知義務違反のみでは解除は無効とならないが、その他の事情を加味して解除を権利濫用とするものもあります（東京地裁平成10・8・26判例タイムズ1018号225頁）。

　いずれにしろ、通知違反で解除の効力が否定されないまでも、他の事情と合わせて解除が認められない場合も想定されますし、通知義務違反に基づく損害賠償請求等は別途検討の余地もあるため（認められた裁判例として、東京高裁平成6・8・30判例時報1525号67頁）、解除前の通知義務を認める規定を地主の承諾書に入れることにも一定の意義があるといえます。

　また、賃料不払の事実が抵当権者に通知されないリスクを踏まえ、抵当権者としては、上記のような地主の承諾書以外にも、定期的に賃料の支払状況を確認したり、賃料を自行の口座から自動引落しさせる等して賃料未払の事実を自ら察知できる体制を整備しておくことも肝要です。

（古川 純平）

X

時効管理

Q132 時効中断方法としての請求

債務者に対する債権の時効完成が近づいていますが、当該債務者に対して内容証明郵便により履行の請求を行えば、時効は中断しますか。また、債務者が破産した場合、破産債権の届出を行えば、時効は中断しますか。

A 　内容証明郵便による履行の請求は、催告（民法153条）に当たり、6か月以内に裁判上の請求等をしない限り、時効中断の効果は生じません。債務者が破産した場合、破産債権の届出を行えば、時効中断の効果が生じます。

解　説

本設問では、内容証明郵便による履行の請求、破産債権の届出が時効中断事由である請求（民法147条1号）に該当するかが問題となります。

1　時効中断方法としての請求

時効中断方法としての請求は、裁判上の請求（民法149条）、支払督促（同法150条）、和解および調停の申立（同法151条）、破産手続参加等（同法152条）、催告（同法153条）です。

(1)　裁判上の請求

裁判上の請求とは、民事訴訟上の訴えの提起（民事訴訟法133条1項）をいいます。給付の訴えだけでなく、確認の訴えであっても、時効中断の効果が認められます。また、反訴を提起した場合にも裁判上の請求に該当します。さらに、相手方の提起した債権不存在確認の訴えに対して請求棄却の判決を求めたときも、裁判上の請求として時効中断の効果が生じるとされています（大判昭和14・3・22民集18巻238頁）。

(2)　支払督促

支払督促とは、金銭その他の代替物または有価証券の一定の数量の給付を目的とする請求について、簡易裁判所の裁判所書記官に申し立て、裁判所書記官によって発せられるものです（民事訴訟法382条以下）。た

だし、債権者が仮執行の宣言の申立ができる時から30日以内に申立をしないときは、支払督促の効力はなくなります（同法392条）。そうなると、時効中断の効果も生じないことになります。

(3) 和解および調停の申立

和解の申立とは、民事訴訟法275条に規定された申立です。調停の申立とは、民事調停法もしくは家事審判法による調停の申立です。ただし、和解および調停の申立は、相手方が出頭しない場合や和解もしくは調停が調わない場合には、1か月以内に訴えを提起しなければ、時効中断の効果が生じないことになります。

(4) 破産手続参加等

破産手続参加等とは、破産手続参加、再生手続参加、更生手続参加をいいます。具体的には、各手続において、債権の届出をすることになります。ただし、債権者がその届出を取り下げたり、あるいはその届出が却下された場合には、時効中断の効果が生じないことになります。

(5) 催　告

催告とは、債務者に対して履行の請求を行うことで、特に方式は決まっていません。通常は、配達証明付きの内容証明郵便で行います。これは、履行の請求を内容とする書面が相手方に到達したことを証明できる方法であるためです。

催告は、これだけでは確定的には時効中断の効果は生じません。時効中断の効果が生じるためには、催告した後、6か月以内に裁判上の請求、支払督促の申立、和解の申立、民事調停法もしくは家事審判法による調停の申立、破産手続参加、再生手続参加、更生手続参加、差押え、仮差押えまたは仮処分をする必要があります（民法153条）。

2　結　論

内容証明郵便による履行の請求、破産債権の届出は、いずれも時効中断方法としての請求に該当します。ただし、前者については6か月以内に訴えを提起するなどしなければ、時効中断の効果が生じないことになります。

（堀　貴博）

> **Q133　連帯保証人の1人に対する請求が主債務者や他の連帯保証人に対して及ぼす影響**
>
> 連帯保証人が複数いる場合に、そのうちの1人に対する請求が、消滅時効の関係で主債務者や他の連帯保証人にどのような影響を及ぼしますか。

A　連帯保証人の1人に対して請求を行った場合、主債務者に対しても時効中断の効果が生じます。また、連帯保証人間にも連帯責任が生じている場合（保証連帯の特約がある場合や商法511条2項に該当する場合）には、他の連帯保証人に対しても時効中断の効果が生じます。しかし、連帯保証人間に連帯責任がない場合には、他の連帯保証人に対しては時効中断の効果が生じないと解されます。

解　説

1　問題の所在

　連帯債務者の1人に対する履行の請求は、他の連帯債務者に対しても効力が生じます（民法434条）。この規定は、連帯保証人に対しても準用されています（同法458条）。これにより、連帯保証人に対する履行の請求は、連帯責任関係にある主債務者に対しても効力が生じますので、時効中断の効果が主債務者にも生じることは問題ありません。しかし、他の連帯保証人とは連帯責任関係にない場合があることから、他の連帯保証人に対しても時効の中断の効果が生じるかが問題となります。

2　連帯保証人の1人に対する請求が及ぼす効果

(1)　事例1

　Ａ会社が金融機関から事業用資金を借り入れ、その際、ＢとＣが連帯保証人となっていた場合、金融機関は連帯保証人であるＢに対して、訴えを提起すれば、主債務者であるＡに対しても時効中断の効果が生じますし、他の連帯保証人であるＣに対しても時効中断の効果が生じます。

この事例の場合、A会社の事業用資金の借入は商行為に該当します（商法503条2項）。したがって、「債務が主たる債務者の商行為によって生じたものであるとき」に該当し、保証連帯の特約がなくても、商法511条2項により、BとCとの間でも連帯責任が生じます。
　したがって、連帯保証人Bに対する履行の請求は、連帯責任関係にある主債務者A会社や他の連帯保証人Cにも効力が生じることになります。つまり、履行の請求によって生じた時効中断の効果について、A会社やCにも生じることになります。

(2) **事例2**

　甲が金融機関から住宅購入資金を借り入れ、その際、乙と丙が連帯保証人となっていた場合を想定します。この場合、甲の金融機関からの借入行為は商行為に該当しませんので、商法511条2項には該当しません。したがって、保証連帯の特約がない限り、乙丙間には連帯責任が生じないことになります。
　このような事例の場合において、金融機関が連帯保証人の乙に訴えを提起した場合、主たる債務者に対しても、履行の請求の効果が及び、時効中断の効果が生じることについては問題はありません。それでは、他の連帯保証人である丙に対しても、時効中断の効果が生じるでしょうか。
　最高裁は、連帯保証人が複数いた場合に連帯保証人の1人に対して債務を免除した事例において、「複数の連帯保証人が存する場合であっても、右の保証人が連帯して保証債務を負担する旨特約した場合（いわゆる保証連帯の場合）、または商法511条2項に該当する場合でなければ、各保証人間に連帯債務ないしこれに準ずる法律関係は生じないと解するのが相当であるから、連帯保証人の一人に対し債務の免除がなされても、それは他の連帯保証人に効果を及ぼすものではないと解するのが相当である。」と判示して、民法437条の準用を否定しました（最判昭和43・11・15民集22巻12号2649頁）。
　この判決の理論からすれば、連帯保証人の1人に対し履行の請求を行っても、他の連帯保証人との関係においては、民法434条の準用が否定

されて、履行の請求の効果が及ばず、結果、時効中断の効果も生じないこととなります。したがって、他の連帯保証人である丙に対しては、時効中断の効果が生じないこととなると解されます。

なお、上記最高裁判決に対しては、民法437条の準用を主張する見解も有力ですが、実務上は、いわゆる保証連帯でない場合には、連帯保証人の1人に対して履行を請求しても、他の連帯保証人には時効中断の効果が生じないものとして、対応すべきです。

3 結 論

連帯保証人の1人に対する請求は、連帯責任関係にある主債務者や他の連帯保証人に対しても効力が生じますが、保証連帯の特約がないなど連帯保証人間で連帯責任関係がない場合には、他の連帯保証人に対して効力は生じないものと解されます。

（堀　貴博）

X 時効管理

Q134 仮差押えの時効中断効の範囲
ある債権を被保全権利として仮差押えをする場合に、消滅時効の中断はどのような範囲で生じることになりますか。

A 債権のうち被保全権利とした部分についてのみ時効中断の効果が生じ、被保全権利としなかった残余の部分については時効中断の効果が生じません。たとえば、3000万円の債権があった場合に、この3000万円のうち1000万円を被保全権利として仮差押えをした場合には、1000万の部分についてのみ時効中断の効力が生じることになります。

解説

1 問題の所在

いわゆる一部請求の場合、時効中断の効果は請求した一部についてのみ生じ、残りの部分については生じません。しかし、仮差押えの場合、保全の必要性からやむを得ず債権の一部を被保全権利とする場合があります。このような場合でも、時効中断の効果は債権の一部にのみ生じるのかが問題となります。

2 仮差押えの時効中断効の範囲

たとえば、金融機関がAに3000万円を貸し付け、担保としてA所有の土地に抵当権を設定していたところ、この土地の価値が2000万円しかない場合、抵当権を実行しても2000万円しか回収できません。このような状況で、Aが所有する建物について仮差押えする場合を想定します。

この場合、3000万円のうち2000万円については回収見込みがありますから、保全の必要性から、被保全権利として認められるのは3000万円のうち1000万円だけになります。したがって、1000万円を被保全権利として仮差押えをすることとなります。この場合、時効中断の効果は、債権のうち1000万円の部分のみに限定されるのでしょうか。

375

これに関して、債権の一部であることを明示して訴えを提起した事例において、時効中断の効果は、その一部について生じ、残りの部分には生じないとするのが、判例の立場です（最判昭和43・11・15判例時報178号3頁）。この場合、債権の一部の履行を求めて訴えを提起したのですから、債権の一部を請求しているにとどまるので、時効中断の効果もその一部にとどまると解することは合理的です。

　では、保全の必要性からやむを得ず、債権の一部を被保全債権として仮差押えをした場合にも、時効中断の効果がその一部にとどまるのでしょうか。

　この点、店舗賃借等契約不履行による損害賠償請求（通常損害と特別損害）のうち特別損害である逸失した営業利益を被保全債権として仮差押えした事例において、最高裁は、「店舗を賃貸する旨の約定の不履行による損害のうち営業上の逸失利益の賠償請求権を被保全権利としてした仮差押えは、通常の借家権価格相当の損害賠償請求権については、消滅時効を中断しない。」と判示しています（最判昭和47・11・28最高裁裁判集民事107号241頁）。この判例がある以上、債権の一部を被保全債権として仮差押えをした場合、その一部についてのみ時効中断の効果が生じるものと解されます。

　なお、最高裁は、根抵当権の実行としての競売申立をし、その不動産競売の債権目録に、「被担保債権及び請求債権」として、「但し、下記債権のうち極度額1500萬円　元金合計42、590、521円」と記載されていた事例において、「債権者が、根抵当権の極度額を超える金額の被担保債権を請求債権として当該根抵当権の実行としての不動産競売の申立てをし、競売開始決定がされて同決定正本が債務者に送達された場合、被担保債権の消滅時効中断の効力は、当該極度額の範囲にとどまらず、請求債権として表示された当該被担保債権の全部について生じる。」と判示しました（最判平成11・9・9金融・商事判例1082号8頁）。

　この事例では、請求債権を極度額に限定しているようにも見えますが、被担保債権のうち極度額の限度でしか配当を受けられないのは根抵当権の性質からして当然であることから、上記記載は、配当を受ける限

度を記載したものであって、請求債権を被担保債権の一部に限定するいわゆる一部請求の趣旨を記載したものではないと解されることから、極度額を超える部分についても時効中断の効果が認められたものと解されます（金融・商事判例1082号10頁（上記判決コメント）参照）。

　しかし、仮差押えの場合、保全の必要性からやむを得ないとはいえ、被保全債権を債権の一部に限定していますので、根抵当権の実行の場合とは同じに解することは難しいでしょう。

3　結　論

　保全の必要性からやむを得ず債権の一部を被保全債権として仮差押えを行った場合、時効中断の効果はその一部にのみ生じるものと解されますから、実務上もこれを前提に対応すべきです。

（堀　貴博）

Q135 抵当権の実行による時効中断

債務者に対する債権について、担保として、物上保証人所有の不動産に抵当権を設定しました。その後、債務者が返済することなく所在不明となりましたので、抵当権に基づき強制競売の申立を行いました。この場合、時効は中断するのでしょうか。

A この場合、債務者が所在不明ですので、競売開始決定正本は公示送達の方法で送達されることになります。そして、民事訴訟法111条の規定により、裁判所書記官が裁判所の掲示板に掲示を始めた日から2週間を経過した時に、時効中断の効力が生じることになります。

解　説

1　問題の所在

差押えは、時効の利益を受ける者に対してしないときは、その者に通知をした後でなければ、時効中断の効力が生じないと規定されています（民法155条）。物上保証人所有の不動産に設定した抵当権を実行した場合、開始決定正本が債務者に送達されることになりますが、債務者が所在不明の場合、通常の方法では送達ができません。

この場合、民法155条の通知がされたといえるためには、民事訴訟法の規定による公示送達の方法で足りるのか、それだけでは足りず、民法98条の公示による意思表示の要件（官報への掲載など）も満たす必要があるかが問題となります。

2　物上保証人に対する抵当権実行による時効中断

物上保証人所有の不動産に対し抵当権の実行による強制競売の申立がされた場合、債務者に対し競売開始決定正本が送達されれば、民法155条の通知がされたものとして、同正本が債務者に送達されたときに被担保債権の消滅時効が中断し、中断の効果は競売開始決定正本が債務者に送達された時に生じます（最判昭和50・11・21民集29巻1537頁、最判平

378

成8・7・12民集50巻7号1901頁)。

　このように、物上保証人に対する抵当権の実行をした場合、競売開始決定正本が主債務者に送達された時に、被担保債権の消滅時効が中断するのです。

　そこで、主債務者が所在不明で通常の方法では競売開始決定正本の送達ができない場合に、被担保債権の消滅時効が中断について、どのように考えるかが問題となります。

　この点について、最高裁は、「物上保証人所有の不動産を目的とする根抵当権の実行としての競売手続において、債務者の所在が不明であるため、競売開始決定正本の債務者への送達が公示送達によりされた場合には、民訴法113条の類推適用により、同法111条の規定による掲示を始めた日から2週間を経過した時に、債務者に対し民法155条の通知がされたものとして、被担保債権について消滅時効の中断の効力を生ずると解するのが相当である。」と判示しました（最判平成14・10・25民集56巻8号1942頁)。

　このように、債務者が所在不明で、債務者に対する競売開始決定正本の送達が通常の方法ではできず、公示送達の方法による場合、裁判所書記官が裁判所の掲示板に掲示を始めた日から2週間を経過したときに、債務者に対し通知されたものとして、被担保債権の消滅時効が中断することになります。つまり、民法98条の公示による意思表示の要件を満たす必要はないということになります。

3　結　論

　物上保証人に対して抵当権の実行を行った場合、主債務者が所在不明で競売開始決定正本が公示送達によりなされた場合、時効中断の効果が生じるためには民事訴訟法の公示送達を行えば足り、民法上の公示による意思表示の要件（官報への掲載など）を満たす必要はありません。

　　　　　　　　　　　　　　　　　　　　　　　　　　（堀　貴博)

Q136　配当要求による時効中断

他の債権者が債務者所有の不動産に設定した抵当権に基づき強制競売の申立を行いました。債務者に対しては、9年前に確定判決を得ていましたので、この判決に基づき配当要求を行いました。この場合、時効は中断するのでしょうか。

A 　強制競売手続において、執行力のある債務名義に基づき配当要求を行った場合、差押えに準ずるものとして、時効中断の効力が生じることになります。

解　説

配当要求は、時効中断事由として民法上明確に定められているわけではないため、時効中断事由と認められるかが問題となります。

1　配当要求による時効中断

(1)　配当要求ができる債権者

債権者の1人が債務者所有の不動産に設定した抵当権に基づき強制競売の申立を行った場合、その申立が適法であれば競売開始決定がなされ、当該不動産に差押えの登記が入ります。最終的に、一定の債権者らは競売代金の配当に加わることができます。この一定の債権者とは、配当要求をしなくても配当を加われる債権者、配当要求した債権者です。

配当要求をしなくとも配当を受けられる債権者とは、差押えの登記前に登記された仮差押債権者・差押えの登記前に登記された抵当権等を有する債権者です（民事執行法87条1項3号・4号）。これらの債権者は、債権届を行うことで、配当に加わることができ、配当要求をする必要はありません。

配当要求については、すべての債権者ができるわけではありません。執行力のある債務名義の正本を有する債権者（典型的には、執行文が付与された金銭の給付を認める内容の判決正本を有する債権者）、強制競売の開始決定にかかる差押えの登記後に登記された仮差押債権者、一般の先取

特権を有することを証明した債権者に限られます（同法51条1項）。これらの債権者は、配当要求することで配当に加わることができます。

(2) 時効中断の効果

配当要求を行った場合に時効中断の効果が生じるかについて、最高裁は、「不動産競売手続において執行力のある債務名義の正本を有する債権者がする配当要求は、差押えに準ずるものとして、配当要求に係る債権につき時効中断効力が生じる。」「執行力のある債務名義の正本を有する債権者が配当要求をした後に、不動産競売の申立債権者が追加の手続費用を納付しなかったことを理由に競売手続が取り消された場合において、適法な配当要求が維持されていたときは、右の配当要求による時効中断の効果は、取消決定が確定するまで継続する。」と判示しました（最判平成11・4・27民集53巻4号840頁）。

このように配当要求については、差押えに準ずるものとして、時効中断の効果があり、競売手続が取り消されたとしても、時効中断の効果は失われず、取消決定の確定から新たな時効が進行することになります。

なお、上記最高裁判例は、執行力のある債務名義の正本を有する債権者が行った配当要求の事例ですが、この判決は配当要求一般に及ぶものと解されます。「差押え」等が「請求」とは別の時効中断事由とされていることから、権利の行使の側面を重視して差押えを時効中断事由と定めたもと思われます。執行力のある債務名義の正本を有する債権者は、すでに権利の存在を公的に確認されているおり、その権利を行使するために配当要求を行うことにより、時効中断の効果が生じるのです。すると、仮差押債権者も一般の先取特権を有することを証明した債権者も、すでに権利の存在を公的に確認されていますから、執行力のある債務名義の正本を有する債権者と別に解する理由はありません。したがって、差押債権者等が配当要求を行った場合には時効中断の効果が生じるものと解されます（松久三四彦「判批」ジュリスト臨時増刊1179号65頁参照）。

2 結論

他の債権者が申し立てた強制競売手続において、配当要求を行った場合には、時効中断の効力が生じることになります。

（堀　貴博）

Q137 主債務者の破産と時効

債務者が破産しましたので、破産債権の届出を行いました。連帯保証人がいるのですが、連帯保証人との関係でも時効は中断しますか。物上保証人の場合はどうですか。

A 主債務者に対して生じた時効中断は、連帯保証人に対しても効力が生じます。主債務者が破産し、破産債権の届出を行えば、時効中断の効力が生じます（民法152条）。したがって、連帯保証人がいる場合、連帯保証人との関係でも時効は中断することになります。また、主債務者に生じた時効中断は、物上保証人に対しても効力が生じます。

解説

1 問題の所在

時効の中断の効力が及ぶ者の範囲について、民法148条において、「前条の規定による時効の中断は、その中断の事由が生じた当事者及びその承継人の間においてのみ、その効力を有する。」と規定されています。つまり、民法は、時効中断の効力について相対的効力を原則としています。

そこで、本設問の事例がこの原則の例外となるかが問題となります。

2 時効中断の相対的効力の例外

民法は、時効中断について相対的効力を原則としていますが、例外も規定しています。それが保証人の場合です。民法457条1項において、「主たる債務者に対する履行の請求その他の事由による時効の中断は、保証人に対しても、その効力を生ずる。」と規定されています。このように、主債務者に対する時効の中断は、保証人に対しても効力が生じることが明文で規定されています。

したがって、本設問の事例では、主債務者に対して時効が中断しますので、連帯保証人に対しても、その効力が生じることになります。

それでは、主債務者のために自己所有の不動産に抵当権を設定したいわゆる物上保証人の場合にも、連帯保証人の場合と同じように考えられるかが問題となります。民法457条1項の「保証人」とは、主債務者がその債務を履行しないときに、その履行をする責任を負う者、つまり保証債務を負担する者になります（民法446条）。しかし、いわゆる物上保証人は、提供した担保の範囲で責任を負担する者であって、保証債務を負担する者ではありませんので、民法457条1項の「保証人」ではありません。そこで、主債務者に生じた時効中断の効力が物上保証人にも生じるかが問題となります。

　この点について、最高裁は、「他人の債務のために自己の所有物件につき根抵当権等を設定したいわゆる物上保証人が、債務者の承認により被担保債権について生じた消滅時効中断の効力を否定することは、担保権の付従性に抵触し、民法396条の趣旨にも反し、許されないものと解するのが相当である。」と判示しました（最判平成7・3・10判例タイムズ875号88頁）。

　このように、担保権の付従性の原則から、主債務者に生じた時効中断の効力は、いわゆる物上保証人にも生じることになります。

3　結　論

　主債務者が破産し、破産債権の届出を行えば、主債務者に対して時効中断の効力が生じることになります。そして、保証人や連帯保証人がいる場合には、民法457条1項により、保証人や連帯保証人に対しても時効中断の効力が生じます。さらに、いわゆる物上保証人がいる場合には、その者に対しても時効中断の効力が生じることになります。

　なお、主債務者の破産手続が終了した後の保証債務の時効管理については、後掲のＱ142・Ｑ145を参照してください。

（堀　貴博）

> **Q138 振込名義人が債務者以外の者である場合の時効中断**
> 長らく債務者名義で振込がなされていましたが、今般、家族の者が自分の資金を債務者名義で送金してきていたことが判明しました。時効管理上問題はありますか。

A 　債務者による一部弁済は、債務の存在を認めることを前提とするものであり、時効中断事由としての「承認」に当たります。しかし、家族の者が債務者の使者ないし代理人として債務者名義で一部弁済をした場合はともかく、そうでない場合には債務者本人が債務の存在を認めて弁済したことにはなりません。したがって、家族の者が債務者の関与なしに債務者名義で弁済をしても時効中断の効力は生じていませんので、それを前提に時効の管理をする必要があります。

解　説

1　問題の所在

　債務者が一部弁済をした場合、債務者自身が債務の存在を認めていることが前提となりますので、時効の中断事由としての「承認」(民法147条3号) に該当します。

　そこで、第三者が債務者名義で一部弁済をした場合にも、「承認」に該当するかが問題となります。

2　時効中断事由としての承認

　実際によくある事例としては、配偶者をもつ者が金融機関から住宅購入資金として金銭を借り入れて住宅を購入したが、その後、別居するに至り、購入した住宅には配偶者が居住し、その配偶者が債務者の名義でローンの返済をしている場合です。

　時効の中断事由の「承認」とは、時効の利益を受けるべき者が、債権者に対して、債務の存在を認めて、それを表明することです。したがって、債務者が債務確認書などに署名押印して債権者に差し入れたり、債

務者が債務の一部を弁済したりすることは、「承認」に該当し、時効中断の効力が生じます。しかし、債務者の家族は、時効の利益を受けるべき者ではありませんので、債務者の家族が債務確認書を差し入れたり、債務の一部を弁済したとしても、「承認」には該当しません。これは、家族が債務者の名義で行っても変わりません。ただし、債務者の委託などにより、家族が債務者の使者もしくは代理人として一部弁済した場合には、その家族の行為は債務者本人に帰属することになりますので、「承認」に該当することになります。

では、その家族が連帯保証人となっていた場合は、どうでしょうか。確かに、連帯保証人も時効の利益を受けるべき者ですが、連帯保証人が一部弁済をしたとしても、連帯保証債務について時効が中断するにとどまり、主債務について時効は中断しません。債務者が債務の存在を認めて、それを表明したと認められない以上、主債務について時効中断の効果は生じることはありません。

3 結論

債務者の家族や保証人など第三者が一部弁済をしたとしても、主債務を「承認」したことにはならず、主債務について時効中断の効力が生じることはありません。したがって、先に挙げた事例などの場合には、債務者本人から債務確認書を差し入れてもらうなど、時効の管理には注意が必要となります。

（堀　貴博）

Q139 連帯保証人の一部弁済と主債務の時効

連帯保証人が自己の連帯保証債務の一部について弁済をした場合、時効中断の関係でどのような影響がありますか。

A 連帯保証人が一部弁済をした場合、連帯保証債務については時効中断の効力が生じますが、主債務については時効中断の効力は生じません。

解説

1 問題の所在

民法457条1項は、主債務者に対する時効の中断は保証人に対してもその効力が生じると規定していますが、保証人に対する時効の中断が主債務者に対してもその効力が生じるかどうかについては明文の規定はありません。他方、前掲のQ133で説明したとおり、債権者が連帯保証人に対して履行の請求をした場合には、主債務者に対しても時効中断の効力が生じます。

そこで、連帯保証人が連帯保証債務の一部について弁済した場合に、主債務者に対しても時効中断の効果が生じるかが問題となります。

2 連帯保証人の一部弁済と主債務の時効

民法は、時効の中断について相対的効力を原則としています（民法148条）。しかし、この原則には例外もあります。その1つが保証人（同法457条1項）です。また、主債務者に対する時効中断の効力がいわゆる物上保証人に対してもその効力が生じることは、前掲のQ137において説明したとおりです。

債権者が連帯保証人に対して履行の請求をした場合に、主債務者に対しても時効中断の効力が生じるのは、連帯保証人に対する履行の請求が主債務者に対しても効力が生じるという絶対的効力を有するからです（同法458条・434条）。しかし、連帯保証人の承認について、絶対的効力を有する旨の規定はありません。そうである以上、連帯保証人が一部弁

済を行うなど債務の承認を行っても、主債務者との関係では時効中断の効力は生じないと解されます。

なお、最高裁は、物上保証人が債務の承認をした事例において、「物上保証人が債権者に対し当該物上保証及び被担保債権の存在を承認しても、その承認は、被担保債権の消滅時効について、民法147条3号にいう承認に当たるとはいえず、当該物上保証人に対する関係においても、時効中断の効力を生ずる余地はないものと解するのが相当である。」と判示して、物上保証人が債務の承認をしても時効中断の効力は生じないとしました（最判昭和62・9・3金融・商事判例825号3頁）。

以上のように、連帯保証人や物上保証人が一部弁済をしても、主債務について時効中断の効力は生じません。

3　結　論

実務上、主債務者に資力がなかったり、主債務者が行方不明になったりして、連帯保証人が一部弁済を繰り返している場合がありますが、このような場合、主債務者に対する時効は中断することなく進行を続けますので、時効の管理には注意が必要です。

（堀　貴博）

> **Q140 時効完成後の内入弁済**
> 消滅時効の期間はすでに経過していますが、債務者から任意に弁済を受けるという場合、消滅時効期間が経過していることや、消滅時効の援用ができることを伝える必要がありますか。
>
> **A** 消滅時効期間が経過していることや、消滅時効の援用ができることを告知すべき法的義務はありません。

解説

1 問題の所在

本設問では、そもそも債権の時効完成後にその弁済を請求したり、弁済を受領できるのか、時効完成の効果と関連しても問題となります。次に、時効完成後の内入弁済の効果が問題となります。そして最後に、時効完成後に弁済を受ける際、債務者が時効完成を知らずに弁済することが考えられることから、このような場合に時効が完成していることを告知する義務があるかが問題となります。

2 時効完成の効果

時効が完成した場合、民法167条1項では「消滅する。」と規定されていますが、一方、民法145条では「時効は、当事者が援用しなければ、裁判所がこれによって裁判をすることができない。」と規定されています。時効完成により、直ちに債権が消滅するのか、あるいは、当事者が援用して債権が消滅するのかが問題となります。

この点、最高裁は、「民法167条1項は……と規定しているが、他方、同法145条及び146条は、時効による権利消滅の効果は当事者の意思をも顧慮して生じさせることとしていることが明らかであるから、時効による債権消滅の効果は、時効期間の経過とともに確定的に生ずるものではなく、時効が援用されたときにはじめて確定的に生ずるものと解するのが相当」と判示しました（最判昭和61・3・17民集40巻2号420頁）。

このように、時効完成により、直ちに債権が確定的に消滅するのでは

なく、当事者が援用するまでは、債権が存在することになります。したがって、時効完成後、当事者が援用するまでは、その弁済を請求したり、弁済を受領することができます。

3 時効完成後の内入弁済の効果

債務者が時効完成後に内入弁済をした場合、債務者は改めて消滅時効を援用できるのかが問題となります。

この点、最高裁は、「債務者が、自己の負担する債務について時効が完成したのちに、債権者に対し債務の承認をした以上、時効完成の事実を知らなかったときでも、爾後その債務についてその完成した消滅時効の援用をすることは許されないものと解するのが相当である。」と判示しました（最判昭和41・4・20民集20巻4号702頁）。

このように、時効完成後に債務の承認をした場合、時効完成の事実を知らなかったとしても、もはや消滅時効を援用することができません。

4 時効が完成していることを告知する義務

このような告知をすべき法的義務はありません。また、上記のとおり、時効完成後に内入弁済をした場合、債務者は、時効完成の事実を知らなかったとしても、消滅時効を援用することができなくなります。

5 結　論

時効完成後に内入弁済を受ける場合、時効が完成していることを告知すべき法的義務はありません。しかし、内入弁済をする債務者は、通常、時効が完成していることを知りません。後になって、クレームをいわれる危険があることには注意が必要です。

なお、詐欺的方法や威迫的方法を用いて、時効完成後に内入弁済をさせたような場合には、債務者は、依然、消滅時効が援用することができます（東京地判平成7・7・26金融・商事判例1011号38頁、札幌簡判平成10・12・22判例タイムズ1040号211頁）。

（堀　貴博）

> **Q141 主債務の時効完成後の保証人による弁済**
> 主債務の消滅時効が完成した後に連帯保証人から弁済を受けた場合、時効管理上どのような影響がありますか。

> **A** 連帯保証人から弁済を受けたとしても、主債務の消滅時効は完成したままとなります。したがって、主債務者は、消滅時効を援用することができます。主債務者が消滅時効を援用した場合、連帯保証人は、改めて主債務の消滅時効を援用できます。

解説

1 問題の所在

主債務の時効完成後、連帯保証人が内入弁済をした場合、以後、連帯保証人は連帯保証債務について、消滅時効を援用できなくなります。この場合において、主債務者が消滅時効を援用したときに、連帯保証人が改めて主債務の消滅時効を援用できるかが問題となります。

2 主債務の時効完成後の保証人による弁済

主債務の時効完成後、保証人が内入弁済をした場合でも、主債務者が債務を承認したことにはなりませんので、主債務者は消滅時効を援用することができます。そして、判例は、保証人が時効完成後に内入弁済した場合でも、主債務者が消滅時効を援用したときには、保証人は改めて主債務の消滅時効を援用することができるとしています（大判昭和7・6・21民集11巻1186号、大阪高決平成5・10・4金融・商事判例942号9頁等）。

保証人は、保証債務を履行した場合、主債務者に対して求償することができるところ、主債務者が消滅時効を援用した場合、主債務者との関係において主債務が消滅することとなり、主債務者に対して求償することができなくなります。また、保証債務は付従性を有するもので、主債務が消滅すれば保証債務も消滅する性質のものであることから、判例は上記結論を導いています。

なお、主債務者が時効完成後に債務の承認をし、保証人が主債務者の債務承認を知って保証債務を承認した場合には、保証人がその後主債務の消滅時効を援用することは信義則に照らして許されないとするのが判例です（最判昭和44・3・20金融・商事判例159号7頁）。

3 結論

主債務の消滅時効完成後に、連帯保証人から内入弁済を受けたとしても、主債務者が消滅時効を援用すれば、当該連帯保証人は、改めて主債務の消滅時効を援用することができます。

なお、主債務の消滅時効完成後に、連帯保証人が連帯保証債務の存在を承認し、これを目的とする準消費貸借契約を債権者との間で締結した事例において、連帯保証人がたとえ時効完成の事実を知らなかったときでも、以後その消滅時効を援用することは許されないとした判例があります（東京地判昭和42・3・14判例タイムズ208号180頁）。

（堀　貴博）

> **Q142 主債務者である自然人の破産免責決定が確定した後の保証債務の時効管理**
>
> 主債務者が自然人である場合に、その破産手続が終了して免責決定が確定した後の保証債務の時効管理としては、どのような点に気をつけるとよいでしょうか。
>
> **A** 主債務者が自然人である場合に、その破産手続が終了して免責決定が確定すると、判例上、保証人は、主債務の時効を援用することはできないとされているため、保証債務の時効の管理のみ行えばよいことになります。ただし、債務を負担しない物上保証人の場合には、注意が必要です。

解　説

1　問題の所在

　主債務者が破産し免責決定を得ている場合でも、仮に主債務について消滅時効を観念できる余地があるとなれば、保証人がかかる主債務の消滅時効を援用して、付従性による保証債務の消滅を主張する可能性が生じるため、主債務者が破産して免責決定を得ている場合であっても、債権者としては、主債務の時効管理を行っておく必要が生じます。

2　判　例

　最高裁平成11年11月9日判決（民集53巻8号1403頁）は、「免責決定の効力を受ける債権は、債権者において訴えをもって履行を請求しその強制的実現を図ることができなくなり、右債権については、もはや民法166条1項に定める「権利ヲ行使スルコトヲ得ル時」を起算点とする消滅時効の進行を観念することができない」として、本件のようなケースで保証人が主債務の消滅時効を援用することを認めないという判断を示しました。

　以上の判例からすれば、主債務について時効管理を行う必要はなく、保証人の保証債務についてのみ時効管理を行うことで足りることになり

ます。

3 物上保証人の場合

(1) 物上保証人は債務を負担するわけではないので、管理する債務が観念できず、物上保証人は主債務者が破産すると時効の主張はできなくなるのか問題となります。

(2) 前述の保証人の場合の判例からすれば、主債務について消滅時効の進行を観念することができないので、物上保証人も主債務の消滅時効を援用することはできません。

他方で、免責許可の決定があったとしても、破産者以外の者が破産債権者のために供した担保に影響を及ぼさないとされており（破産法253条2項）、抵当権は、債務者および抵当権設定者に対してはその担保する債権と同時でなければ、時効によって消滅しないとされている（民法396条）ことからすると、消滅時効を観念できない被担保債務の物上保証人は、消滅時効が観念できない責任を負担し続けるということにもなりかねません。

しかし、このような事態を破産法や民法が想定しているとは考え難いと思われます。

(3) この点、法人破産の場合には、「法人について破産手続が開始された後破産終結決定が行われた場合、当該法人に対する債権は消滅するが、破産法366条の13の趣旨を類推して、右債権を担保するために設定された根抵当権の効力には影響を及ぼさず、その場合、独立して存続することになった根抵当権については、被担保債権ないしその消滅時効を観念する余地はないから民法167条2項の原則に従い20年の時効によって消滅する」と判示する裁判例が存在します（東京高判平成11・3・17金融・商事判例1064号3頁）。

かかる裁判例は、自然人の主債務者が破産免責決定を受けた場合の根抵当権の時効について判断したものではありませんが、被担保債権について消滅時効を観念し得ない場合には、民法167条2項の原則に従い、根抵当権が20年の時効によって消滅するという考え方自体は、自然人で主債務者の破産免責の場合の（根）抵当権の時効についても適用する

ことが可能であると考えます。

(4)　したがって、筆者の個人的な見解としては、主債務者が破産免責決定を受けた場合の物上保証人の時効管理としては、20年の消滅時効の適用があるとして管理を行うことが相当であると考えます。

（古川　純平）

Ⅹ　時効管理

> **Q143　後順位抵当権者による消滅時効の援用**
> 後順位抵当権者は、先順位抵当権の被担保債権について消滅時効を援用できますか。

A　後順位抵当権者は、その地位に基づき、先順位抵当権者の被担保債権について消滅時効を援用することはできませんが、自己の債権を保全するのに必要な限度で、債権者代位権の行使によって援用し得ます。

解　説

1　後順位抵当権者の地位に基づく消滅時効の援用

(1)　時効の援用権者

時効を援用できる「当事者」(民法145条)に関する解釈には争いがありますが、判例は、大審院時代に、「時効により直接利益を受ける者及びその承継人」としており(大判明治43・1・25民録16輯22頁)、最高裁も、これを踏襲しています。

ただし、最高裁は、大審院と同一の基準によりながら、大審院が消滅時効の援用権を否定した者(物上保証人、抵当不動産の第三取得者等)について、次々に援用権を認め、援用権者の範囲を拡張しています(物上保証人につき最判昭和43・9・26民集22巻9号2002頁、抵当不動産の第三取得者につき最判昭和48・12・14民集27巻11号1586頁)。

(2)　最高裁判決

後順位抵当権者がその地位に基づいて先順位抵当権の被担保債権について消滅時効を援用できるのかという問題について、最高裁は、後順位抵当権者は先順位抵当権の被担保債権の消滅により直接利益を受ける者に該当するものではないとして、これを否定しました(最判平成11・10・21金融・商事判例1084号33頁)。

その理由として、上記最高裁は、「先順位抵当権の被担保債権が消滅すると、後順位抵当権者の抵当権の順位が上昇し、これによって被担保

権に対する配当額が増加することがあり得るが、この配当額の増加に対する期待は、抵当権の順位の上昇によってもたらされる反射的な利益にすぎないというべきである。」と判示しています。

　これまで最高裁が認めてきた援用権者の地位は、いずれも、仮に消滅時効を援用することができないとすると、援用権者がその有していた権利を失う地位に置かれている者といえます。

　他方で、後順位抵当権者は、先順位抵当権の被担保債権について消滅時効を援用することができないとしても、抵当権を失う地位になく、抵当権設定当時に把握した担保価値を侵害されることはありません。

　このように、上記最高裁は、これまでの最高裁の判断枠組みに沿ったものであるということができます（最高裁判例解説民事篇平成11年度（下）576頁以下）。

2　債権者代位権の行使による消滅時効の援用

(1)　債権者代位権

　上記1のとおり、後順位抵当権者は固有の援用権を有しませんが、債権者代位権の行使によって、抵当権設定者が先順位抵当権者に対して有する援用権を行使できないのでしょうか。

　この問題は、時効の援用権が「債務者の一身に専属する権利」（民法423条1項ただし書）に該当するか否かの問題であり、時効の援用が援用権者の道義的感情に委ねられるべきであると考えれば、債務者の一身専属権であるとして、債権者代位権の行使を否定するという結論に結び付きやすいといえます。

(2)　最高裁判決

　時効援用権が債権者代位の目的となりうるかどうかについて、最高裁は、時効援用権が民法423条1項ただし書の一身専属権に該当しないことを前提に、「金銭債権の債権者は、その債務者が、他の債権者に対して負担する債務、または前記のように他人の債務のために物上保証人となっている場合にその被担保債権について、その消滅時効を援用しうる地位にあるのにこれを援用しないときは、債務者の資力が自己の債権の弁済を受けるについて十分でない事情にあるかぎり、その債権を保全する

に必要な限度で、民法423条1項本文の規定により、債務者に代位して他の債権者に対する債務の消滅時効を援用することが許されるものと解するのが相当である。」と判示して、時効援用権が債権者代位の目的となりうることを認めています（最判昭和43・9・26民集22巻9号2002頁）。

　したがって、後順位抵当権者は、債務者の無資力要件等、債権者代位権の要件を満たす限り、自己の債権を保全するのに必要な限度で、債権者代位権の行使によって、先順位抵当権者の被担保債権について消滅時効を援用することができます。

（平山　浩一郎）

> **Q144 連帯債務者の1人についての時効の完成**
> 連帯債務者の1人について、時効が完成しました。他の連帯債務者に対する時効はどうなりますか。
>
> **A** 時効が完成した連帯債務者の負担部分について、他の連帯債務者も義務を免れることになります。

> 解 説

1 連帯債務者の1人についての時効完成と他の連帯債務者への影響

　連帯債務者の1人のために時効が完成したときは、その連帯債務者の負担部分については、他の連帯債務者も、その義務を免れます（民法439条）。かかる規定の趣旨は、他の連帯債務者がその義務を免れないこととすると、全額を債権者に弁済したのちに、時効が完成した連帯債務者に求償することになり、結局、時効が完成した連帯債務者が時効の利益を受けられず、また、求償の循環が煩わしいからであるとされています（西村信雄編集『注釈民法(11)債権(2)多数当事者の債権・債権の譲渡』100頁〔椿寿夫〕参照）。以下、具体的事案をもとに説明します。

2 具体例

　連帯債務者A、B、Cが債権者Xに対して150万円の連帯債務を負担している場合（負担部分は平等とする）、連帯債務者Aについて消滅時効が完成したとします。

　この場合、連帯債務者Aの負担部分である50万円（150万円÷3）について、連帯債務者B、Cは義務を免れることになります。したがって、連帯債務者B、Cは、100万円の連帯債務を負担することになります（負担部分平等）。仮に、民法439条の規定がなく、連帯債務者B、Cが依然として150万円の連帯債務を負うこととすれば、仮にBが150万円を弁済した場合、Aに対して50万円の求償請求をすることになり、Aが時効の利益を受けることができなくなってしまいます。

3　上記事案においてAだけが負担部分を有する場合

次に、上記事案において、連帯債務者Aだけが負担部分を有する場合、連帯債務者Aについて消滅時効が完成すれば、連帯債務者B、CはAの負担部分について義務を免れることになるため、結果として債務全額について義務を免れることになります（大判大正4・4・19民録21輯524頁）。

4　負担部分についての考え方

しかし、債権者としては連帯債務者間の負担部分を知らないのが通常であり、債権者が意外な損失を被ることになってしまいます。そこで、学説上は、負担部分は、債権者との関係では原則として平等とし、債権者が実際の負担部分を知り、あるいは知り得た場合にのみ、負担部分を主張できるという考え方が通説となっています（民法Ⅲ（内田貴『債権総論・担保物件』378頁参照）。

上記のとおり、判例と学説の考え方は異なっていますが、判例の考え方によれば、連帯債務者間の負担部分ついて、他の連帯債務者も義務を免れることとなるため、債権者としては、連帯債務者間の負担部分を定めた書面の交付を要求し、負担部分を把握したうえで時効管理を行うことが必要となるものと思われます。

また、仮にそのような書面を交付しないという場合には、連帯債務者間の負担部分は平等である旨を表明保証させることで対応するという手段も考えられます。

（赤崎　雄作）

Q145 主債務者である法人の破産手続終結決定後の保証債務の時効管理

主債務者の破産手続が終了してしまうと、その後保証債務の時効管理はどのようにすればいいですか。

A 　当該法人に換価されずに終わった財産があることが判明している場合には、当該法人に対する債権の消滅時効を中断する方法を講じるべきですが、そうでなければ保証債権についてのみ消滅時効の中断を講じればよいと考えられます。

解　説

1　破産手続終了後の主債務の法人格の消滅

　法人（ここでは株式会社を考える）が破産手続開始に至り、破産手続が終了した場合には、法人格は消滅しており、法人に対する債権について消滅時効を観念する余地はなく、保証債権についてのみ時効を考えればいいのかというのがここでの問題意識です。

　このようなことは、株式会社の破産手続終了後も連帯保証人が随分長期にわたって分割弁済をしている場合に、ある時点で主債務の消滅時効を援用されてしまうのかという場面で問題になるといえます。

2　破産手続終了後も財産が存在する場合

　(1)　一般的には、破産手続が終了して法人格が消滅しているといえるのであれば、法人に対する債権について消滅時効を観念する余地がないと考えられます。しかし、株式会社の破産手続が終了した場合であっても、当該会社に財産の残っていることはあり得ます。たとえば、破産財団に属する不動産が財団放棄されたような場合が考えられるし、細かな財産をいいだすと、換価されずに破産手続が終わったという財産は常にあり得ます。

　株式会社について破産手続が開始された場合、破産手続開始が株式会社の解散事由であり、清算手続が行われると考えられることから、清算

中の会社として法人格を観念できる以上、主債務者である株式会社に対する債権の消滅時効もありうるといえます。なお、もし清算人を選任する必要がある場合には、利害関係人が申請して裁判所の決定によって選任されることになります。

(2) ところで、株式会社の破産手続が終了して10年あるいはそれ以上経過すると、その株式会社に換価されずに終わった財産があるのかないのかわからないのが通常であると思われます。そのような場合でも、理論的には換価されずに終わった財産の存在が常に想定されるというので、清算人を選任したうえ債務承認を求めるとか、清算人を選任したり民事訴訟上に定める特別代理人を選任したりして、支払を求める訴訟を提起するといった方法で、株式会社に対する債権の時効を中断する方策を講じるべきだというのは、きわめて酷なことです。

したがって、その株式会社に換価されずに終わった財産があることが現に判明している場合にのみ、上記の債務承認や訴訟提起といった方法で株式会社に対する債権の消滅時効中断の措置を考えるのが相当だと考えられます。

(3) この点、たとえば、その株式会社について裁判所に支払を求める訴訟を提起し、あわせて特別代理人の選任も求める場合を考えると、請求を認容する判決を得るには、換価されずに終わった財産があって当該株式会社には未だ法人格があるということが証明されていなければならず、その財産が現にあることがわかっていなければ、実際上法人格の存在が判断できない以上、訴えは却下される筋合いになります。

(中光　弘)

XI

個人情報と債権管理

Q146 債権譲渡と個人情報管理

債権譲渡に先立って債務者に関する個人情報を開示することが必須になりますが、いわゆる個人情報保護法上どのような問題がありますか。

A 個人情報のうち個人データについては、債権の管理に支障をきたさないものまで開示することが個人情報保護法に違反するおそれがあります。

> 解　説

1 個人データの譲渡

個人に対する債権を第三者に譲渡するという場合、事前にその個人（債務者）に関する情報を譲り受けようとする者に開示することになります。その情報には当然「個人情報の保護に関する法律（以下「個人情報保護法」という）」でいう個人データに該当する情報も含まれるのが通常で、その場合には、同法23条に基づき、債務者の同意が必要になるかというのがここでの問題です。

実際、債権譲渡を行うに際して事前に債務者の同意を得る場合も多く見られ、同意を得ようとすること自体望ましいことではありますが、同意が得られなければ、譲り受けようとする者に対して債務者の情報（個人データ）を開示できないというのであれば、実際上債権譲渡を断念しなければならないのかということが問題になります。

なお、ここで、問題になるのは個人データであって個人情報ではないので、両者の違いに触れると、個人情報は、「生存する個人に関する情報であって、当該情報に含まれる氏名、生年月日その他の記述等により特定の個人を識別することができるもの（他の情報と容易に照合することができ、それにより特定の個人を識別することができることとなるものを含む。）」をいい、個人データとは、その個人情報を容易に検索できるようにされた個人情報データベースを構成する個人情報をいいます。したが

って、個人情報の中には、個人データではない個人情報もあるということになります。

2 譲渡についての同意の推定

さて、金融機関における個人情報保護に関するＱ＆Ａでは、このような場合には、同意が事実上推定されるという説明がなされています。ただし留保が付されており、たとえば、債務者側が譲渡禁止特約を要求できない場合等については、事実上の推定が及ばない可能性があると指摘されています。事実上推定されるということになると、債務者が明確に譲渡を否定しているという場合には、事実上の推定ということができません。そこでこのような場合には、個人情報保護法23条1項2号の「人の生命、身体又は財産の保護のために必要がある場合であって、本人の同意を得ることが困難であるとき。」に該当するものとして、例外事由として、債務者の同意なしに個人データの提供ができると考えられています。

もっとも、どんな場合でも例外事由に該当するということはできず、その個人データを開示しなければ、譲渡人あるいは譲受人の債権の管理に支障をきたすといえる場合でなければならず、このような場合に当たるかどうかは、個別具体的に判断せざるを得ないので、慎重な判断が求められます。

3 個人情報保護法23条1項2号に基づく例外

もともと、民法等、法は債権の譲渡を認めており、当該債権の管理に支障をきたすような情報であれば、開示しなければ譲渡の目的を達せられず、そのような情報のうち個人データに該当するものは、個人情報保護法23条1項2号に基づいて債務者の同意なしに譲り受けようとする者に開示できると考えられます。

もっとも、当該債権の管理に支障をきたすような情報に該当するかどうかは、個別具体的に慎重に検討する必要があり、この点を考えると、可能な限り債務者の同意を得るように心がけるのが望ましいといえるでしょう。

4　法人に対する債権を譲渡する場合

　なお、法人に対する債権を譲渡する場合でも、その法人に対する債権について、代表取締役等個人が連帯保証人になっているというケースは多く、この保証債権はあえて譲渡といわなくても、法人に対する債権を譲渡することで当然に随伴して移転すると考えられるので、このような連帯保証人に関する個人データも、以上に述べたところと同じように考えることができると解されます。

5　譲受人について

　また、上記の譲受人は、特定された譲受人に限定されず、たとえば、債権を譲渡するに際して入札を実施する場合のように、譲受人を選定しようとする場面でも妥当すると解されます。

（中光　弘）

XI　個人情報と債権管理

> **Q147　相続と個人情報管理**
> 債務者について相続が発生すると相続人と交渉する場面が生じますが、ある相続人に関する個人情報を他の相続人に開示することについて、いわゆる個人情報保護法上どのような問題がありますか。

> **A**　ある相続人の同意なしにその相続人に関する個人データを他の相続人に開示すると、個人情報保護法23条1項に違反するおそれが高いと考えられます。

> 解　説

1　具体例

　たとえば、個人の債務者が死亡し、相続人が子A・Bの2人という場合を考えてみると、この場合、債務は、相続開始時点で当然に法定相続分に従って2分の1ずつA・Bに承継されています。債権者が承諾しなければ、遺産分割の協議において債務の承継についてどのように定めようと、債権者との関係では法定相続分に従って承継されていることになります。そして、Aの債務とBの債務とは別個独立の債務になっている以上、Aの返済状況その他個人情報のうち個人データをBに開示するという場面では、Aの同意がなければ、いわゆる第三者提供に該当して個人情報の保護に関する法律（以下「個人情報保護法」という）23条に違反するのではないかと考えられます。

　別個独立の債務とはいっても、感覚的には、もとは1人の債務であったのをA・Bそれぞれが親の債務を分担して支払うというようなところがあるので、AもBも、それぞれ他方がどれだけ支払ったのかということには興味があるのが通常で、実際の交渉でもよく尋ねられるように思われます。

2　他の相続人の同意の要否

　まず、相続人の同意が事実上推定されるかというと、個別具体的な場

407

面によるものの、一般的には無理があると考えられます。相続人それぞれの債務は別個独立のものであるし、相続人どうしが、他方も相続人であることを知らない場合もありうるし（特に一部相続放棄がある場合、代襲相続がある場合や数次相続が発生している場合などが考えられる）、相続をめぐって顕在的または潜在的に紛争が起こるケースもあるからです。では、個人情報保護法23条の例外事由に該当するかということ、これも個別具体的な場面によるものの、1項の各号いずれの条項についても、一般的には無理があると考えられます。そうすると、ある相続人の同意がなければ、その相続人の個人データを、同意なしに他の相続人に開示することはできないと解することになると考えられます。

3 個人情報保護法23条1項2号に該当する場合

ところで、債権者の側で、どの相続人が債務を承継し、どの相続人が連帯保証人になるかといったことが定まるまでは、被相続人が生存しているかのように一個の債務として管理を行っているというケースが少なくないと思われます。このような運用を前提にすると、ある相続人に支払を請求するのに、他の相続人がいついくら支払ったかがわからないと残高が算出できないことになり、必然的に他の相続人に関する個人データを開示するという場面が起こり得ます。

このようなケースが一般的であるとすると、このような場面では、債権者の債権の管理に支障をきたすものとして、個人情報保護法23条1項2号の「人の生命、身体又は財産の保護のために必要がある場合であって、本人の同意を得ることが困難であるとき」に該当するものとして、例外事由に該当する情報として、他の相続人の同意なしに、個人データを開示できる場合があるように思われます。

（中光　弘）

■執筆者一覧■

中光　弘（弁護士）　　赤崎 雄作（弁護士）
村上　創（弁護士）　　角野 佑子（弁護士）
瀧川 佳昌（弁護士）　　太田 浩之（弁護士）
藤井 康弘（弁護士）　　中村 健三（弁護士）
金澤 浩志（弁護士）　　鍛冶 雄一（弁護士）
平山 浩一郎（弁護士）　寺本　栄（法務部）
古川 純平（弁護士）　　角口　猛（法務部）
柿平 宏明（弁護士）　　上田 泰豊（法務部）
（以上、中央総合法律事務所所属）

田口 健司（弁護士・田口法律事務所）
堀　貴博（検事・静岡地方検察庁浜松支部））

一問一答 金融機関における債権回収の実務

2013年6月10日　第1刷発行

編　者　中央総合法律事務所
発行者　金　子　幸　司
発行所　㈱経済法令研究会
〒162-8421　東京都新宿区市谷本村町3―21
電話　代表03-3267-4811　編集・制作03-3267-4823

営業所／東京 03(3267)4812　大阪 06(6261)2911　名古屋 052(332)3511　福岡 092(411)0805

デザイン／DTP室　制作／地切修　印刷／㈱加藤文明社

Ⓒ Chuo-sogo Law office 2013　Printed in Japan　　ISBN978-4-7668-2317-2

"経済法令グループメールマガジン"配信ご登録のお勧め
当社グループが取り扱う書籍、通信講座、セミナー、検定試験情報等、皆様にお役立ていただける情報をお届け致します。下記ホームページのトップ画面からご登録いただけます。
☆　経済法令研究会　http://www.khk.co.jp/　☆

定価は表紙に表示してあります。無断複製・転用等を禁じます。落丁・乱丁本はお取替えします。

一問一答 民事再生手続と金融機関の対応

四宮章夫・中井康之・森　恵一・阿多博文 編
◆A5判　◆464頁　◆定価：3,150円（税込）

本書の特長

❖ 金融機関の視点に立ち手続および実体法の双方から解説
❖ 再生手続における金融機関の対応を具体的・実務的に解説
❖ 倒産法に精通した弁護士・銀行実務家による執筆

　民事再生法に関する書籍は数多く出版されているが、その内容は再生債務者側から解説したものがほとんどである。本書は、金融機関の視点に立ち、金融機関が再生手続にどのように関与し、どのような対応をとるべきかについて実務的観点から解説したものである。

　さらに、プレDIPファイナンス、事業再生ADR、中小企業再生支援協議会の利用など法的整理の前段階での対応についても解説しており、今後の金融円滑化法終了に伴う出口戦略にも役立つものであり、金融機関にとっては待望の書といえる。

主要目次

第1　手続編

① **再生手続申立における対応**
信用不安情報を入手した場合の対応／危機時期における預金の拘束／取引先の再建とその手法／中小企業再生支援協議会の利用／私的整理段階におけるDIPファイナンス／リスケの申入・再生手続申立の相談ほか

② **再生手続申立後の対応**
再生手続申立時の状況確認／再生手続申立時点における債権回収手段／再生手続における権利行使ほか

③ **金融機関としての対抗手段**
再生手続への対抗手段／プレパッケージ型再生／お台場アプローチ

④ **再生手続開始後における対応**
再生手続開始後の情報収集／再生債権届出における留意事項／保証債務の履行と再生届出債権の承継／DIPファイナンス／担保権の実行／担保権実行中止命令への対応／別除権協定／事業譲渡／役員に対する責任追及／再生計画案に対する対応ほか

第2　倒産実体法編

① **再生手続開始決定の効果**
再生手続開始の効果（債権者への影響、再生債務者財産への影響、係属中の裁判への影響）ほか

② **契約の処理関係**
各種契約における特約条項の有効性／双方未履行の双務契約／継続的給付を目的とする双務契約／リース契約／賃貸借契約ほか

③ **相殺（相殺禁止）**
相殺権行使の可否／投資信託解約金返還債務と貸付金との相殺

④ **債権のプライオリティ**
債権者平等原則／債権者平等原則の例外

⑤ **担保権**
担保権消滅許可の対象・要件／根抵当権の「余裕枠」と新規融資／集合債権・動産譲渡担保権をめぐる問題／商事留置権をめぐる問題／所有権留保をめぐる問題ほか

⑥ **否認**
対抗要件具備行為の否認／相当な価格による処分行為の否認の制限／支払不能前30日以内の非義務偏頗行為の否認／否認手続と詐害行為取消訴訟との関係／会社分割と詐害行為取消しほか

経済法令研究会　http://www.khk.co.jp/

〒162-8421　東京都新宿区市谷本村町3-21　TEL.03(3267)4811　FAX.03(3267)4803